마닐라 자이언트를 아십니까?

마닐라 자이언트를 아십니까?

- ●**지은이** | 안재영
- ●**발행인** | 김윤태
- ●**발행처** | 도서출판 선
- ●**등록번호** | 제15-201
- ●**등록일자** | 1995년 3월 27일
- ●**초판1쇄 발행** | 2011년 3월 25
- ●**주소** | 서울시 종로구 낙원동 58-1 종로오피스텔 1409호
- ●**전화** | 02-762-3335
- ●**전송** | 02-762-3371

값 13,000원
ISBN 978-89-6312-45-4 03810

책 수익금 일부는 코피노(Kopino) 모자가정의 후원금으로 사용됩니다.

코피노(Kopino)는 한국 남성과 필리핀 현지 여성 사이에서 태어난 2세를 필리핀에서 이르는 말로써 코리안(Korean)과 필리피노(Phillippino)의 합성어입니다.

필리핀 사업성공의 28년 경험,

시련과 실패를 극복한 자랑스런 한국인

필리핀에서 성공하려면 이렇게 하면 된다.

마닐라 자이언트를 아십니까?

마닐라 성공박사 **안재영** 그가 말하는 필리핀 **성공 노하우!!!**

저자 안재영

책머리에

요즘 이 땅에 사는 한국인 중에 한두 번 해외 진출을 생각해 보지 않은 사람은 드물 것이다. 어제 오늘 얘기는 아니지만 어수선한 정치 상황이나 갈수록 어려워지는 경제 여건에다 자녀 교육과 노후 대책 문제까지 겹쳐 국내에서는 불확실한 미래에 대한 불안이 커져만 가기 때문이다.

하지만 확실한 준비가 안 된 해외 진출은 위험천만 한 일이다. 최근 몇 십 년 사이에 막강해진 경제력을 바탕으로 정부나 기업과 개인들이 엄청난 해외 투자를 감행했으나 그 결과는 IMF 외환위기라는 경제 위기만 몰고 왔다.

정부나 많은 기업이 숨길 뿐이지 우리는 해외에서 많은 실패를 경험했다. 나 역시 그랬다. 이 실패를 그냥 덮어버리면 영원히 실패로 남는다. 그러나 실패의 경험을 연구해 성공의 기틀로 만들면 시행착오였다고 말할 수도 있다.

필리핀은 우리가 6·25 전쟁 당시 크나큰 위기에 빠졌을 때 파병국으로 피를 흘려 우리를 지켜 준 우방이며, 당시에는 아시아에서 일본 다음으로 잘사는 나라였다. 하지만 최근에는 불법 체류 근로자의 나라, 빈곤한 나라, 총기 소지가 자유로워 치안이 불안한 나라, 싸구려 관광을 즐길 수 있는 나라로만 인식되고 있다.

그러나 필리핀을 그런 부정적인 시각으로 바라본다면 글로벌 무한경쟁 시대에 뒤처질 수밖에 없다. 경제적인 면에서 우리가 봐야 할 것이 있다. 우리가 진 빚도 갚으면서 챙겨야 할 것이 많기 때문이다.

일단 우리에게 곧 닥칠 노령화와 인구 감소로 인한 국가 경쟁력 약화, 자원과 식량난을 염두에 두면 바라보는 시각이 달라질 수 있다. 필리핀은 인구가 몇 년 후면 1억에 이르고, 현재 평균 연령이 22세로 노동력 부문에 무한한 잠재력이 있다.

더구나 우리와 달리 자원이 풍부한 나라이고, 3모작할 수 있는 기후에다 농지를 얼마든지 확보할 수 있으며, 우리가 소중한 자녀를 타국으로 보내서 기를 쓰고 가르치려 하는 영어를 모국어처럼 구사하는 나라다.

우리와 후손을 위해, 현재와 미래를 위해, 그리고 우리가 선진국 대열로 발돋움하기 위해 필리핀이라는 가까운 나라를 어떻게 활용해야 하는지 다 같이 고민해 보지 않을 수 없다.

이 책은 28년간의 내 경험을 바탕으로 쓰였다. 필리핀에 관해서 좀 더 많은 사람이 더 정확하게 안다면, 필리핀을 통해 우리가 뭔가 얻어낼 수 있다는 확신이 들었기에 집필을 시작했다. 특히 인생의 출발 선상에 있는 젊은이들이 이 책을 많이 읽어줬으면 좋겠다.

끝으로 미천한 경험으로 쌓인 글들이 가슴속에서 세상 밖으로 나올 수 있도록 용기를 주시고, 책이 나올 수 있게 도와주신 비엠에스 최종락 회장님께 진정으로 감사드린다. 그분의 투철한 기업가 정신과 카리스마 넘치는 추진력은 내 인생에 큰 멘토가 됐다. "필리핀에서 성공의 역사를 함께 쓰자"라는 최종락 회장님의 말씀을 가슴에 담으며, 한국인으로서 필리핀에서 존경받는 기업을 세우고 필리핀과 대한민국 발전에 공헌하고 싶은 소망이 곧 이뤄지리라 믿는다.

이 책이 나오기까지 도와주신 모든 분께 하나님의 은혜가 함께하길 소망하고, 묵묵히 나를 믿고 동고동락해온 가족에게도 고마움을 전한다.

필리핀 마닐라에서
저자 **안 재 영**

Contents

책 머리에 ·· 5

Chapter 1

내 삶의 모든 이름, 필리핀 ···················· 9
    필리핀을 바로 보자 · 10
    28년 경험, 이제는 말할 수 있다 · 15
    마닐라 공항에 내리다 · 18
    필리핀에서 두번째 높은 플러그산(Mt. Pulog) · 21
    유학을 준비하던 시절 · 24
    UP 랭귀지 코스를 가다 · 28
    공부, 공부, 오로지 공부 · 31

Chapter 2

마닐라에 가면 돈이 보인다 ···················· 41
    아르바이트로 취업하다 · 42
    창업, 친구와 동업을 시작하다 · 45
    필안 마케팅 창립하다 · 54

Chapter 3

한국을 보면 필리핀이 보인다 ················ 65
    나무젓가락을 내다 팔다 · 66

호황 맞은 목재수출 사업 · 73
바나나도 돈이 된다 · 82

Chapter 4

배짱 하나로 필리핀에서 터 닦기 ·············· 97
구슬 백과 가죽 백 공장의 마술 · 98
연희택시, 마닐라를 누비다 · 110

Chapter 5

나는 자랑스런 한국인이다 ··················· 133
현대자동차로 일본 차에 도전장 · 134
코리안 비즈니스 센터 설립 · 140
아파트(Condominium) 개발 사업에 참여하다 · 153

Chapter 6

필리핀에 가면 필리피노가 되라 ·············· 165
한국 종합 물류 센터
(Korean Products Shopping Center) 설립 · 166
기계식 주차설비 사업을 시작하다 · 178

Chapter 7

골프사업 도전기 ·············· 183
    마카티 골프 클럽 설립 · 184
    실패로 끝난 골프연습장 · 190
    스파 매출 올리기 작전 · 207
    현지화 기반을 마련하다 · 210
    출구 없는 전쟁 · 213
    골프 투어 사업으로 돌파구를 찾았다 · 217

Chapter 8

위기는 곧 기회다 ·············· 229
    Sun Valley 골프텔 건립 및 은퇴촌 · 230

Chapter 9

필리핀에서 사업에 성공하려면 ·············· 249
    중국 화교들은 이렇게 성공했다 · 250
    이런 한국인들이 성공했다 · 254
    어떻게 하면 성공할 수 있을까 · 259
    은퇴 이민, 이렇게 하면 된다 · 264
    꿈은 이루어지기 때문에 꾼다. · 269

Chapter

내 삶의 모든 이름,
필리핀

우리가 선진국이 되기 위해서는
선결 과제가 많다.
그 관건 중 하나가 세계 인구의
70%가 살고 있는 후진국들을
어떻게 활용하느냐에 달려
있다 해도 과언이 아니다.

필리핀을 바로 보자

　우리는 오래 전부터 세계화라는 말을 신문이나 텔레비전 등 언론에서 자주 보아왔다. 진정한 세계화를 위해 외국어를 익히고 해외의 지식과 정보를 습득하려는 노력도 중요하지만 먼저 해야 할 일이 있다.

　세계화의 구체적 실천을 위해서는 고정관념과 편견을 과감하게 버리고 남을 이해하려는 자세부터 갖춰야 한다. 즉, 우리 기준에서 세계를 바라보는 습관이나 생각부터 바꿔야 한다. 보통 해외에서의 실패는 이런 잘못된 생각과 마음가짐에서 기인한다고 생각한다. 우리는 우리보다 못 사는 나라를 무시하는 경향이 강하다. 듣기 거북한 말이지만 사대주의 사상과 미국 문화에 오랜 영향을 받은 탓도 있을 것이다.

　1년쯤 전에 어느 필리핀 신문의 편집장 논평에 이런 내용이 실린 적이 있다. 요약하면 이렇다. "우리는 정말 반성해야 한다. 한국이라는 나라가 도약적인 발전을 했고, 그 경제력으로 필리핀에 여행을 많이 오고 있다. 우리 경제를 위해서는 바람직한 현상이다. 어느 골프장에 가도 한국인 골퍼들을 쉽게 볼 수 있다. 그러나 한국인 골퍼 중에는 일부이긴 하지만 우리 골프장에 와서 무례한 행동도 서슴지 않는다고 한다. 한국인들이 그런 행동을 마음 놓고 할 수 있게 만든 우리 잘못이다."

　이 기사를 보고 뜨끔하지 않을 수 없었다. 못 사는 나라라며 필리핀을 우습게 봐왔지만, 사실은 국제사회에서 한동안 폐쇄적으로 살아온 우리가 필리핀에서 배워야 할 점이 많다는 사실이다. 우리보다 잘 사는 나라에서도 어글리 코리언이라는 소리를 듣는 것을 경계해야 하는 마당에 필리핀에서조차 한국 사람에 대한 인식이 점점 나빠지고 있다.

　인정하고 싶지 않지만 이는 확실한 사실이고 실제로 여러 번 경험한 적도 있다. 얼마 전에는 필리핀 이민국에서 한국 사람을 특별 분류해 두 달 이상 비자 연장을 불허하는 조치를 내린 적도 있다. 이런 강력한 조치를 취한 필리핀 당국에 항의하기 이전에 우리 스스로를 돌아보는 자세가 필요하다고 생각한다. 얼마 전 필리핀 이민국 부국장을 개인적으로 만난 일이 있다. 자신은 한국 사람에 대해 이해할 수 없는 점이 몇 가지 있다고 해서 긴장을 하고 들었지만 그의 말을 부인할 수가 없었다.

　첫째는 필리핀에 사는 한국 교민이 거의 15만 명에 달하는데 이민국에 정식 체류 목적에 해당하는 비자로 등록한 한국인은 불과 1천 명에 못 미쳐 이민국에서 한국인을 관리하는 것 자체가 불가능하다는 점이다.

　둘째는 여러 교민 단체가 있지만 어느 곳도 교민 현황을 파악할 수 없다는 점이다. 셋째로는 한국인끼리 벌어진 문제를 이민국에 서로 고발하고 다투는 사례가 다른 나라 사람보다 두드러지게 많다는 것이다.

　최근 몇 년 사이 필리핀 사회의 큰 변화 중 하나가 한국인 거주자가 크게 늘어난 것이다. 현지인들을 만날 때면 꼭 듣는 인사말이 필리핀 어디를 가나 한국 사람이 많다는 이야기이다. 일부 화교들은 한국인이 필리핀을 침범하고 있다는 표현을 서슴지 않고 한다.

　실제로 한국 사람은 필리핀에서 경제적으로 상당히 큰 기여를 하고 있다. 한국은 필리핀에서 제2위 투자국이고 최근 들어 급격히 늘어난 관광객이나 방문자 수가 70만 명을 넘어서 매년 1, 2위를 다투고 있다.

　한국에 나가 있는 필리핀 근로자는 3만 명 이상으로 누가 보다라도 한국이 필리핀 경제에 공헌하는 바가 크다고 할 수 있는데 실제로 우리는 그에 맞는 대접을 받고 있지 못하다.

　왜 그럴까? 일반적으로 필리핀에서 일본인이나 중국인은 우리보다 분명히 좋은 평판을 받고 있다. 그 이유는 현지인들이 실생활에서 겪은 결과에서 나온 평가다. 우선 일본인과 중국인은 언행과 매너에서 우리와 다르다. 무슨 목적이든 필리핀에서 현지인과 접촉할 때 우리가 기본적으로 알아야 할 것은 이렇다.

큰소리로 야단치거나 집요하게 실수를 지적하는 말과 행동 등 직설적인 표현은 피하는 것이 좋다. 대신 차분하게 논리적으로 설명하는 편이 훨씬 효과적이다. 필리핀 사람들은 오랜 식민지를 겪으면서 외국인에 대해 위축돼 있으며 자존심이 아주 강하다. 남들 앞에서 큰소리로 야단맞으면 잘못을 인정하기보다는 반발부터 한다.

있는 척 허세를 부릴 필요도 없다. 필리핀 사람은 정직하고 겸손한 사람을 더 좋아하고 존경한다. 한국인들은 감성적이라 순간적인 감정으로 약속하고 지키지 못하는 경우가 많아 신뢰를 잃는다. 뭔가를 해주겠다고 말로 선심을 쓰고 약속을 못 지키면 원망을 듣기 마련이다. 우리가 조금 노력하면 현지인은 한국인을 존경하고 한국산 제품을 구매할 것이고 결국 우리 국익에 커다란 도움이 된다.

28년 전 남들이 미국이나 유럽, 일본 등 선진국으로 진출을 꾀할 때 나는 못 사는 나라라고 거들떠보지도 않던 개발도상국으로 발길을 돌렸다. 막연하게나마 한국인으로 뭔가 할 일이 많을 것 같은 생각이 들었기 때문이었다.

나는 대학 졸업을 눈앞에 두고 세계 지도를 보면서 역발상을 시도해 보았다. 남들이 가려 하지 않는 나라로 가서 젊음을 밑천 삼아 청춘의 꿈을 펼쳐 보리라고 생각했다. 심각하게 고민했다. 일단 한국하고 가까워야 한다. 일본, 대만, 홍콩 그리고 필리핀이었다. 그때는 중국과 소련은 갈 수 없는 나라였기에 답은 간단히 나왔다.

나는 지금도 어려울 때면 이때 내린 결정을 후회한다. 하지만 한국사람 누군가는 해야 할 일이었다고 스스로를 위로한다. 그리고 후회하지 않기 위해 열심히 일에 매달린다. 그래야 마음이 편해지기 때문이다.

우리가 그동안 등한시했던 개발도상국 시장을 선점한 선진국들이 의외로 경제적 이득을 많이 챙기는 것을 보면서 내가 가야 할 길에 확신을 가지곤 했다.

선진국이 되기 위해서는 여러 가지 선결 과제가 많다. 우리가 선진국 문턱을 넘을 수 있는 관건 중 하나가 세계 인구 70% 이상이 살고 있는 후진국들을 어떻게

활용하느냐에 달려 있다 해도 과언은 아닐 것이다.

　지난 근대사를 살펴보면 선진국의 경제 기반은 거의 아시아와 아프리카에 식민지를 구축하면서부터였다. 우리나라도 특수한 상황이었지만 베트남이나 중동이라는 제3국에서 돈을 벌어 눈부신 경제 도약의 기반을 마련했다.

　내가 필리핀이라는 곳에 터전을 마련한 것도 이런 논리에서였다. 우리보다 경제력이 뒤지는 나라가 우리보다 잘 사는 나라에서보다는 돈 벌기가 쉬운 것이 아닌가? 아무런 현지 기반이 없던 나는 언어와 문화, 사고방식이 다른 현지인 사이에서 어떻게 하루하루를 생존해 나갈지 한순간도 마음이 편할 수가 없었다. 젊은 패기로 1% 가능성만 있으면 덤벼들었다. 실패해도 그것을 통해 배우는 것이 있고 경험이라는 자산이 남기 때문에 손실은 없다고 생각했다.

　실패의 두려움 때문에 아무것도 하지 않는 소극적인 태도를 가장 경계했고 현지인 누가 만나자고 해도 고맙게 생각하고 시간과 비용을 투자했다. 우선 현지인은 누구를 만나든 배우는 것이 있다고 생각했기 때문이다. 그래서 이제는 현지인 누구와 만나더라도 일단 자신감이 있다. 조금 과장되게 표현하자면 대화를 하면서 눈동자와 숨소리만 들어도 어느 정도 상대방에 대해 감을 잡을 수 있는 경지에 온 것 같다.

　필리핀 경제를 주도하는 그룹은 크게 세 가지로 구분할 수 있다. 첫째와 둘째는 스페인 식민지 시대의 지주 계층 후손과 중국 남부의 홍수와 가뭄, 기근을 피해 이주해온 화교들이다. 그들은 이제 6세대에 이르며 현지 상권을 90% 이상 장악하고 있다. 셋째는 다국적 기업과 인도인과 종교로 무장한 무슬림이다.

　한국인은 이 틈바구니를 파고 들어가야 하는데 결코 만만치 않다. 1986년 브라운관 생산으로 필리핀에 처음 진출한 삼성이 이제는 가전제품과 휴대전화로 필리핀시장을 독점하던 일본기업들을 크게 위협하며 LG전자와 같이 한국제품에 대한 필리핀시장 점유율을 급격히 높이고 있다. 예전에는 상상할 수도 없던 쟁쟁한 일본 기업들과 맞서는 것이다.

　영원히 일본 시장이 될 것 같은 필리핀 자동차 시장에 기아 프라이드를 선두로 해 현대가 스타렉스라는 승합차로 크게 성공을 거두고 일본 차 시장을 위협한다. 유럽과 미국이 밀려나간 필리핀 시장을 두고 이제 제2차 세계대전 끝 무렵에 2년간 식민 통치를 한 일본과 후발 주자 한국이 뜨겁게 한 판 붙고 있는 양상이다.

28년 경험,
이제는 말할 수 있다

    필리핀과 인연을 맺은 지 어언 28년이 다 되었다. 젊음이라는 두둑한 자본으로 이곳 필리핀에서 한국인 기업을 세운다는 명분 아래 좀 더 많은 경험을 쌓고자 기회가 주어지면 닥치는 대로 뛰어들어 수많은 시행착오 속에 상당한 손실을 감수해야 했다.

    자신감이 충만해 미친 듯이 사업을 벌이던 1997년 초, 태국에서부터 시작한 외환위기가 1997년 중반 필리핀에 상륙했다. 직격탄을 가까스로 피하긴 했지만 그동안 겪지 못했던 경제적인 어려움에 많은 상처를 입었다.

    사업 실패에 대한 자책감과 패배감, 경제적 고통, 자신감 상실, 무기력 등으로 무너져 가는 나 자신을 지켜보면서 인생의 쓴맛을 봐야 했다. 하지만 견디기 어려운 고난 뒤에는 인간적 성숙과 그것을 극복한 능력과 정신력으로 무장하게 되어 반드시 기회가 온다는 사실을 깨달았다. 불굴의 근성과 끈기만 갖추면 실패도 분명 해볼 만한 가치가 있다.

    실패의 경험이 더 과감해질 수 있는 원동력이 되었고 실패에 대한 두려움보다 그 뒤에 올 기회에 대한 기대감이 또 다른 짜릿함과 즐거움을 안겨주기도 했다.

    얼마 전 세계는 미국발 서브프라임 모기지가 부른 금융 위기로 또 한 번 경제 파동의 폭풍우를 겪었다. 무수히 많은 기업이 부도나 감원 등으로 사회 전체가 위축되어 가는 분위기 속에서 삶의 희망을 상실한 많은 사람들이 현실 도피나 새로운 삶의 터전을 마련하려 막연하게 이민을 생각한다.

    실제로 실행에 옮겨서 정든 고국을 등지는 사람을 우리 주변에서 더러 볼 수 있다. 물론 어떠한 연유이든 이민을 결심하기까지 현지 사정에 대해 치밀하게 살피고 준비하겠지만 대다수 사람들이 단순한 정보와 지인에 의존해 인생의 운명을 걸고 정든 고국을 떠나는 경우가 태반이다.

주위에 필리핀으로 이주한 한국 사람이 꽤 있다. 이들은 국내에서 접했던 정보와 현지 사정이 엄청나게 달라 당혹해하는 경우가 많다. 나는 모든 여건이 다른 외국에서, 특히 모든 환경이 열악한 후진국에 정착해 생활한다는 것이 얼마만큼 힘든가를 누군가에게 알려주고 싶었다.

필리핀에 오래 살아온 교민들은 살면 살수록 필리핀에서 사업하기가 어렵다는 말을 하곤 한다. 왜냐하면 첫째, 필리핀은 우리보다 일찍 외국 문물이 들어와 자본주의가 토착화했기에 외국의 유수한 기업들이 막강한 자본력, 정보망, 효율적 관리체계, 유능한 인력, 로비력 등으로 굵직한 사업을 이미 장악하고 있다.

둘째, 스페인이 지배하던 시절부터 내려온 전통적인 지주 계층 등이 소유한 엄청난 부동산을 기반으로 절대 허물어지지 않을 벽을 쌓고 있다. 셋째, 고대부터 중국과 인도를 건너다니던 중국 무역상의 후손들이 본토를 떠나 6세대 만에 거의 모든 유통업과 제조업을 장악하며 엄청난 부를 축적했다.

내가 필리핀에서 살면서 수백 번을 생각한 게 있다. 한국의 강점을 도입해 이곳에 펼치면 난 백만장자가 될 수밖에 없다. 안 되면 그게 이상한 것이고 잘못된 것이다. 그런데 그게 쉽지 않다. 내 능력이 부족해서이기도 하지만 주위에 나보다 능력이 뛰어난 사람도 그리 크게 성공한 사람이 없다.

사실 난 이 글을 쓰면서 그 답을 얻으려 노력했다. 도대체 객관적인 전력에서는 뒤질 게 없는데 결과는 안 좋다. 그 원인이 무엇일까? 반문해본다. 우리가 만만하게 여기는 중국 사람과 일본 사람은 우리보다 몇 배, 몇 십배, 아니 몇 백배 성공을 거두었다. 난 그 이유를 28년 세월을 보내며 이제야 어렴풋이 알 것 같다. 이 글을 통해 새로운 개척지에서 도전해보고자 하는 사람에게 조금이나마 도움이 되었으면 하는 바람이다.

우리의 해외 투자 역사는 고작 수십 년이다. 전쟁의 잿더미 속에서 지금처럼 부강한 나라를 만들어 내면서 축적한 소중한 경험을 토대로, 제한된 국토에서 벗어나 가능성이 무한히 펼쳐진 황무지에서 우리 역량을 마음껏 발휘해 보는 건 상상만 해도 멋진 일이다. 그리고 이 과업은 우리 젊은 세대의 몫일 것이다.

우리는 지금 인터넷 등 정보 통신의 급속한 발전에 힘입어 세계가 국경을 초월한 단일 시장으로 형성되어 가는 시대에 살고 있다. 도요타는 일본 기업이다. 하지만 이제는 도요타 멕시코, 도요타 태국, 도요타 필리핀 이렇게 호칭한다. 이것을 다국적 기업이라고 부른다. 그러므로 이제까지 우리가 주로 해왔던 대로 외국 바이어의 주문을 받아 생산하고 수출하던 방식만으로는 무한 경쟁시대에서 뒤질 수밖에 없다.

내 물건을 가지고 바다 건너로 가서 창고를 짓고 영업 사원을 뽑은 뒤 내 브랜드로 판매해서 내 유통망을 스스로 확보해야만 승자가 될 수 있다. 다국적 기업이 그렇게 하고 있기 때문이다. 자본주의 사회에서 이기는 자의 논리다.

이곳 필리핀 시장을 보더라도 세계적으로 인정받는 한국의 유수한 제품들이 마케팅 취약으로 현지인들에게 별로 인정받지 못하는 것이 안타까운 현실이다.

물론 필리핀 시장 규모가 작기 때문에 웬만한 한국 기업이 관심을 두지 않아서 그렇기도 하다. 하지만 동남 아시아 시장에 진출한다는 의미가 있기 때문에 노력해볼 만하다고 생각한다.

제품이 시장에서 팔리는 것은 우수한 품질만으로 되지 않는다. 기술 개발만큼이나 중요한 것이 새로운 시장 개발과 마케팅이라고 생각한다. 어떻게 포장하고 광고하고 홍보하며, 누구에게 어떻게 팔 것인지가 승패의 관건이다.

이제 점점 세계 시장에서 공급 과잉 현상의 기미가 뚜렷하게 나타나고 있다. 개발도상국 시장 개발과 자원 개발 및 식량 확보가 앞으로 우리가 생존할 길일 수도 있다. 개발도상국에 대한 공부와 연구가 우리에게 주어진 시대적 과제라고 생각하는 의미에서 나는 작은 시작을 했다고 생각한다.

그동안 필리핀에서 청춘이라는 두둑한 자본을 가지고 사업의 꿈을 꾸며 끝없는 도전을 하는 데 도움을 주신 모든 분께 충심으로 감사드린다.

마닐라 공항에 내리다

벌써 28년 전이다. 마닐라 공항 건물에 나오자마자 퀴퀴한 냄새가 코를 찔렀고 난생 처음 보는 빨간 불빛 아래 야자수가 이국적인 감흥을 주기에 충분했다. 요란하게 치장한 필리핀의 대표적 대중교통 수단인 지프니(Jeepney)에 올라앉아서 마주친 현지인은 까무잡잡하고 다소 초췌해 보이기는 했지만 밝고 순박한 미소에서 인간적인 정이 느껴졌다. 아마도 이런 첫 인상이 필리핀과 나의 끈질긴 인연을 만들어 운명의 갈림길이 되었던 것 같다.

나는 필리핀에 가기에 앞서 먼저 일본을 여행했다. 일본으로 떠나기 전 필리핀에서 가장 권위 있다는 필리핀 국립대학(University of the Philippines : UP)의 입학허가서를 받기 위해 유학원에서 일하는 대학 동창의 조언을 받아 모든 서류를 직접 준비했다. 이 서류를 배낭 속에 고이 간직한 채 일본 무전여행을 마치고 필리핀에 들어왔다.

마닐라에 도착해 첫 밤을 보내면서 무척 덥다는 것과 필리핀 닭은 밤이고 새벽이고 시도 때도 없이 우는 것이 인상적이었다.

그때는 나를 재워주고 먹여주는 유학생을 무조건 따라 다닐 수밖에 없었는데 그 숙소가 필리핀 국립대학(UP), 명문 사립대학인 아테네오 대학(Univ. of Ateneo)과 여자대학인 미국 미리암 대학(Miriam College) 분교 등 필리핀 내 유수한 대학이 밀집되어 있는 지역의 조그만 주택단지 내 연립주택이었다.

그곳은 행정 및 교육의 도시인 퀘손 시(Quezon City)로 실제로 필리핀의 수도라는 것을 아는 한국 사람은 별로 많지 않은 것 같다. 우리가 보통 말하는 마닐라(Manila)는 실제로 행정상 메트로 마닐라(Metro Manila)라고 볼 수 있다.

현지에서 마닐라라고 부르는 곳은 중국촌이 중심에 자리 잡은 구 마닐라이다. 우리나라의 남대문 시장처럼 가장 큰 도매 시장인 디비소리아 마켓(Divisoria Market)이 있는 필리핀의 옛날 수도이며 서울의 종로구와 중구를 합친 크기만 하다.

시끄러운 닭 울음소리에 잠이 깨어 후텁지근한 아열대 기후를 처음으로 실감하게 되었다. 어제만 해도 혹독한 추위에 시달리다 하루아침에 여름 기후로 바뀌니 몸에 이상 반응이 나타나기 시작했다. 그도 그럴 것이 일본 북알프스에서 섭씨 영하 35도이던 기온이 마닐라에서 영상 30도 이상으로 며칠 사이에 기온이 65도를 오르내렸으니 당연한 일이었으나 정상 컨디션이 찾아올 때까지 침대 신세를 질 수는 없는 형편이었다.

가장 중요한 사안인 필리핀 국립대학을 둘러보는 일부터 시작했다. 체력이 버티는 범위 내에서 차비를 아끼기 위해 걷는 것을 원칙으로 했다. 숙소에서 1시간을 걷다 보니 〈인디아나 존스〉 영화에서 본 듯한 그다지 높지 않은 회색빛 건물들이 웅장한 나무들 사이로 옹기종기 모여 있는 캠퍼스 안에 들어와 있었다. 꿈에 그리던 곳이 아니었던가. 서정적인 교정 분위기가 나를 실망시키지는 않았다. 그곳이 말로만 듣던 필리핀 국립대학이었다.

막연히 국내에서 생각했던 것보다 전원적이고 조용하면서 엄숙해 보이는 캠퍼스의 모습이 나그네의 마음을 편안하게 해주었다. 교정 전체가 유구한 전통이 배어 있는 유적지를 연상케 해 정숙한 마음으로 대학 입구로 천천히 들어섰다.

구름 한 점 없는 맑은 날씨에 하늘을 덮은 것 같은 고목의 그늘 아래 들어가니 후덥지근한 한국의 여름날씨보다 습도가 낮아 견딜 만했다. 캠퍼스 내 이곳저곳을 거닐면서 유심히 살펴본 현

지인 학생들은 학구적인 분위기로 수수한 복장과 꾸밈없는 외모에서 담백한 그들의 대학 생활상이 엿보였다.

큰길을 따라 몇 번을 물어 찾아간 곳은 12곳의 기숙사 중 유일하게 외국인을 위한 전용 기숙사인 인터내셔널 센터(International Center)로 1961년에 건립한 건물치고 관리를 잘 한 덕인지 그리 낡아 보이지 않았다.

본관 2층에 올라가니 이 대학에서 도시계획 전공 박사과정을 밟고 있는 한국 학생을 만날 수 있었다. 그에게 1시간 정도 여러 궁금한 사항들을 물어보고 이내 나와 바로 이 건물 옆에 위치한 아시안 센터(Asian Center)로 들어갔다.

이곳에서 입학에 필요한 모든 수속을 문의하고 가져간 서류를 제출해 교수 면담 스케줄을 받아 나오니 소기의 목적을 어느 정도 달성한 것 같아 발걸음이 가벼워졌다. 허기진 배를 움켜쥐고 두 시간 반을 햇볕 아래서 숙소까지 걷자니 현기증이 나고 다리가 후들거려 사막 위를 걷는 듯했다.

숙소에서도 얻어먹는 신세여서 매 끼니를 찾아먹기는 눈치가 보였고 되도록 물로 대충 끼니를 때우다 보니 배고픔의 고통은 참기 힘들었지만 내 2, 3년 미래의 행로가 결정된 듯해 마음은 편했다.

필리핀에서 두번째 높은 플러그산(Mt. Pulog)

마닐라를 소재한 루손섬(Luzon Island)의 최북단에 있는 필리핀에서 두 번째로 높다는 마운틴 플러그(Mt. Pulog)를 향해 달랑 지도 한 장 들고 장기 여행을 떠났다.

마닐라에서 우선 바기오(Baguio)행 버스를 타고 6시간을 우리나라 강원도 한계령 같은 지그재그 길을 따라 한참을 올라가니 베트남 전쟁 때 미군의 휴양지로 유명한 바기오(Baguio)에 도착 할 수 있었다.

버스 터미널에서 조금 떨어진 큰 재래 시장터 옆에 있는 지프니 정류장에서 마운틴 프로빈스(Mountain Province)로 가는 지프니를 타고 포장도 안 된 능선 길을 조금도 움직일 틈도 없는 딱딱한 의자에 기대어 7시간을 시달릴 수밖에 없었다. 하루 종일 빵 조각과 과자로 끼니를 때워 속은 메슥거리고 이 고생길을 자초한 것이 마냥 후회스러웠다.

밤늦게 도착한 조그만 산간마을은 전깃불이 안 들어오는지 칠흑 같이 어두웠고 여관 같은 숙박시설은 있어보이질 않았다. 인근 초등학교를 무조건 찾아가 아무도 없는 교실 안에서 하룻밤을 보내야만 했다.

밤 기온이 너무 낮아 추위에 떨면서 잠을 거의 설쳤다. 새벽에 일어나 화장실로 가는 복도에서 복장이 남루한 일본 배낭 여행자를 만나 서로 놀랬다.

이 배낭족은 동경대를 졸업하고 교토 대학원에서 화공학 석사과정에 있는 학생으로 겨울 방학을 이용하여 필리핀 오지를 헤매다가 마운틴 플러그(Mt. Pulog)까지 찾아 왔던 것이었다. 눈썹이 진하고 이목구비가 뚜렷하며 서글서글한 눈매와 화통해 보이는 인상도 맘에 들었지만 유창한 영어에 정감 있는 말투에서 옛 친구를 만난 것처럼 부담이 없었다. 내가 한국인이라고 하자 눈을 동그랗게 뜨고 고

개를 숙이며 밑도 끝도 없이 미안하다고 몇 번을 사죄하는 것이 아닌가.

나는 깜짝 놀라서 왜 그러냐고 했더니 배낭 주머니에서 여권을 내 놓는데 빨간 바탕의 겉장 윗부분에 있는 일본 제국주의의 상징인 해 모양이 오려져 있는 것이었다. 과거에 자기 조상이 한국을 침범한 것에 대하여 진심으로 사과한다고 하며 두 손을 내밀었다.

아무튼 난 감동 받았고 필리핀 오지에서 뜻밖의 상황이 연출되었다. 일제 강점기에 영문도 모르고 징용당해 필리핀 어느 오지에서 청춘을 유린당한 한국인을 떠올렸다. 이 광경을 봤으면 눈이라도 편히 감고 혼이라도 위로 받을 수 있었을까 하는 생각을 해 보았다. 난 아무튼 그 산골에서 한국인을 대표하여 진정 어린 일본인의 사과를 받아 들였다. 조식을 준비해간 비스켓으로 간단히 때우고 이 일본인이 구했다는 등산 가이드를 따라 산림이 우거진 정글로 진입하여 좁고 희미한 길 자국이 나 있는 곳을 열심히 찾아 올랐다. 거대한 고목들의 뿌리가 바닥에 서로 엉키어 있고 울창한 가지가 해를 가려 음산한 느낌이 들어 꼭 사나운 맹수나

뱀들이 당장 몸을 덮칠 것 같은 불안감에 가슴을 조이니 숨이 더욱 가빠졌다. 반나절을 오르는 동안 산마을 어귀에 산다는 등산 가이드가 길 안내는커녕 우리와 걷는 페이스를 맞추질 못해 하루 일당만 주고 그냥 돌아가라고 했다.

다행히 내가 입산할 때 마을사람에게 물어 정상 방향으로 콤파스(Compass)를 맞추어 놓았기에 길을 잃지 않을 자신이 있었다. 산은 어느 방향이든 똑바로만 가면 길은 나오게 되어 있는 사실을 대학 산악부 생활 때 터득했었다.

내가 앞장서서 고도 2천 미터 정도를 지나니 우리나라의 소나무와 비슷한 수목들이 띄엄띄엄 보여 시야가 확 트이고 길을 찾는데 훨씬 수월하여 조금 안심이 되었다.

호흡을 가다듬으며 발걸음을 재촉하여 주능선으로 오르는데 히말라야의 트레킹(Trekking)까지 수차례 다녀온 이 일본 친구도 힘든 기색이 역력했다. 둘이 서로를 격려하며 멀리 조금씩 윤곽을 드러내놓기 시작한 정상을 향해 마지막 피치를 다하였다. 나무 하나 없는 갈대밭 같은 초원지대를 지루하게 두 시간 정도 올라 강풍이 몰아치는 3,010미터 정상 끝에 두 발을 디딜 수 있었다. 우리는 정상에서 내려다보이는 산정의 파노라마 장관에 흥분을 억제하지 못하고 서로 부둥켜안고 무언의 깊은 정을 나눴다. 이 일본 친구는 흥분이 가시지 않는지 큰소리로 헤르만 헤세의 시 한 구절을 독일어 원어로 읊는데 그 모습이 얼마나 인상적이었는지 지금도 그 장면을 잊을 수 없다.

그 친구는 그 이후 일본으로 돌아가 대학원을 마치고 세계 방방곡곡을 다니며 여행한 나라마다 안부 엽서를 보내왔는데 핵 보유가 어쩌느니, 세계의 평화를 지키기 위해 우리 젊은 사람들이 어떻게 해야 하는 등의 내용으로 나의 가슴을 뜨겁게 해주곤 하였다.

지금은 소식이 끊겨 무엇을 하고 지내는지 모르지만 아마도 우리가 필리핀 어느 산간 오지에서 만나 쌍무지개가 오르는 계곡 사이 산등성이를 어깨동무하고 내려오며 우정을 다짐했던 순간들을 잊을 수 없는 추억으로 고이 간직하고 있으리라.

무사히 돌아온 나를 반기던 유학생들이 환송회를 한다며 무조건 나를 데리고 나갔다. 지금 생각해 보면 그때 멋모르고 쫓아간 곳이 마닐라에서 대표적 유흥가로 알려진 마비니(Mabini)였던 것 같다. 운전석이 철창으로 가려져 있고 차 바닥에 구멍이 뚫려 밑창이 언제 빠질지 모를 택시에서 내리니 서울의 이태원과 같은 이곳은 휘황찬란한 홍등가의 흥청대는 거리 분위기가 사람의 기분을 들뜨게 만들었다. 샷건(Shot gun)을 맨 경비원이 열어준 문을 들어간 순간 현란한 형형색색의 조명 아래서 비키니 차림의 늘씬한 미녀들이 흥겨운 음악에 맞추어 무대 위에서 열심히 춤을 추는 모습이 긴 여정으로 지친 남정네의 가슴을 설레이기에 충분했다.

필리핀에서 가장 유명하고 세계적으로 알려진 산 미구엘(San Miguel) 맥주는 얼음에 타서 마셔도 우리나라 맥주보다 약간 알코올 농도가 높아 진한 맛에 취기가 일찍 왔다. 그 동안 정들었던 필리핀을 내일 떠난다는 아쉬움에 홀짝 홀짝 마시다 긴장이 풀려 인사불성이 되어 숙소로 돌아왔다. 다음 날 아침 어렴풋이 기억나는 야자수의 바닷가 풍경화를 배경으로 한 무대 위에서 야릇한 조명 아래 구릿빛 나는 피부의 반라 미녀들의 요란한 몸짓과 현란한 율동 속에 전개되는 스트립 쇼는 필리핀의 대중적인 음주 풍속도인 것 같았다.

유학을 준비하던 시절

자명종 소리에 깨어보니 시계 바늘이 4시 30분을 가리키고 있었다. 졸음을 떨어내려고 안간힘을 쓰면서 방 한구석에 쌓아놓은 짐을 멍하니 바라보는 순간 필리핀 유학길에 오르기까지의 준비 과정이 주마간산으로 뇌리를 스쳐 지나갔다.

　동남아 무전여행을 다녀온 후 가장 큰 일상생활의 변화는 영어와의 전쟁이었다. 의식이 살아 있는 모든 순간들을 영어로 생각하고 심지어는 꿈까지 영어로 꿀 수 있도록 영어를 생활화했다. 일과를 마치고 하루를 정리하는 시간을 만들어 영어로 일기 쓰는 습관도 들였다.

　필리핀 국립 대학원의 아시안학 과정에 입학을 신청하고 한국에 돌아와 하루하루 애타게 기다렸다. 한겨울을 지나 꽃망울이 맺히는 어느 화창한 봄날, 마침내 입학 허가서가 우편물 집배원에게서 내 손에 배달되었다.

　필리핀 유학이라는 엉뚱한 발상에 나를 평소에 아껴주던 많은 사람들이 만류했지만 뜻을 품었기에 흔들림은 오래 가지 않았다. 새로운 세상에 대한 설렘과 막연한 기대와 불확실한 미래에 대한 불안감 등 복잡한 감정을 다스리며 어려운 결단을 내린 만큼 확고한 신념도 가지려 노력했다.

　부모님이 갑작스레 운명을 달리해 집안 정리를 해야 했고 유일한 피붙이인 여동생의 대학 입시 등 한국을 떠나기 어려운 상황이었지만 대학 졸업 작품을 할 때 만난 후배인 약혼녀에게 모두 맡기고 떠났다.

　1986년 3월 6일, 내 평생 잊을 수 없는 날이다. 새벽 공기를 가르며 공항을 향해 달리는 택시 안에서 조금 전 집 앞에서 흐느끼며 고개를 못 들던 여동생의 모습이 잠시도 머릿속을 떠나지 않았다. 죄를 짓는 일이었다. 내가 꼭 돌봐야 할 동생이었기에 가슴이 찢기는 듯한 고통을 안고 하염없이 흐르는 눈물을 감추느라 바빴다. 공항에 배웅 나온 친구들을 피해 정신없이 탑승 수속을 마치고 비행기 안에 앉으니 만감이 교차했다.

　무엇 때문에 이렇게까지 해야 하나 허망한 생각만 들었다. 지금 생각해보면 나는 지극히 이기적이고 모진 사람이었다.

　마닐라 공항에 도착하기 전 힘들었던 준비 과정이 머릿속에 떠올라 왔다. 1년 전 입학 허가서를 받는 것으로 모든 수속이 끝나는 줄 알았는데 학생 비자를 받기 위한 몇 가지 절차가 남아 있었다.

이 입학 허가서를 일단 필리핀 교육부에 보내 확인을 받고 외무부의 허가 절차를 거쳐 한국에 소재한 필리핀 대사관으로 입국 허가서가 보내졌다. 이를 통보받은 뒤 주민등록 등본, 신원 증명서, 재정확인서(잔고 증명서 첨부), 건강 진단서를 내고 인터뷰를 통과해야 비로소 학생 비자가 나와 유학 목적으로 입국할 수 있었다. 보통 이 과정까지 특별히 현지에서 아는 사람이 챙겨주지 않는 이상 6개월 넘게 걸린다.

입학 신청할 때부터 유학원을 통하지 않고 모든 서류를 직접 만들어서 진행하다 보니 시간은 좀 더 걸렸지만 경비를 많이 줄일 수 있었다.

인터뷰 날짜는 일주일 후로 잡혔는데 보통 일이 아니었다. 그 당시만 해도 만나는 사람마다 필리핀에 언제 가느냐고 인사하는 통에 짜증이 나던 차였는데 1차

필리핀 국립대학내 외국인전용기숙사인 international center앞에서 영사와 간담회를 마치고.

인터뷰에 실패하면 몇 달을 더 허비해야 하기 때문이다. 비자 인터뷰에 관한 책을 구입해 책 내용들을 달달 외다시피 했다.

예상 질문을 따로 만들어 별도로 숙지하는 등 대비를 철저히 한 덕에 깐깐하기로 소문난 여자 대사의 인터뷰를 무사히 통과해 학생 비자를 발급받아 마지막 관문을 넘겼다.

그 당시 필리핀 정국이 비상사태여서 보통 어수선하지 않았다. 마르코스의 장기집권에 대항하며 억압받던 국민들로부터 전폭적인 지지와 존경을 한 몸에 받고 있던 야당의 대표 지도자 베니그노 아키노가 1983년 미국에서 귀국하는 공항 비행기 트랩에서 내려오다 저격당하고 말았다.

지금까지 그 역사적인 사건의 배후자가 밝혀지지 않았다. 아무튼 그 이후 반정부 데모가 대대적으로 전개되었고 2년이 흐른 후 상황이 극에 달해 정국이 최고로 혼란하던 때였다.

대사의 인터뷰 중 필리핀이 연일 극렬한 데모로 위험한 상황인데 가겠냐는 대사 질문에 무조건 죽어도 간다는 대답이 즉흥적으로 나올 만큼 준비과정에 지쳐 있었다.

비자를 발급받고 5일 후인 1986년 2월 25일, 드디어 마르코스가 25년간의 독재집권을 끝내고 결국 미국 하와이로 도피했다. 필리핀이 피플 파워로 전 세계를 감동시키고 국내에서도 연일 필리핀 뉴스로 떠들썩할 즈음 나는 그 역사적인 현장으로 들어갔다.

필리핀으로 향한 3시간 30분가량의 비행시간 동안 6개월간 군 복무로 남들보다 2년 줄인 시간을 필리핀에 투자해 영어를 숙지하면서 동남아 지역 연구 그리고 석사 학위와 가능한 많은 경험을 쌓는 목표를 반드시 달성하겠다고 다짐하고 또 다짐했다.

UP 랭귀지 코스를 가다

 UP 캠퍼스 안에 있는 외국인 학생을 위한 인터내셔널 센터에 거처를 정한 나는 한국 학생과의 만남을 가급적 자제했다. 학교생활 적응과 학업에만 전념해 본격적으로 개강 준비에 만전을 기하고 이 기숙사로 이사하면서 자연히 여러 다른 나라에서 온 학생들과 친밀하게 지낼 여건이 마련되었다.

 먼저 영어 실력 향상에 가장 효과적이라는 개인교습(Tutoring)을 위해 개인교사를 물색했다. 발음이 좋고 영어 강사 경험이 있는 같은 기숙사에 묵고 있는 엘라(Ella)라는 말레이시아 여학생을 소개받아 아침 7시부터 2시간씩 레슨을 받게 되었다.

 엘라가 하루 미화 1달러를 받고 석 달 동안 하루도 빠짐없이 성심껏 가르쳐준 덕에 하루하루 영어 구사 능력이 느는 것을 실감할 수 있었다.

 그녀는 상당히 미모가 뛰어나고 매력적이어서 레슨 시간 2시간이 항상 짧게 느껴졌다. 저녁 때가 되면 이튿날 아침 교습 시간이 기다려질 정도였고 그녀에게 잘 보이려고 최선을 다했다. 내 영어 실력은 그녀의 미모 덕을 톡톡히 본 셈이다.

 교재는 필리핀 초등학교 영어 교과서를 사용했다. 처음에는 일상생활의 일이나 주위 상황들을 영어로 표현하면 발음을 교정해 주고 더 정확하고 알맞은 표현 방식을 알기 쉽게 설명해 주는 식으로 수업을 진행했다.

 지루함을 피하기 위해 일주일에 세 번씩 영화를 보고 줄거리와 느낀 점을 얘기하고 감상문 형식으로 써 보기도 했다. 나중에는 일정한 토픽을 정해 토론하면서 잘못된 문장을 지적하는 식으로 3개월간의 레슨을 마쳤다.

 나는 필리핀에 처음 온 한국 사람이 영어를 배우는 가장 좋은 방법이 무엇이냐

유학 당시 마르코스 대통령이 축출당하고 당선된 People Power의 주인공인 Aquino대통령이 필리핀 국립 대학의 외국인 학생을 대통령 궁에 초청하여 한국과 태국 유학생과 관저 뒤뜰에서

고 물으면 늘 한국에서 영어 공부하던 습성을 버리는 것이 먼저라고 답한다.

영어를 책에 의존해 공부한다는 고정관념에서 벗어나 갓난아기가 자연스럽게 언어를 익히듯 부담 갖지 말고 영어를 자연스럽게 생활화해 편한 마음으로 반복을 통해 익혀 나가는 방법이 중요하다는 것이 내 지론이다.

보통 우리는 문법에 치중해 처음부터 완벽한 영어를 구사하려다 머리가 복잡해져 아무런 말도 못하고 머뭇거리다 자신감마저 상실해 무조건 말하는 자리를 피하는 경향이 있다.

영어를 처음부터 완벽하게 구사하려는 강박감이 학교에서 10년 가까이 영어공부를 해도 실제로 외국인 앞에서는 한 문장도 표현하지 못하는 가장 큰 원인 것 같다. 영어를 처음부터 완벽하게 구사하려 하기보다 쉽고 간결한 표현을 자연스럽게 한다는 자세가 중요한 것 같다. 아무튼 외국어를 익히는 데 특별한 지름길은 없는 것 같다.

반복된 언어 구사를 통해 무의식적으로 입안에서 자연스럽게 영어가 튀어나올

필리핀 국립대학 한국 유학생들과 필리핀 대표적인 관광지인 Tagaytay에서

때까지 부단히 미련스럽게 열심히 떠들어대다 보면 어느 순간에 자기 자신도 놀랄 만큼 실력이 향상된 것을 느낄 때가 온다.

개인 지도가 끝나 아무에게나 말을 걸어보고 싶을 정도로 자신감이 들 무렵에 UP 교육학과에서 주관하는 영어집중 교육과정(Intensive English Course)에 등록해 체계적인 영어 교육을 받는 계기가 되었다.

이 프로그램은 UP에서 영어 구사 능력이 부족한 외국 학생들을 위해 마련한 랭귀지 코스로 내가 등록한 클래스에는 한국 학생 이외에 일본, 중국, 말레이시아, 태국, 인도네시아에서 온 학생이 주를 이루었다.

각기 다른 나라에서 온 학생들의 영어 실력은 거의 차이가 없었다. 이 클래스에 나 빼놓고는 각 나라의 수재가 모인 듯했다. 특히 중국에서 온 학생들은 각 성에서 거의 10만 명 중에 일등을 한 수재 중의 수재였다. 한국 유학생, 중국 유학생, 그리고 일본 와세다 대학 출신인 일본인 유학생 사이에 경쟁이 치열해 수업 분위기는 열기를 더했다.

각자의 문화권이 달라 한 가지 이슈가 던져지면 논쟁이 치열했다. 이 미국식 영어 수업을 통해 영어 공부가 이렇게 재미있는 줄 처음 알았고 여러 나라의 유학생과 같이 공부하며 교제하는 기회가 무엇보다 소중했다.

퀴즈와 발표가 주류인 수업 진행 방식은 주입식 교육에 익숙한 나에게 공부라는 것이 결코 따분한 일이 아니라는 깨달음을 주었다. 무엇보다 새로운 사실을 발견하고 익히는 흥미로움에 시간 가는 줄 모르게 5개월이라는 예비과정을 순조롭게 마쳤다.

공부, 공부, 오로지 공부

필리핀 대학은 3, 4, 5월의 가장 무더운 한여름을 지나 우기가 시작되는 6월 초에 신학기가 시작된다. UP 캠퍼스 안에는 건물 100여 동이 산재해 있으며 우리나라의 대부분 대학은 보통 단과 대학별로 건물이 따로 떨어져 있지만 필리핀 국립대학은 각 과마다 별도의 건물이 있다.

학교 전체를 보려면 차로 30분 이상은 돌아다녀야 한다. 교내에 쇼핑센터, 우체국, 경찰국, 은행, 극장, 음악당, 볼링장, 교회, 성당, 유스호스텔, 교직원 주택단지 등 모든 편의 시설과 관공서가 있어 교내에서만 생활해도 전혀 불편함이 없다. 학교 정기노선으로 운행하는 지프니로 교내 어디든 쉽게 돌아다닐 수 있다.

수강료(Tuition Fee)는 신청하는 과목 수에 따라 다르지만 한 학기 최대학점을 신청했을 때 약 1만 페소(미화 230달러 정도)였다. 외국인의 학부 과정은 미화

300달러, 석사 과정 이상은 500달러를 별도로 지불하고 중간고사 이전에 어떠한 이유든 과목 수강을 중지(drop)하면 해당 수강료만큼 환불해 주었다.

외국인의 학부 과정 입학 요건은 대학마다 다르며 필리핀 국립대학의 경우 학과마다 차이가 있다. 고등학교 성적이 일단 우수해야 하고 별도의 대학 예비고사에서 우수한 성적과 토플 점수가 500점 이상 되어야 한다. 특히 법대, 의대, 치대, 영문학과, 경영학과가 전통적으로 입학이 까다롭고 실제로 입학이 되어서도 졸업하기가 상당히 어려운 편이다.

대학원 입학은 석사(Master) 과정과 박사(Ph. D) 과정으로 나뉘며 최소한 학부 과정의 성적이 3.0 이상이어야 한다. 교수의 추천서 및 토플 500점이 요구되며, 박사 과정의 경우 별도의 논술시험이 입학 허가를 받는 데 결정적인 역할을 한다.

졸업 이수 학점은 학과마다 다르나 석사 과정은 보통 플랜 A와 플랜 B로 나뉜다. 플랜 A는 이수학점 24점과 종합시험(Comprehensive Examination), 논문(Thesis)이고, 플랜 B는 이수학점 36점과 종합시험이며 논문은 없다. 박사 과정의 경우 학과마다 졸업 이수 학점 36학점이나 48학점을 요구하며, 종합시험과 논문을 마치면 학위를 취득할 수 있다.

석사 과정과 박사 과정은 한 학기에 최대한 12학점까지 신청할 수 있다. 한 과목이

태국인 유학생과 태국 교민 축제에 참가해서.

3학점으로 수업시간은 과목당 3시간이다. 1학기는 6월부터 10월까지이고 2주 정도 짧은 방학을 한 뒤 2학기는 11월부터 3월까지이다. 여름방학이 있는데 이때 여름학기를 수강할 수 있다.

일주일에 걸쳐 모든 등록 과정을 마쳤으나 미국 하버드 대학에서 박사학위를 취득하신 에피스톨라(Epistola) 지도 교수님께서 나의 영어 실력이 아직도 미흡하다고 걱정을 하셨다.

첫 학기는 욕심내지 말고 두 과목만 신청하라고 하셨지만 내 개인적인 사정상 그럴 수가 없었다. 학부 과정에서 도시계획학(Bachelor of Science in Urban Planning)을 마치고 석사 과정에서 아시안학(Master of Arts in Asian Studies)을 전공해, 이과에서 문과로 이전함에 따라 석사 과정의 24점 외에 학부에서 6학점을 이수해야 하는 규정이 있었다.

하루라도 빨리 마치고 한국으로 돌아가야 했기 때문에 무리해 12학점을 신청할 수밖에 없었다. 내가 등록한 아시안 센터 내에는 아시안학 석사과정(M.A Asian Studies)과 필리핀학 석사과정(M.A Philippine studies), 필리핀학 박사과정(Ph.D Philippine studies)이 있다.

나의 전공인 아시안학 석사과정은 아시아의 역사, 문화, 언어, 정치, 경제 등을 포괄적으로 다루는 학과이다. 특히 아시아 국가 간의 여러 분야의 상호관계나 분쟁에 대해서 연구하는 지역사회학이다.

그 당시 한국에는 몇 개 대학에서 신설되는 추세로 한국에서는 잘 알려지지 않은 학과였다.

긴장되어 한숨도 못 자고 수강한 첫 수업은 지도 교수가 맡은 필수과목인 아시아 1이었다. 맨 앞줄에 앉아 열심히 들으려 해도 무슨 내용인지 알 수가 없었지만 아는 척 고개를 끄덕이며 힘겨운 3시간을 보냈다.

　보통 첫 시간은 오리엔테이션 성격으로 한 학기 동안 배울 내용에 대해 설명하고 각자 이 과목에 필요한 책들의 목록을 도서명, 저자, 출간일, 주석 순서로 작성하는 참고도서 일람표(Annotated Bibliography)를 제출한다. 그 목록 중에 한 책을 선정해 읽고 한 명씩 돌아가며 그 책 내용을 발표하고 보고서를 제출하는 것으로 한 달이 지나갔다.

　그 다음 달은 교수의 강의가 있고 그 내용을 중심으로 중간고사가 치러진다. 그 이후 2~3명씩 팀을 짜서 테마를 결정해 그 내용을 토론하고 각자 분석한 내용을 발표하는 것으로 한 달이 또 지나간다.

　마지막 달은 그 과목에서 핵심적인 주제를 설정해 분석한 내용을 팀 페이퍼(Term Paper)로 제출한다. 그리고 한 학기 동안 거론된 주제들에 대해 구술 형식으로 기말고사를 치르면 한 과목을 이수하게 되는 것이다. 이 과정이 간단해 보이지만 실제로는 안 그렇다.

　우선 교수들이 우리나라 대학같이 평소에는 자상하고 인자하지만 학점 평가에 대해서는 엄청나게 엄격하고 냉정하다. 본인들이 생각하는 기준에 조금이라도 부족하면 한국처럼 봐주는 게 없다.

　영어에 핸디캡이 있는 외국인이라고 봐주리라 기대하면 큰 오산이다. 자신 없으면 다른 학교로 옮기라고 서슴없이 충고한다. 한번은 낙제를 받아 학교를 더 이상 다닐 수 없는 태국에서 온 여학생이 한 번만 기회를 달라고 울먹이며 사정을 했지만 냉정히 거절하는 장면을 목격한 적이 있다.

　학부 과목을 첫 수강하면서 또 다른 분위기에 놀랐다. 첫 수업에 각자 좌석이 배정되어 대리출석은 생각도 못 하고 수업이 시작되면 학생들이 일제히 고개를 숙인다. 한 시간 반 동안 수업이 끝날 때까지 필사적으로 노트에 적기 바빠서, 제대로 못 알아들어 고개를 두리번거리는 학생은 나 하나였다.

　첫 학기에 중간고사를 치르는데 출제 경향을 몰라 대충 공부하고 시험장에 갔다. 한국과 같이 답안지를 나눠주는 줄 알고 가만히 앉아서 기다리는데 옆 학생들

필리핀 국립 대학 내 외국인 전용 기숙사인 International Center로비에서 말레이시아, 태국, 인도, 스리랑카 유학생들과 행사를 마치고

이 조그만 노트에 칠판에 적힌 문제의 답안을 써 내려가는 것이었다.

   그제야 나는 한국과는 달리 답안지가 조그만 노트이고 그 시험 노트를 교내 문구점에서 미리 구매해야 한다는 것을 알게 되었다. 다행히 옆 학생에게 노트를 빌렸다. 노트에 작성할 만큼 문항 수도 많았지만 답을 쓰는 것은 둘째고 문제를 이해하는 것조차 어려웠다.

   주위 상황을 살펴보니 모든 학생이 고개를 숙이고 노트에 답안 작성하느라 볼펜 알 굴러가는 소리밖에 들리지 않았다.

   첫 시험에서 보기 좋게 낙제하고 교수가 돌려준 답안 노트에는 빨간 글씨로 교수가 직접 채점한 듯 일일이 틀린 문구 위에 틀린 이유가 깨알같이 적혀 있어 또 한 번 놀랐다. 한국처럼 대충 조교에게 시키는 식이 아니라 꼼꼼하게 교수가 직접 채점을 한 것이다. 첫 시험에서 큰 낭패를 보고 중도 포기하라는 교수님의 권유에 오기가 발동했다.

2개월 후 기말 고사를 맞이해 고민 고민하며 생각해 낸 방법은 단 한 가지였다. 예상 문제를 만들었더니 큰 노트 한 권이 되었다. 그것을 통째로 외웠다. 그 덕에 나도 다른 학생처럼 한 시간 반 동안 볼펜을 잡은 손가락이 부르틀 정도로 시험 노트를 가득 메울 수 있었다. 나를 도와주었던 옆 학생이 놀랄 정도로 높은 점수를 받아 평균 점수를 간신히 넘겨 패스하면서 자신감을 얻게 되었다.

 이 대학에서는 학생들이 평일에 학교 앞에서 술을 마시거나 당구를 치는 유흥은 상상도 못한다. 대부분의 학생이 학과 과정을 따라가기 위해 학업에 전력을 기울여야 하고 낙제를 면하기 위해 발버둥을 치는 편이다.

 그리고 도서실에 가보면 교수들을 쉽게 만날 수 있는데 교수 사정으로 결강하는 일은 거의 없다. 내가 공부한 2년 동안 3시간 강의를 채우지 않은 적은 한 번도 없었다. 교수가 빠질 수밖에 없을 때는 다른 교수가 대신 수업을 진행한다.

 한번은 인도 간디 수상의 제자였던 인도 사람 레이 학장의 수업을 신청해 수강한 적이 있었다. 학기말쯤 되어서 학교 일로 예정했던 세미나를 못하게 되자 학장은 하루에 거의 10시간 동안 휴식 없이 점심까지 교실에서 해결하며 열띤 논쟁을 벌이며 수업을 진행했다.

 보통 시험 성적이 나올 때쯤이면 초긴장을 하게 되는데 그럴 수밖에 없는 것이 두 학기 연속으로 낙제를 받으면 학교에서 쫓겨나기 때문이다.

 이 학교에 끝까지 남기 위해 몇 가지 철칙을 만들었다. 첫째, 절대 수업시간은 지각이나 결석을 하지 않는다. 그리고 맨 앞줄에 앉아 교수님의 눈을 절대 놓치지 않는다. 왜냐하면 성실한 학생 이미지를 심어주기 위해서다. 또한 칠판에 적은 내용은 한 자도 빠트리지 않고 노트에 옮겨 적어 자기 전에 꼭 읽어본다.

둘째, 숙제는 절대 제출 기일을 넘기지 않는다. 또한 그 내용을 충분히 숙지해 발표할 때 어떠한 질문에도 답변할 수 있도록 한다. 셋째, 다른 학생이 발표할 때는 핵심적인 질문을 딱 한 가지만 치밀하게 만들어 그 발표의 핫 이슈로 만든다.

넷째, 교수님 강의가 끝나면 답을 쉽게 낼 수 없는 어려운 질문을 만들어 강한 인상을 남긴다. 다섯째, 보통 평소에 교수님들이 도서실에 있으므로 정기적으로 도서실을 방문해 찾아뵙고 눈도장을 찍어둔다.

여섯째, 시험 준비는 시험에 나올 만한 문제들을 사전에 만들어 답을 만든 다음 무조건 외운다. 그러지 않고는 제한된 시간 내에 노트 몇 장의 논설식 해답을 만들어낼 수 없다. 치사한 방법이었지만 내 나름대로 생존 전략이었다. 난 아무튼 2년 안에 거의 모든 과목을 A학점으로 패스했다.

필리핀 국립대학에 유학하면서 학위를 받은 일 이외에 많은 추억이 생각난다.

외국인 학생 자격으로 유엔데이에 피플 파워의 역사적인 주인공인 아키노 대통령을 만난 일, 타일랜드의 축제날에 의형제를 맺은 타이누이의 부탁으로 특별모델이 되어 태국 복장을 입고 무대 공연한 일, 인터내셔널 센터에서 연 12개 국가별 탁구시합에서 우승한 일, 시험 끝나고 테니스장에 가서 뜨거운 태양 볕에 코치들과 내기하며 땀범벅이 되었던 순간들, 한국에 있는 약혼녀한테서 온 편지를 기숙사 우편함에서 꺼내 야자수 밑에 가서 앉아 한 자씩 아껴가며 읽어보던 순간들, 고귀한 젊은 시절의 소중한 추억과 함께 옛 시절이 그리워지면 지금도 UP 캠퍼스를 찾는다.

거의 2년 동안의 석사과정을 마치면서 나는 외국인을 위해 마련한 기숙사인 인터내셔널 센터에서 기거했다. 월 450페소(약 1만 5천원)인 저렴한 기숙사비도 마음에 들었지만 35개국에서 온 외국 학생들과 한 지붕 아래서 동고동락해 서로 친숙해질 수 있었기 때문이다.

이들과 같이 생활하면서 각 국가나 민족 간의 문화나 풍습을 경험해 볼 수 있는 기회는 내 전공과 직접 연관이 있어 학업에 특히 도움이 컸다.

필리핀 국립대학원 석사 학위를 받은 졸업식장 앞뜰에서

어느 학기인지 아시아의 국가 간 분쟁에 관한 과목을 수강한 적이 있었다. 내가 맡은 분야는 서아시아의 분쟁인데 마침 같은 기숙사에 인도, 스리랑카, 파키스탄, 네팔, 방글라데시 학생이 거주하고 있었다. 따라서 그들로부터 직접 인터뷰를 통해 이 나라 간의 지역적 갈등과 분쟁 상황을 생생하게 들을 수 있었다.

스리랑카에서 온 학생은 오래 전에 핵무기로 무장한 인도가 무력으로 평화로운 스리랑카를 침략해 횡포를 부린다며 인도를 지탄하고 인도에서 온 학생들과는 말도 하지 않는다는 새로운 사실도 알게 됐다.

네팔과 파키스탄은 폭우가 내리면 인도에서 댐을 열어 네팔과 파키스탄에 홍수수를 만들고 가뭄에는 댐을 닫아 더욱 더 급수를 고갈하게 한다든지, 서아시아에서는 인도가 맹주로서 인도주의자 간디의 나라에 대한 이미지와는 다른 면을 가진 사실도 알게 되었다.

아시아의 거의 모든 국가가 서방 세계의 식민지에서 벗어나며 겪었던 후유증으로 많은 문제를 안고 있었다. 각 나라마다 종교, 정치적 이념, 영토 분쟁 등의 갈

등을 겪고 있는 상황을 포괄적으로 인식하며 내가 대한민국에서 태어난 게 감사한 일이라는 것도 새삼 깨달았다.

내 룸메이트는 네팔에서 온 학생으로 인도의 명문 뉴델리 대학에서 석사 과정을 마치고 세계은행의 장학금으로 필리핀 국립대학원에서 인구학 박사학위를 받고 있어 히말라야에 관심이 많은 나에게는 특별한 인연이 되었다.

이 친구가 준 히말라야 사진을 침대가 놓인 쪽 벽에 붙여놓고, 공부하면서 힘든 순간마다 이 사진을 보며 용기를 얻곤 했다. 시간 날 때마다 그가 들려주는 네팔과 인도 얘기로 생소했던 지역에 대해 많은 지식을 쌓을 수도 있었다.

나의 룸메이트인 네팔 친구는 화장실에 갈 때마다 큰 컵을 들고 다니는데 나는 이것이 무슨 용도인지 몰라 양치질할 때마다 사용하곤 했다. 나중에 알고 보니 변을 본 뒤 화장지 대신 물을 담아 닦는 데 사용하는 용기였다.

토요일 밤에는 기숙사 내 넓은 로비에서 나라별로 각종 문화행사가 다채롭게 진행되곤 해 학업의 지루함을 달랠 수 있었던 것도 무엇보다 좋았다.

아시안 센터에서 공부하면서 가장 힘들었던 과정은 졸업시험이었다. 졸업을 위한 마지막 관문으로, 두 번 시도해 통과하지 못하면 2년간의 학점 이수과정이 물거품이 된다. 특히 악명 높은 스페인 계통의 미인 노처녀 폴로(Polo) 교수의 시험이 가장 큰 난제였다.

한 번에 패스한 학생이 거의 없을 정도로 문제가 까다롭고 채점 기준도 엄격해 졸업을 앞둔 학생들이 모두 곤욕을 치르곤 하니 나 역시 긴장하지 않을 수가 없었다. 전해 오는 소문에 따르면 사랑하는 남자에게 실연당한 경험으로 남자 학생에게는 더욱 까다롭다는 소문이 나를 위축되게 만들었다.

또한 폴로 교수가 서울대와 이화여대에서 공부하면서 고생을 많이 해 한국 학생을 벼르고 있다는 소문도 있어 만반의 준비를 한 결과 한 번에 통과하는 행운을 잡았다. 2년 뒤 내가 한국에서 직장생활 할 때 이 교수님이 한국을 방문할 기회가 있었다. 너무 반가워 집에 저녁 식사 초대해 처음으로 화기애애한 분위기에서 개인적인 얘기를 나눌 수 있었다.

어려운 관문을 통과한 후 며칠 동안 논문 제목 설정에 고심하다 필리핀과 중국의 경제 교류로 정하고, 자료 수집 목적으로 홍콩으로 날아갔다. 방학 때마다 한국에서 사촌형이 운영하는 무역회사에서 일한 경험이 있어 평소에 관심이 있던 무역으로 정한 것이다. 홍콩 대학과 중문 대학에 한 달간 체류하며 자료 수집과 관련 서적들을 구입하고 돌아왔다.

그리고 UP Main Library, 아시아개발은행(ADB), 상공부(Department of Trade & Industry), 중국 대사관 등을 다니며 추가 자료를 확보했다. 논문 작업을 시작한 지 6개월 만에 논문 심사 교수 4명의 만장일치로 통과 승인을 받았다.

석사 학위 취득의 기쁨도 컸지만 어려웠던 유학 생활을 잘 마쳤다는 성취감에 더 큰 희열을 느꼈다. 앞으로 무슨 어려운 일이 닥쳐도 할 수 있다는 자신감도 얻었다.

필리핀학 박사 학위를 신청하는 동안 경제학을 전공하는 동기생이 빌려준 골프채를 트라이 씨클(Tricycle ; 승객을 태울 수 있는 오토바이)에 싣고 매일 새벽마다 학교 뒤에 있는 캐피톨 힐스(Capitol Hills) 골프장으로 향했다. 트라이 씨클을 타고 골프장을 다니는 사람은 나밖에 없었다. 캐디한테는 한 달 후에 골프채를 주는 조건으로 캐디피를 대신했고 한 달 회원권을 1800페소(한화로 약 9만원)에 구매해 매일 라운딩을 즐겼다. 프로 랭킹 2위인 산토스(Mr. Santos)로부터 시간당 50페소(약 2500원)를 주고 교습을 열심히 받은 덕에 한 달 뒤 100 스코어를 깨고 대학에 갓 입학한 여동생의 뒷바라지를 위해 꿈에 그리던 한국으로 귀환했다.

필리핀에서 공부하는 동안 처음 출국할 때 가져온 미화 1400달러로 1년간 학비 및 모든 생활비 등 체재비용을 감당했다. 방학 동안 한국에서 아르바이트한 수입과 틈틈이 통역 등으로 생긴 돈이 있어 나머지 1년은 미화 1천 달러로 버텼다. 물론 한 푼이라도 아끼려고 기숙사에 들어가기 전 공사 중인 주택에서 자재를 지켜주는 조건으로 방 한 구석을 얻어 2개월 동안 집세를 절약했다. 그리고 기숙사에서 지낸 2년 동안은 거의 외식을 자제했고 기숙사와 도서실, 강의실을 다람쥐 쳇바퀴 도는 식의 단순한 생활로 불필요한 지출을 막을 수 있었다.

Chapter 2

마닐라에 가면 돈이 보인다

필리핀은 결코 우리가 포기할 수 없는 매력적인 시장이다. 과거 20년간 넘치는 의욕만 앞세우다가 시행착오를 겪으며 뜻한 바를 이루지 못하고 좌절하기도 했다.

아르바이트로 취업하다

 온 나라가 올림픽 개최로 축제 분위기가 무르익을 즈음, 그동안 꿈에 그리던 한국 땅에 발을 들였다. 학생의 신분으로 미래의 꿈과 이상만을 추구하며 아름답고 감동적인 삶을 좇던 행로는 이제 접어야만 했다. 한 가정의 가장으로 그리고 직장인으로서 사회에 첫발을 내딛게 되었다. 막 접하게 된 현실 세계는 내게 치열한 생존 경쟁의 현장에 적응하기 위해 새로운 변신을 요구했다.

 1989년, 어느 늦가을 날에 난 김포 공항을 향하고 있었다. 지난번에는 하나밖에 없던 여동생을 두고 떠나더니 이번에는 신혼의 단꿈도 깨지기 전에 아내를 두고 떠나는 것이었다.

 2년 여간 한국에서 직장 생활을 하면서 부모님이 돌아가신 이후 처음으로 가정의 따스한 보금자리에서 포근함을 누려보았다. 하지만 이런 안정된 생활을 오래 간직하지 못하고 말았다. 새로운 인생 개척에 대한 열정을 끝내 버리지 못하고 무한한 방황의 길을 떠나게 된 것이었다.

 필리핀에 온 후 필리핀 국립대학에서 필리핀학 박사 학위를 마치고 대학 교수가 되고 싶었다. 박사 과정을 진행하면서 학비와 생활비를 벌어볼 욕심으로 필리핀에서 원로 사업가 중 한 분이신 H 사장님의 권유를 받아 아르바이트를 하게 되었다.

 이 회사의 주요 사업은 한국의 풍산금속 주식회사의 필리핀 대리점으로 필리핀 중앙은행에 동전을 입찰해 납품하는 일과 섬유를 염색하는 화학 염료를 수입해 방직공장에 납품하는 일이었다. 이 회사는 한 때 한국에서 배와 사과를 수입하는 화교에게 오퍼(Offer)를 해서 큰 돈을 벌어 기반을 마련한 한국인 현지 무역회사로, 사무실은 화교들의 상권 중심지인 차이나타운에 있었다.

필리핀에 도착한 다음 날부터 새벽 5시에 기상해 영어공부를 하며 무엇보다 새로운 생활에 긴장을 늦추지 않도록 노력했다. 이 사무실에서 유일한 한국인 직원으로 동료인 김씨는 UP 재학 시절 가끔 만나 이미 아는 사이였다. 과거부터 이 친구에게 호감을 가지고 있던 편이라 새로운 환경에 상당한 위안을 얻을 것이라 기대했지만 오히려 어려운 상황에 봉착했다.

이 사무실에 들어온 후부터 내 존재를 상당히 의식하고 노골적으로 견제해 당황스러웠다. 나중에 안 사실이지만 H 사장님의 후계자를 꿈꾸었다가 그가 하던 일들이 내게 맡겨지곤 하니 그는 불만을 노골적으로 토로하고 내가 오지 말아야 할 곳에 온 것 같이 눈치를 주어 기분 상하는 일이 많았다.

그래서 일단 꾀를 낸 것이 시장조사를 핑계로 외근하며 친구와 부딪치는 일을 만들지 않으려고 했다. 틈만 나면 백화점이나 시장 등을 배회하며 학교 다닐 때와는 다른 면에서 필리핀을 자세히 들여다보기 시작했다.

그러던 중 내가 한국에서 잘 아는 분이 제조하시는 방향제와 칫솔을 크리스마스 시즌에 맞추어 수입하게 되어 필리핀 세관을 가보게 되었다. 한국에서 무역회사에 처음 근무할 때 통관 업무를 위해 들락거리던 한국의 세관과 비교해보면 엉

Asian Center내 인도 유학생과 일본 유학생하고 점심을 하며

Capitol Hills 골프장에서 골프를 처음 배우며 캐디와 함께

성한 세관 절차와 낮은 공무원의 수준으로 무역을 하면 절세를 통해 돈을 벌 수 있겠구나 하는 위험한 생각도 갖게 되었다.

아무런 판로 계획도 없이 수입한 방향제를 필리핀 직원들이 지인 판매를 통해 각자 몇 개씩 파는데도 한 컨테이너 물량이 순식간에 없어졌다. 필리핀 시장의 소비 잠재력에 놀랐다. 대형 백화점이 몰려 있는 사무실에서 멀지 않은 구 마닐라에서 페어 마트라는 슈퍼마켓에 들러 칫솔 코너에서 이것저것을 뒤지며 가격을 체크해 보니 조잡한 품질에 비해 판매가가 낮은 게 아니었다.

오랄 B나 콜게이트 등 수입품들이 결코 싸지 않은 가격으로 판매되고 있어 상품 뒷면에 인쇄된 유통회사를 메모해 나중에 전화로 담당자를 만나게 되었다. 이 사람이 나의 인생을 송두리째 바꾸는 데 결정적인 역할을 해주었다.

나는 회사를 그만 두었다. 이 회사를 다니면서 처음으로 교민 사회의 여러 한인들과 접할 수 있는 기회가 더러 있었다. 교민들을 만나면서 오가는 대화 내용들이 안 좋은 남 얘기가 주를 이루어 불신과 갈등으로 뒤범벅이 된 교민 사회의 어두운 현실을 보는 것 같아 안타까웠다.

도덕과 양심을 바탕으로 진정한 실력과 기반을 갖춘 한인이 많아져서 교민 사회의 구심점을 이루고 결속력을 다져 새로 진출한 한국 사람들을 바르게 이끌어줘야 진정한 발전이 있을 수 있다고 생각했다. 나는 이런 차원에서 젊은 패기와 신념으로 모범적이고 대표적인 한인 기업을 일궈보고 싶은 꿈을 꾸게 되었다. 학업을 일단 뒷전으로 미루고 그동안 생각지도 않았던 사업의 길로 뛰어들었다.

창업, 친구와 동업을 시작하다

아르바이트로 일한 회사에 3개월간 다니면서 가장 어려웠던 일은 이 회사에 근무하던 친구와의 관계 정리였다. 오래 전 학교 다닐 때부터 알고 지낸 이 친구가 나를 새로운 경쟁 상대로 생각하는 것 같아 미안한 감정을 내내 품고 있었다.

기회가 생기는 대로 학업이 우선인 내 입장을 밝혀 그가 내 존재를 의식하지 않게 적지 않은 노력을 기울였다. 나보다 필리핀에 오래 있었고 오랜 직장생활 경험을 고려해 그를 존중하는 자세를 잃지 않으려 했다.

그는 이 회사의 제2인자로 인정받으려 노력했지만 고용주가 나에게 이 친구에 대해 말하는 뉘앙스로 봐서는 전혀 그럴 의사가 없다는 것을 여러 번 느꼈다. 뭔가 착각에 빠진 이 친구에게 느낀 바를 솔직히 말해 주었으나 그런 사실을 믿으려 하지 않았다. 그러나 고용주의 인척들이 하나 둘씩 입사하자 그는 당면한 현실을 인정하지 않을 수 없었다.

실망감에 빠져 좌절하는 이 친구를 사무실 밖으로 불러내 나의 창업 의사를 밝히고 나와 함께 동업할 의사가 있는지 타진해 보았다. 남이 만든 것을 돈 주고 사는 것보다 고생이 되더라도 스스로 이루는 것이 보람이 클 것이라는 설득에 그는 내 제안을 쉽게 받아들였다. 막연하게나마 무조건 일이 잘될 것 같았고 평소에 꿈도 못 꾸던 창업의 설렘에 미친 듯이 일에 빠져들게 되었다. 당시 나이 27세로 이것이 험난한 인생길의 선택이라는 것을 그때에는 꿈에도 몰랐다.

얼떨결에 시작한 사업을 누구의 조언도 받지 않은 상황에서 젊은 기백만 믿고 아무런 두려움 없이 밀고 나갔다. 시장 조사차 들른 슈퍼마켓에서 칫솔 뒷면에 기

재된 유통회사의 전화번호를 통해 알게 된 곳을 무작정 찾아갔다. 위치를 물어물어 찾아간 이 회사는 마닐라의 신흥 상업 지역인 파식 시티(Pasig City)의 쇼 블리바드(Shaw Boulevard)에 있었다.

총을 찬 경비원의 검문을 받고 정문을 통과한 뒤 안내를 받으며 건물 내부로 들어가면서 일단 이 회사가 어느 정도 규모를 갖춘 회사라는 인상이 들었다. 프런트 데스크의 안내양에게 나와 통화한 직원을 찾으니 약 10분 뒤 눈이 유별나게 크고 이마가 툭 튀어나온 특이한 인상을 가진 사람이 나타났다.

생긴 것과는 달리 유창한 그의 영어 말씨에 긴장부터 됐다. 그가 안내하는 테이블로 따라가서 준비해간 칫솔 샘플부터 일단 펼쳐 놓았다. 곱상한 여직원이 내어온 커피를 마시며 최대한 정성을 다해 상품의 특성을 이 회사가 유통하는 제품과 비교하며 설명을 잔뜩 늘어놓았다. 관심을 조금씩 가지는 그의 표정에 더욱 더 자신감을 가지고 2시간의 상담을 마쳤다. 필리핀에서 나의 첫 비즈니스 미팅이었다.

첫 상담 후 한국에서 해온 방식대로 나중에 가격 협상(Price Negotiation)을 대비해 마진을 넉넉히 산정한 견적서를 제출했는데 뜻밖에도 가격 흥정을 전혀 하지 않아 놀랐다. 나중에 안 사실이지만 필리핀은 거의 모든 거래에서 정찰제가 정착되어 있다. 공급자가 제시한 금액을 존중하는 것이 일반적이며 공급자 역시 처음부터 합리적인 가격을 제시하는 편이다. 물론 가격 협상을 통상적으로는 하지만 그 범위가 극히 작다.

한국에서 해오던 식으로 가격을 나중에 내려줄 생각으로 무리한 가격을 제시하면 회답이 없는 경우가 많다. 무리하게 가격을 깎아 달라는 것을 무례한 행위로 간주하기 때문이다. 보통 필리핀에서는 백화점은 물론 일반 상점에서도 철저한 가격 정찰제를 실시하고 있고 일반 거래에서도 가격 협상 범위가 5% 내외다.

필리핀에서 첫 거래를 성사시키면서 당사자 간에 상대의 인격과 양심을 존중하는 상거래 풍토가 신선하게 느껴졌다. 상대를 무조건 불신하고 무조건 황당하리만큼 가격 흥정을 하는 상거래 문화에 익숙한 나로서는 깨끗하고 신사적인 거래에 충격을 받을 만했다.

물건을 파는 사람이나 사는 사람을 동일하게 예우하고 제시한 가격을 신뢰하고, 겸손한 담당자와 임원들의 태도가 한국에서의 경우와 비교해 보면 상당히 달랐기 때문이었다. 무엇보다 형식과 겉치레를 중요시하는 우리보다 사람의 됨됨이를 보고 거래하는 이들의 방식이 놀라웠다. 또한 파는 사람과 사는 사람이 동등한 입장에서 거래를 하는 것이 좋았다.

막연하게나마 한 번의 거래 경험으로 필리핀에서의 사업 환경이 한국보다는 나을 것이라는 느낌을 받았는데 지금까지 20여 년간 사업을 해보면서 결코 잘못된 판단이 아니라는 것을 확신 할 수 있었다. 현지인들이 외국인을 일단 존중하고 신용하는 풍토와 한국과는 달리 이 시장은 소비자 마켓(Buyer's Market)이 아닌 공급자 마켓(Seller's Market)이기 때문에 아이템만 잘 선정하면 큰돈을 벌 수 있다는 생각이 들었다.

내가 첫 거래를 한 회사는 Philusa Corporation으로 필리핀 전역에 350개 약국 체인점을 가지고 있는 머큐리 그룹의 계열회사다(Mercury Group of Companies)다. 이 회사는 의약품을 비롯해 각종 생활 소비용품을 직수입하거나 현지 제조 공장이나 수입 회사로부터 구매해 모기업에 납품하거나 전국적으로 지점을 설치해 백화점, 슈퍼마켓이나 편의점에 공급하는 유통 회사였다.

의약품의 경우 소매시장 점유율이 80% 이상으로 외국 의약품 제조 회사들의 필리핀 시장 진입 성공 여부는 이 회사와 거래가 성사되느냐에 달려 있다 해도 과언이 아니다. 나는 약국 체인으로 어떻게 필리핀 시장 전체를 거의 독점할 수 있었는지 상당한 의구심을 가지게 되었다. 한국 같으면 불가능한 일이기 때문이다. 이 나라의 유통 구조나 사업 풍토와 법 규정이 우리나라와는 많이 다르므로 가능할 것이고 이 기업의 오너가 탁월한 역량으로 이 분야에서 독보적인 기반을 마련했기 때문이라고 추측했다.

경쟁이 치열할 수밖에 없는 유통 분야에서 한 기업이 전체 시장의 50% 이상을 점유한다는 것 자체가 한국에서는 불가능해 그 해답을 구하기 쉽지 않았다. 필리핀에서의 사업은 이런 점에서 매력이 있는지도 모른다는 생각도 들었다.

우리와는 달리 남이 하는 사업은 가급적 그 영역을 침범하지 않으려는 중국인의 상업문화가 이것을 가능하게 만들 수 있다는 생각도 들었다. 몇 년 후에 이 기업의 회장인 꿰(Mr. Que)를 직접 만났다. 한국에 전 가족을 인솔해 방문하면서 갖게 된 짧은 시간에 그의 범상치 않은 사업 철학과 논리 및 감각의 면모를 접할 수 있었다.

이 그룹은 꿰 회장이 12세 때부터 조그만 점포에서 심부름꾼으로 일하다가 독립해 그 당시 부사장으로 있던 컨셉션(Mr. Concepcion) 등 2명의 종업원을 둔 조그만 약국을 시초로 해서 거의 60년 만에 매출액 5천억 원의 재계 12위 굴지의 기업으로 일구어 놓은 것이다. 지금은 전국에 체인점이 600여개로, 약국에서 슈퍼마켓 규모의 체인점으로 양과 질 모두 성장을 거듭하고 있다.

내가 이 회사와 거래하기 전에는 이 회사에서 취급하는 수천가지 품목 중에 한국 제품이 전혀 없었다. 단지 유일하게 한국의 건강 음료인 원비 제품을 수입해 보려고 사업계획서를 만들어본 것이 고작이었다. 얼떨결에 시작한 사업이 이 회사와의 인연으로 쉽게 성공할 수 있다는 확신에 들떠 잠을 설치곤 했다.

이 회사를 처음 방문할 때 길목에서 길이 막혀 잠시 서 있게 되었다. 그때 조그만 소녀가 다가와 필리핀 국화인 삼빠귀따(Sampaguita)를 팔려고 손을 내미는

필리핀 최대 약국 체인점인 Mercury Drug에 처음으로 칫솔 등의 한국 제품을 공급

모습이 가슴이 찡할 정도로 너무나 가련해 보였다. 한 송이를 사서 차 안에 걸어놓으니 독특한 향기가 차 안에 퍼지며 뭔가 행운이 올 것 같은 느낌을 받았다. 나는 그 이후 중요한 사업 미팅 가는 길에는 이 꽃을 사서 차 안에 걸어놓는 습관이 생겼다.

초도로 주문받은 물량이 만만치 않았다. 생각지도 않던 회전 칫솔, 금도금과 은도금한 칫솔 등 고가 품목들도 포함되었다. 최종 협상 단계에서 가격을 낮추어줄 계획이었으나 가격에 대해서는 일절 언급이 없어 뛸 듯이 기뻤으나 표정 관리를 할 수밖에 없었다.

1차로 발주된 물량은 20피트 한 컨테이너로 그 당시 나에게는 적지 않은 금액이 들어가 불안한 마음도 있었지만 이 회사에 대한 공신력은 누구한테 알아봐도 의심할 여지가 없어 과감하게 일을 진행해 나갈 수 있었다.

우선 회사를 설립하는 것이 급선무였다. 나는 회사명을 한국의 칫솔 공급 업체인 오라이트 주식회사의 이름을 따서 필라이트로 상호를 짓고 법인 등록에 관해서는 영주권을 가지고 있던 이 친구에게 모든 것을 일임했는데 이런 믿음이 배신으로 돌아왔다.

일단 법인 설립 절차를 밟는 동안 한국으로 들어가 서울 방배동에 있는 ㈜오라이트 서울 사무실을 찾아갔다. 1차 주문 받은 아이템에 대해 유통회사가 원하는 개별포장 인쇄 내용 및 가격, 선적일 등을 확정짓기 위해서였다.

계약금을 지불하고 생산 확인과 검수를 위해 서울에 체류할 예정이었으나 마닐라에서 신용장 개설을 해야 하는 파트너인 친구가 무역회사에 7년이나 근무했는데도 은행 실무를 몰라 헤매고 있어 다음 날 다시 마닐라로 돌아왔다.

아침 일찍 임시 사무실에 가서 오퍼 시트를 만들어 통관사 사무실에 달려가 세관신고서(Customs Declaration)를 만들어 필리핀에서 가장 믿을 만한 메트로 뱅크(Metro Bank)에 신용장 개설신청서를 작성해 제출했다. 한국과 다른 수입 절차는 관세를 신용장 개설 시 미리 선납하는 것이다. 지금은 관세가 거의 20% 이하로 많이 낮춰졌지만 그 당시는 수입 관세가 40%로 한국보다 두 배가량 높았다.

따라서 그 당시 필리핀에서 웬만한 공산품 가격이 한국보다 높은 이유였고 수입 신고가를 낮추어 절세를 해서 돈을 벌 수 있는 것이었다.

주문한 제품은 제 날짜에 맞춰 선적되었고 해운 회사로부터 컨테이너선 입항과 하역을 통보받고 통관 준비를 위해 아침 일찍이 통관사 직원을 세관에 인접한 사무실에서 만났다. 인보이스(Invoice), 패킹 리스트(Packing List), 선하 증권(Bill of Lading)과 수입 신고서 등 선적 및 통관 서류를 최종 검토하고 10페소, 20페소, 50페소, 100페소짜리 잔돈을 준비했다. 거의 20군데 서류가 돌아가는 부서를 통관사 직원과 동행하며 일일이 담당자에게 준비해 간 잔돈을 접어서 그들의 책상서랍에 살며시 집어넣으면 맨 밑에 있는 서류가 맨 위로 올라가 3~4일 걸릴 절차를 하루 만에 끝낼 수 있었다.

점심을 먹고 세관 직원과 부둣가로 가서 물품 검사를 하고 통관 절차 중 가장 중요한 세금 징수 평가관과 관세 적용 금액에 대한 논쟁을 두 시간가량 벌이게 되었다. 끈덕지게 신용장에 개설된 수입가를 고수한 덕에 담당자가 그만 지쳐서 처음에 신고한 금액을 승인해 주어 사인 받은 서류를 최종적으로 세관장실에 제출했다.

내일 오라고 하는 세관장 비서에게 100페소(약 2500원)를 집어주니 태도가 확 바뀌면서 세관장을 직접 만나게 해주었다. 세관장에게 나는 UP에서 공부하는 유학생이며 머큐리 그룹에 납품하는 것으로 오늘 꼭 통관해서 내일 한국으로 돌아가야 한다고 간곡하게 요청하니 두말 않고 사인해 주었다.

세금을 납부하고 컨테이너 운반 트럭 회사를 수배해 저녁 늦게 컨테이너를 찾아 나오는데 혹시 운송 도중 분실될까 염려되어 컨테이너 트럭 뒤꽁무니를 바짝 따라가 지정된 창고에 입고시키고야 안심이 되었다.

준비해 간 물품 송장과 물품 수령증에 확인증을 교부받아 나오니 나를 따라온 통관사 직원이 자신의 통관 경험 10년 동안 하루에 통관하기는 처음이라고 고개를 설레설레 흔들었다. 사실 한국에서도 통관하러 세관에 가면 세관원의 퇴근을 늦추어서라도 당일에 끝내는 습성이 있어 필리핀 직원에게 한국인의 근성을 보여준 셈이 되었다.

다음 날 본사 사무실에 들러 창고에서 확인받은 물품 송장과 물품 수령증을 총무과에 제출하니 약 1시간 뒤에 회사 수표를 교부해 주었다. 한 달 전 주문서를 받을 때도 긴가민가했는데 막상 수표를 받으니 실감이 났다.

필리핀에서는 우리나라의 당좌수표와 어음을 합친 체크(Check : 수표)가 지불대금 수단으로 통용된다. 지불하고자 하는 날짜를 수표 우측의 날짜 난에 기재하고 Order to에는 지불하고자 하는 당사자의 이름이나 회사명을 적으면 된다.

금액란에는 영문으로 지불 금액을 명기하고 오른쪽 밑줄 쳐진 난은 아라비아숫자로 지불금액을 기재한다. 수표에 적힌 날짜에 돈이 예금이 안 되어 있으면 오버드래프트(Overdraft)라 하여 벌금(Penalty)이 부과된다. 벌금은 금액과 은행에 따라 다르며 보통 기본이 약 700페소(약 17만원)이고 1만 페소(약 25만원)에 600페소(약 15만원) 정도 한다.

그리고 다음 날 정오까지 지불코자 하는 금액이 입금되어 있지 않으면 부도(Bounce) 처리된다. 과거에는 부도 수표에 대해 엄중한 사법처리가 잘 되지 않았으나 요즘 들어 부도를 내면 시행령이 강화되어 형사 처벌을 받게 되어 있다.

실제로 필리핀에서 수표가 부도나는 경우가 비일비재하기 때문에 물건을 팔고 수표를 받았다고 해서 지불된 걸로 간주하면 낭패 보는 경우가 흔하다. 부도난 수표로 사법 처리하는 데는 시간과 비용이 제법 들기 때문에 수표 거래 이전에 상대 회사에 대한 신용도를 확실하게 확인해야 한다.

수표를 발행할 때 수표 좌측 위쪽 귀퉁이에 두 줄로 횡선을 그으면 이 수표를 현찰로 바꿀 수 없다. 은행 계좌에 수표를 예금(Deposit)하면 오후 1시 이전에 예금한 수표에 한에 휴일을 제외하고 3일 안에 현찰로 인출할 수 있다.

처음에 내가 머큐리 사에서 수표를 받았을 때 수표의 결제 날짜가 계약서상의 납품 후 60일보다 20여 일 늦추어진 날로 되어 있어 깜짝 놀랐다. 경리과에 확인한 결과 계약서상의 대금 결제 60일은 납품한 달 어느 날이건 그 다음 달부터 60일인 것이었다. 내가 알고 있는 60일 결제는 '정확히 60일(Strictly 60 Days)'이라고 명기해야 한다는 것을 몰랐기 때문에 계약서에 이미 사인한 후라 난감할 수밖에 없었다. 2차 주문량에 대해 한국으로 돈을 보내야 물건을 생산할 수 있었기 때문이었다.

일단 부딪쳐볼 생각으로 부사장을 찾아갔다. 솔직히 계약 내용 중 결제일이 그렇게 되는 줄 몰랐다고 상황 설명을 하며 도와달라고 어렵게 말을 꺼내니 두말 않고 결제일을 앞당겨 주었다. 거래 관계에서 내 실수를 이용하지 않는 그의 신사적인 태도와 인간적인 배려에 깊은 인상을 받았다.

이렇게 타국에서 내 손으로 만든 첫 사업을 순탄하게 시작한 것 같아 벅찬 감동까지 들었다. 이런 짜릿한 맛에 많은 사람들이 온갖 고생을 자초하며 사업을 하는구나 싶었다. 어떤 일이든 어려운 과정이나 고비가 있기 마련인데 내 경우도 예외는 아니었다. 추가로 주문을 받아 일회용 칫솔을 공급해 주기로 한 영세 업체 사장이 계약금을 받고 약정한 선적 기일에 공장을 가보니 무슨 배짱인지 생산할 준비도 안 해놓고 있었다.

2주가 넘어가는데 이 핑계 저 핑계를 대며 선적을 늦추는 바람에 Philusa와 약속한 납기일을 못지키는 문제가 발생했다. 계약금이라고 준 돈을 다 써 버리고 거짓말을 되풀이하는 사장이 너무나 괘씸하고 무엇보다 중요한 신용을 잃을 생각을 하니 화가 치밀었다.

사장실에 들어가 문을 안에서 잠그고 미리 준비해간 스위스제 등산용 칼을 책상 위에 올려놓고 사생결단 할 각오를 보였다. 돌출 행동에 질겁했는지 일주일 동안 꼬박 밤샘 작업을 해 제품 20만개를 생산해 놓았다. 나 역시 생산 라인에 붙어 앉아 작업을 도우며 제품 검수도 할 겸 거의 뜬 눈으로 일주일간을 공장에서 보냈다. 일주일 후 도착한 컨테이너를 하루 만에 통관하고 무사히 납기일을 지켜 신용을 쌓은 것이 나중에 이 회사와 더 큰 프로젝트를 진행할 수 있는 발판이 되어 주었다.

내가 자동차 사고까지 내면서 숨 가쁘게 일하는 동안 내 파트너이자 친구는 엉뚱한 생각을 하고 있었다. 결국 그는 나를 신설 법인 회사 이사로 등재한다는 약속을 저버리고 나를 떼어버릴 준비를 하고 있었다. 내가 순진하게 모든 것을 믿었던 것이 잘못이었다.

몰래 다른 사무실을 내고 나를 기만하는 친구와 결별하지 않을 수 없었다. 허름한 식당에 불러내니 내 손을 잡고 내가 사람 죽이는 성격이 아니라는 걸 잘 안다며 신신파스와 칫솔사업을 달라는 뻔뻔함에 할 말을 잃었다. 밥이나 먹고 살라고 신신파스 사업을 아무런 조건 없이 내주었다.

그 다음 날로 바로 정리하고 마닐라의 신흥 도시인 마카티로 거처를 옮겨 아무런 미련 없이 홀로 서기를 시작했다.

필안 마케팅을 창립하다

 1989년 중동 전쟁이 발발했을 때 나와는 아무런 관계도 없어 보이는 역사적 사건이 내 운명을 바꿔 놓았다. 외환 보유가 항상 바닥인 필리핀 정부는 갑자기 치솟은 원유가 인상 사태로 수출을 위한 원자재 수입이나 제조 원료를 제외한 일반 소비재 수입을 금지했다. 한창 한국을 오가며 여러 가지 생활필수품 수입에 열을 올리고 있던 내 사업이 하루아침에 철퇴를 맞은 것이다.

 친구와의 결별로 현지 기반을 잃었으나 낙담만 하고 있을 여유가 없었다. 칫솔을 납품받던 회사의 구매 담당자가 내 사정을 알고 광고 회사를 운영하는 친구를 소개해 주어 그의 회사 안 구석방을 빌렸다. 신흥 상업도시이며 필리핀 금융의 핵심부인 마카티로 진출하고자 그의 사무실을 택했고 고맙게도 그는 회사 설립을 위한 명의도 기꺼이 빌려주었다. 물론 구매 담당자가 잘 말해 주었기에 가능했다.

 명함을 만들기 위해 일단 상호부터 정해야 했다. 필리핀에 안이라는 내 성을 붙여 필안 마케팅(Philan Marketing)이라 정하고 필리핀 사람의 명의를 빌려 개인 회사로 등록하기로 했다. 친구에게 당한 쓰라린 경험이 있었기에 회사는 직접 내 손으로 등록하고 싶어 법인청에 찾아갔다. 메트로 마닐라의 중심부인 EDSA와 Ortigas Ave.의 교차로에 인접한 SEC(Securities and Exchange Commission ; 회사 등록청)에 가서 회사 이름 확인(Verification)을 한 후 개인 회사 등록 양식에 기재를 하고 공증을 받아 제출했다.

 일주일 뒤에 SEC 등록증을 교부받아 상공부에 신고해 비즈니스 네임(Business Name)을 교부받았다. 또한 영업 허가를 위해 관할 지역의 우리나라로 치면 동사무소(Barangay)에 회사 등록증을 제출하면 바랑가이 퍼밋

(Barangay Permit)을 받을 수 있다. 회사 등록증과 바랑가이 퍼밋 및 임대 계약서를 관할 시청(City Hall)에 제출하면 시장 허가를 받을 수 있다.

마지막으로 국세청(BIR)에 등록하면서 일단 회사 설립의 법적인 등록 절차와 영업 허가를 받아 합법적인 기반을 마련했다. 열심히 움직여 회사는 만들었으나 필리핀 상황이 어려워져만 가고 있어 소비재 수입이 금지된 상황에서 마땅히 할 일이 보이지 않았다. 그동안 번 돈은 필리핀 화폐가치가 떨어져 환전해 한국으로 보내 아파트를 장만했다. 수입이 없는 상황에서 월세라도 줄이려고 첫아이를 가진 아내마저 처갓집에 보내고 나는 조그만 사무실 귀퉁이에 간이침대로 잠자리를 해결했다.

돈을 벌든 안 벌든 거래를 이어가기 위해서는 칫솔을 밀수하는 방법 밖에 없었다. 여러 루트를 통해 수소문한 끝에 필리핀 중부지방에 속한 우리나라 부산 같은 곳인 세부의 밀수업자를 소개받아 국내선 비행기를 타고 찾아가 만나보게 되었다. 그는 세부 시내에서 큰 자동차 부품 도매상을 하는 화교로 인상이 좀 강인해 보여 부담스러웠다. 더구나 밀수를 의뢰하러 간 자리라 긴장되지 않을 수 없었다. 그는 적지 않은 선금과 물건이 세관에 적발됐을 때 위험 부담도 내가 안아야 한다는 불리한 조건을 제시해 실망을 안겨 주었지만 몇 시간 설득 끝에 결국 내가 제시한 방법을 받아들였다.

나는 일단 이 밀수업자에게 내가 받은 머큐리 회사의 주문서를 위임해 주고 이 사람 회사로 선적을 하고 선하증권(B/L)과 그의 수표를 맞바꾸는 방법을 제시했던 것이다.

이미 Philusa에서는 오라이트라는 브랜드를 프로모션하고 있어 어떤 방법을 써서라도 공급을 해줘야 하지만 불법적인 거래가 마음이 내키지 않아 일을 진행할 수 없었다. 난 이때 칫솔 제조 공장을 안 만든 것을 늘 지금까지 후회한다. 그 당시 필리핀에 칫솔 공장이 하나밖에 없었고 이 제조업체에서 여러 유통회사의 브랜드를 만들어 독점 사업을 하는 상황이었다. 그래서 구매 과장이 이 회사의 횡포에 새로운 공급처를 찾고 있던 차에 나를 만난 것이었다.

아무튼 밀수도 못하고 고민만 하던 중에 오라이트 칫솔 브랜드를 담당한 구매 과장인 로저 실바(Mr. Roger Silva)가 칫솔과 같이 유통되는 치약의 생산 개발 사업 타당성 보고서(Feasibility Study)를 내 손에 쥐어 주면서 바빠지기 시작했다. 그는 이 회사에서 신상품 개발 능력이 가장 뛰어난 직원으로 인정받는 터라 주저할 일이 없었다.

내게 의뢰한 내용은 한국에서 치약 제조 설비와 기술을 공급이나 제휴할 수 있는 회사를 물색해 달라는 것이었다. 난 모든 일을 제쳐놓고 국내에 럭키와 태평양화학에 근무하는 사람부터 알아보기 시작했다. 그동안 뜻이 있으면 길이 열렸듯이 이번에도 예외는 아니었다.

필리핀 국립대학의 영어집중 교육과정에서 만난 친구의 누나 남편이 아시아개발은행(ADB)에 다니셨는데 이분 댁에 놀러 간 자리에서 말씀드렸더니 태평양화학의 계열사 회장의 사위가 동창이라며 소개해 주신다고 하여 그 다음 날 무조건 한국으로 날아갔다.

한국에 도착해서 이틀 후 태평양화학의 계열사 회장님과 약속이 되어 있다는 연락을 받고 찾아뵈었다. 내가 거래하고 있는 회사와 진행하고자 하는 사업 개요를 최대한 간략하게 설명을 드렸다. 신뢰할 만한 분이 소개해서 그런지 선뜻 본사의 기조실장을 만나보라고 하여 방문했으나 미국 출장으로 자리를 비워 대신 기획부장을 만나게 되었다.

머큐리 사에서 현지에 치약 공장을 설립코자 하는 사업 개요와 배경부터 개략적으로 설명했다. 그랬더니 마침 7년 동안 사용했던 기계를 새 기계로 바꾸고 구형을 러시아나 인도네시아에 투자나 판매할 계획을 가지고 있다는 것이었다.

당시 태평양화학에서는 미국의 콜게이트 사로부터 이미 치약 제조 기술을 이전받아 필리핀에서 필요한 라미네이션 치약 튜브를 생산하고 있었던 것이었다.

마카티 시내 Cinema Square 빌딩 앞의 필안 마켓팅이 소재했던 사무실 빌딩

　더구나 태평양화학에서 기술 이전까지 해줄 용의가 있다는 확답을 듣고 더 이상 한국에서 지체할 수가 없어 그날 밤 공항으로 나가 비행기에 몸을 실었다. 난 벌써 일이 다 된 것 같은 들뜬 기분에 3시간 반의 비행시간이 유난히 길게 느껴졌다.

　밤늦게 도착해 자는 둥 마는 둥 다음 날 아침 먼동이 트자마자 일어나 태평양화학에 대한 회사 소개 카탈로그 및 치약 제조 설비 및 관련사항 자료를 정리해 Philusa 본사로 달려갔다. 이미 나와 막역한 사이가 돼버린 구매 과장과 부사장을 회의실로 끌고 가다시피 하여 앉혀놓고 프레젠테이션을 하니 그들은 만족스러운 표정을 지었다. 자신들이 원하는 일을 짧은 시간 내에 만들어온 나에게 경의까지 표했다.

　그날 저녁을 같이한 구매 과장은 나보다 더 흥분해 필리핀 내 치약시장의 엄청난 잠재력에 대해 설명해 주었고 꼭 이 사업에 투자하라는 조언도 잊지 않았다. 그 당시 이 회사에 치약을 납품하고 있는 공급업자가 배짱을 부리며 가격을 아무 때나 올리고 납품 일자를 밥 먹듯이 어겨 골치를 앓고 있다는 부연 설명까지 해주었다.

 그 당시 필리핀에서는 이 회사만 유일하게 치약을 생산하고 있으니 다른 방법이 없던 차에 내가 나타난 것이다. 그런데 이 회사에서 생산되는 제품이 한국에는 이미 오래 전에 자취를 감춘 알루미늄 튜브여서 라미네이션 튜브로 생산하면 대박을 터트릴 수 있다는 시장의 추이를 능력이 뛰어난 구매 과장은 정확히 파악하고 있었다.

 구매 과장은 이 프로젝트 성공에 확신을 가지고 있었고 이 프로젝트를 통해 자신의 입지를 확고히 다지려 상당한 열정을 가지고 치밀하게 추진해 나갔다. 생산에 관한 자료는 태평양화학 기술개발부의 협조를 받고 평소 조사했던 마케팅 자료를 최종 정리해 한 달 만에 사업타당성 보고서가 만들어졌다. 이제 한 달에 한 번씩 열리는, 그룹 회장이 직접 참석하는 중역 회의에 보고해서 승인받는 일만 남았다.

 이 보고서는 치약 시장의 폭발적인 증가세에 따른 수요와 불균형적인 공급 상황과 필리핀 내 제조업체들의 영세성과 한계를 정확하게 파악하고 있었다. 소매 시장을 70% 이상 점유하고 있는 이 회사의 중역들이 사업성을 정확히 판단 못할 리 없었기 때문에 승인받는 건 시간문제라고 생각했으나 그렇게 쉽지는 않았다.

 이 사업에서 가장 핵심적인 사항은 태평양화학에서 공급하는 중고 설비와 기술이전에 대한 보장을 어떻게 받느냐 하는 것이었다. 또한 모든 결정 권한을 가진 회장이 상당히 보수적이고, 이 회사가 유통업체이기 때문에 아무리 사업성이 좋다 하더라도 제조업에 대한 프로젝트를 쉽게 결정할 수 없었다.

 더욱이 모든 보증(Guaranty)을 받을 수 있는 세계적인 다국적 기업과의 거래가 아니고 아무런 검증을 거치지 않은 한국 기업으로부터 중고 설비를 구매하고 기술 이전을 받는다는 것 자체가 커다란 리스크이기 때문이었다. 그 당시 필리핀에서는 한국이나 더욱이 한국 기업들에 대한 인지도가 거의 없었기 때문이다. 따라서 태평양화학을 소개한 내가 주목받지 않을 수 없었다.

 드디어 매달 한 번씩 하는 이사회가 열렸고 4시간 만에 결과가 나왔다. 일부 이사들의 반대로 잠정 보류라는 결과가 나왔다는 우울한 소식을 접했다. 그러나 부결된 것이 아니라서 얼마나 다행이었던가. 그러나 태평양화학에서 결과를 기다리고 있으니 마냥 시간을 지체할 수는 없었다.

며칠을 고심하던 구매 과장이 마지막 방법이라고 알려준 건 결정권자인 그룹 회장과 직접 독대해서 담판을 지으라는 것이었다. 그렇지 않으면 방법이 없다는 비장한 말투에 난 아무 소리도 못하고 그 방법을 받아들이고 말았다.

무슨 수로 담판을 짓나 아무리 생각해도 자신이 없었으나 공이 나한테 넘어온 이상 피할 방법이 없었다. 하지만 구매 과장도 어려운 과제가 있었다. 그 바쁜 그룹 회장과 사업 초년생인 나와의 미팅 약속을 만드는 일이었다. 그 약속을 못 만들면 내가 할 수 있는 일은 아무것도 없기 때문이다.

그러나 그 구매 과장은 그 일을 해냈다. 그리고 이제 이 구매 과장을 위해서라고 꼭 결과를 만들어야 한다. 왜냐하면 이 구매 과장이 본 프로젝트가 성사되지 않으면 다국적 기업의 스카우트 제안을 받아들이겠다고 엄포를 놓았기 때문이었다.

나에게 주어진 30분 안에 끝내야 한다. 난 어떻게 할지 묘책을 만들어 회장실로 갔다. 부담도 너무 크고 높은 분을 만나는 긴장 때문인지 아무리 진정을 하려고 해도 가슴이 떨리는 것은 어쩔 수 없었다.

회장 집무실에 들어서자 일단 눈에 들어오는 것은 바닥에 깔린 카펫과 커다란 책상과 대형 초상화가 걸려 있는 벽면이었다. 조금 구석진 곳에 놓인 원형 테이블에 앉아 계시다 내가 들어오는 것을 보고 환하게 반겨주시는 회장님이 너무도 인자해 보여 갑자기 긴장이 풀리는 듯했다.

사업이 성사된 말든 이런 분과 마주한 것만으로도 손해 볼 것이 없다는 생각마저 드니까 갑자기 용기가 생겼다. 침착하게 목소리를 가라앉히고 우선 시간을 내어주신 것에 감사의 말씀을 드렸다. 그리고 곧바로 목과 눈동자에 힘주어 당돌하고 황당하게 들릴 수 있는 말을 꺼내며 모험을 시작했다.

나는 한국의 예를 들며 '의약품 유통 분야에서 필리핀 시장을 거의 독점하다시피 하는 입지전적 사업 수완을 높이 평가한다. 하지만 국가 경제의 핵심은 제조 산업이다. 기업이 소비자를 통해 얻은 수익을 사회에 환원시키는 차원에서 100%

수입에만 의존하지 말고 이제는 제조업에 투자해 자체 기술을 개발하고 생산해 국가 경제에 이바지해야 한다' 라는 요지의 주제넘은 말을 감히 시작했다.

그리고 제조 기반을 가진 회사가 결국은 경쟁에서 우위를 지킬 수 있다며 이 회사와 경쟁관계에 있고 제조업 위주의 사업을 하는 유나이티드 레버러토리(United Laboratories) 회사도 들먹였다. 제조업을 해서 성공한 기업은 어느 나라든 사회에서 존경 받을 수 있다는 말까지 덧붙였다.

그래서 한국에 태평양화학이라는 회사가 있으며 처음에는 100평(330㎡)도 안 되는 영세한 공장에서 시작하여 지금은 엄청난 규모의 제조 설비와 기술을 가지고 있다는 설명과 이 회사에서 당신을 초대하고 싶어 한다는 의사를 전달하는 것으로 내 말을 끝냈다.

두 팔을 의자 팔걸이에 걸친 채 차분히 내 말에 귀를 기울이시던 분이 갑자기 일어나며 나에게 예를 표하는 것이 아닌가. 나는 의외의 반응에 당황하지 않을 수 없었다. 아마도 때 묻지 않은 젊은 혈기로 가득 찬 순수한 열정을 좋게 봐준 것 같았다.

사실 우리 세대는 박정희 대통령 시절부터 제조업을 하고 수출을 하는 기업인들

을 영웅시하고 애국자로 존중하는 사회적 분위기 속에서 성장해서 이런 사상이 뇌리에 박혀 있었던 것이었다.

차분히 자리를 고쳐 앉은 회장님은 반대편 벽면에 걸려 있는 달력을 가리키며 5월 20일 이후 내가 원하는 아무 날이나 태평양화학만 괜찮으면 부인과 자식 모두 데리고 공장을 견학하고 치약 공장 설립에 관해 구체적으로 실무자들과 직접 논의하고 싶다고 하는 것이 아닌가.

너무나 의외의 상황에 놀라고 너무 기뻐서 흥분되었지만 침착하지 않을 수 없었다. 태평양화학과 상의해 비서에게 통보하겠다고 하니 항공편도 알아서 예약을 하라고 하셨다. 정중하게 인사드리고 벅찬 감동을 안고 본사 건물을 빠져나와 결과를 애타게 기다리는 구매 과장에게 이 사실을 알리니 그는 예기치 않은 성과에 나보다 더 좋아했다.

회장님과 이처럼 독대한 사실이 사내에 알려지면서 나는 졸지에 머큐리 회사 내에서 유명 인사가 되었고 이날 이후 부사장이 나에 대한 예우가 달라진 것을 피부로 느낄 정도였다.

사실 이 거래에서 나는 적지 않은 이익을 낼 수 있었다. 태평양화학에서 내 커미션 5%를 포함한 금액으로 기계 설비비 미화 80만 달러와 기술 이전비 미화 40만 달러를 책정해 총 120만 달러를 받았으나 머큐리 그룹에서 기술 이전비를 깎을 것 같아 총 140만 달러로 만든 견적서를 제출했다.

나중에 가격 네고(Negotiation) 과정에서 기술 이전비를 20만 달러로 깎아 줄 의도였다. 그런데 머큐리 그룹에서는 미화 140만 달러로 확정을 지어 난 커미션 외에 별도로 미화 20만 달러의 추가 수익을 올릴 수 있었다. 나중에 들은 얘기지만 한국으로 가기 전 이사회에서 이사들의 가격 네고 의견을 묵살하고 회장님께서는 태평양화학으로부터 가격 네고 없이 기술 이전을 확실히 받는 것이 낫다고 한국 방문 전 이미 가격 승인을 받았다.

나는 회장님과 독대한 다음 날 정식 공문으로 태평양화학에 머큐리 그룹의 회장 내외 및 계열사 대표이사를 맡고 있는 자제들 및 사위까지 총 8명의 한국 방문을 팩스로 통보했다. 태평양화학에서도 기대 이상의 성과에 여간 반가워하는 눈치가 아니었다.

머큐리 회장님께서 부탁한 항공권을 당연히 비즈니스 클래스로 예약을 해서 비서실로 확정(Confirmation)을 해달라고 했다. 그랬더니 뜻밖에도 비행시간이 3시간 반밖에 안 되니 일반석으로 바꿔달라는 것이 아닌가. 필리핀 재계 12위의 기업 사주이지만 한 푼이라도 불필요한 경비를 쓰지 않으려는 중국인의 검소한 성품에 존경심이 저절로 우러나왔다.

사실 지금이나 그때나 한국에서 필리핀 하면 부정적인 선입관을 가지고 있기 때문에 태평양화학 측에서도 이 거래를 달가워하는 편이 아니었다. 그래서 내 역할이 중요할 수밖에 없었다.

다행히 주한 필리핀 대사관을 통해 이 회사에 대한 조사 평가도 좋게 나왔고 기술부장이 필리핀으로 출장을 와 실무진과의 상담을 통해 진지한 구매 의사를 확인해 일이 다 성사된 듯 싶었다. 드디어 머큐리 그룹의 오너 일가족이 나를 따라 한국 방문길에 올랐다. 머큐리 그룹에서 회장이 공급 업자와 외국 출장을 같이 가는 것은 처음 있는 일이었다. 김포 공항에 도착해 보니 그랜저 승용차 여러 대가 대기해 우리 일행을 태우고 잠실 롯데호텔에 여장을 풀었다.

다음날부터 예정된 일정대로 공장을 방문하는데 공장 방문 경험이 별로 없는 회장 자제들은 거대한 설비 규모에 감탄하면서 일일이 관심 있게 체크하는 진지함을 보였다. 특히 100% 완벽하게 컴퓨터로 제어, 통제되는 무인 창고에 많은 관심을 보였다.

나 역시 여러 생필품들의 생산 과정을 가까이에서 볼 수 있는 기회를 가졌고 언젠가는 이런 공장을 가지리라는 야무진 꿈도 생겼다. 4박 5일 동안의 여러 공장 방문 후 본사를 방문해 창업자이신 서 회장님과 면담도 했다. 이 면담에서 머큐리 회장은 공장 방문 소감과 정성 어린 안내와 배려에 사의를 표하며 이런 훌륭한 기업과 결합하고 싶다는 간결한 표현으로 조인트 벤처(Joint Venture) 의사를 조심스럽게 밝혔다. 이에 대한 회답으로 서 회장님께서는 머큐리 회장 일가의 회사 방문을 환영한다는 인사와 사장에게 구체적인 사업 검토를 지시하는 것으로 짧게 미팅을 마쳤다.

나는 이번 한국 방문에서 가급적 편안한 마음을 가지고자 사업의 성사 여부에 크게 연연하지 않기로 작정했다. 성사가 안 되더라도 배울 것이 있었기 때문이다. 규모를 갖춘 공장 견학과 머큐리 그룹의 창업자와 가족 그리고 핵심 임원과 같이 지내는 것 자체가 성과였다. 크게 성공한 기업가들과 같은 테이블에 앉아 두 기업 간에 인연을 맺어주는 것으로도 보람 있는 일이기 때문이었다.

실무적 업무를 협의하는 자리에서 머큐리 그룹 회장님은 턴키 베이스의 플랜트 구매 의사를 밝히며 태평양화학에 일부 투자를 제안했다. 결국 태평양화학 측은 10% 투자만 하겠다고 하고 머큐리 측에서는 40% 투자를 원해 태평양화학 측에서 사업성을 좀 더 검토해보고 결정하는 것으로 마지막 회의를 마쳤다.

필리핀으로 돌아오고 몇 주 후 태평양화학에서 마닐라로 출장을 오겠다고 통보해 왔다. 도착하는 날이 공교롭게도 일요일이었다. 필리핀에서는 아주 중요한 일이 아니고는 일요일에 업무상이나 개인적인 약속을 피한다. 일요일은 성당이나 교회에 가고 가족하고 지내는 날이기 때문이다.

이런 현지 관습을 알지만 한국적인 정서상 나만 공항에 나갈 수 없었다. 어렵게나마 머큐리 사장에게 부탁해 부사장이 공항에 나왔으나 엉뚱한 일이 벌어졌다. 그날따라 공항 진입로에 교통 체증이 심해 차가 거의 정지되는 상황이 발생해 부사장이 가지고 온 차량 에어컨이 고장이 나버렸다.

말쑥하게 정장을 입고 온 임원은 거의 두 시간을 차 안에서 사우나를 하는 진풍경이 벌어진 것이었다. 더구나 필리핀에서는 비즈니스 목적의 방문자에게 저녁 또는 아침식사를 한 번 정도 같이 하는 것으로 예우하며 우리나라처럼 방문 일정 내내 식사와 술대접 따위 향응을 베푸는 경우는 극히 드물다. 그런데 태평양화학에서 방문한 임원이 현지 접대 방식을 못마땅해 하는 눈치였다.

사업성을 분석하는 실무 직원은 최근 필리핀 치약시장의 수요 신장과 원가의 산정 기준을 판매 가격과 대비해 산출한 바 사업성이 높다는 긍정적인 평가가 나왔다고 좋아하며 나에게 직접 알려주었다. 특히 내가 대전 공장에 기계 설비를 확인하고자 방문했을 때 생산직 간부도 7년 전 미국으로부터 기술 이전을 받아 이제는 이 기술을 수출하게 됐다고 뿌듯해했다.

더구나 상대는 필리핀에서 소매 및 유통업을 장악하고 있는 업체로 태평양화학 측에서도 필리핀으로 진출하는 데 가장 이상적인 파트너라는 것과 내가 오퍼 한 가격이 높게 책정되어 기계설비와 기술이전비의 이익도 보전되어 있어 더욱 더 확신이 들었다.

하지만 임원은 어제 일로 기분이 풀리지 않았는지 시종일관 탐탁지 않은 표정이었다. 한국에서는 10% 지분 참여를 고수했고 머큐리 측에서는 기술적인 면에서 태평양화학에 의존할 수밖에 없기 때문에 40% 지분 참여를 요구했던 것이다. 3시간가량의 협의는 합의점을 찾지 못하고 결국 무산됐다.

태평양화학 입장에서는 그 당시 태국에 현지인과 합작으로 투자한 사업이 실패했고 강성 노조의 데모로 회사 내부적인 어려움을 겪는 상황에서 사업성이 있건 없건 해외 투자 의사가 전혀 없었던 것 같았다. 회의가 끝나자마자 머큐리 회장님은 나에게로 다가와 두 손으로 내 손을 어루만지며 그동안 고생 많았는데 결실을 맺지 못해 미안하게 됐다며 아쉬운 표정으로 오히려 나를 위로했다. 나는 무엇보다 미안한 마음이 들어 서둘러 방을 나왔다.

그로부터 몇 달 후 하피(Hapee)라는 브랜드의 치약이 나와 그야말로 대박이 터졌다. 어느 현지 업체가 일본에서 기술을 도입해 라미네이션 튜브로 치약을 생산한 것이다. 대대적인 일간지와 TV 광고로 폭발적인 판매를 이뤄냈다. 결국 구매 과장의 예리한 판단이 틀리지 않았다는 것이 입증된 셈이었다.

그 일이 있은 후 구매 과장은 나한테 엄포를 놓은 대로 다국적 기업으로 옮겨 좋은 대우를 받으며 더 나은 직장생활을 누렸지만 지금도 만나면 그 기회를 놓친 아쉬움을 술로 푼다. 이렇게 해서 커다란 기회는 내 운명을 빗나갔지만 최선을 다한 것에 만족해야 했다. 이제는 남에게 의존하지 않고 내가 결정할 수 있고 스스로 꾸려 갈 수 있는 사업을 해야겠다고 마음을 다졌다.

Chapter 3

한국을 보면
필리핀이 보인다

필리핀에서는 일의 개념이 우리와 많이 차이가 난다. 우리는 죽기 살기로 매달려 일하지만 필리핀의 일반적인 사람은 이해를 못한다. 무엇 때문에 저러나 하며 의아하게 생각한다.

나무젓가락을 내다 팔다

  중동 전쟁으로 필리핀 정부에 미화 달러의 보유가 메말라 전면적으로 완제품 수입이 금지되자 필리핀에서 한국으로 수출할 수 있는 아이템 개발로 사업을 전환할 수밖에 없었다. 수출을 통해 달러를 벌어들이면 그에 해당하는 금액만큼 수입을 할 수 있도록 달러 할당(Dollar allocation)을 받아 칫솔 등 기타 생활소비재를 수입할 수 있기 때문이었다.

  수출을 해야겠다는 생각은 간절했으나 어떻게 어디서 어떤 품목을 한국에 수출할 수 있는지 막막했다. 일단 마닐라에 소재한 대한무역공사(KOTRA) 사무실을 방문해 현재 필리핀에서 한국으로 수출되고 있는 품목들을 뽑아냈다.

  또한 내가 칫솔을 수입할 때 거래했던 통관사의 도움으로 현재 필리핀에서 한국으로 수출되는 품목과 수출업자 및 수입업자 목록을 받아 내가 할 수 있는 한두 아이템부터 차근차근 알아보기 시작했다. 일단은 이런저런 일로 나 자신을 바쁘게 만드는 것이 불확실한 미래에 대한 불안한 마음을 없애는 최선의 방법이었다.

  여러 방법을 찾아 알아본 결과 나는 필리핀에서 생산해 한국으로 수출할 수 있는 품목이 많지 않다는 사실을 알게 되었다. 풍부한 자원을 가지고 있음에도 불구하고 정부의 오래된 부정부패로 인프라가 취약해 생산 비용과 물류비가 높기 때문에 일단 가격 경쟁력이 약했다.

  시장을 일찍 전면 개방하고 국내 산업을 육성하지 못한 탓에 생산 기반이 취약해 거의 모든 공산품을 수입에 의존하고 있었다. 그에 따른 무역 수지 적자를 해외에서 취업하는 근로자들의 외환 송금으로 메워 나가는 실정이었고 지금도 사정은 비슷하다. 지금도 한 해에 해외에 진출한 인력으로부터 송금액이 100억 달러를 상회해 우리나라에서 몇 천억 달러 수출하는 것과 맞먹는 수입 효과를 안겨 주고 있다.

필리핀의 대표적인 수출품은 주로 농수산물, 천연 광물 등 1차 산업에 의존하고 있다. 열대지방하면 떠올리는 야자수가 이곳 남방 지방 사람에게 모든 의식주의 기본을 해결해 주고 또한 가공해서 여러 원료로 수출된다.

일단 50년에서 100년 된 야자나무는 목재로 사용되고 잎줄기는 가옥의 지붕으로 쓰이며 열매 안의 수분은 고단백질로 한 끼를 때울 수 있는 영양을 공급해 준다. 그리고 열매 껍질을 태우면 숯이 되고 공업적으로 열처리하면 담배의 필터나 정수장의 필터 안에 사용되는 활성탄으로 활용된다.

열매 안의 껍질을 싸고 있는 하얀 물질은 비누나 화장품 등 미용 제품의 주원료로 사용되고 이것을 발효시켜 먹기도 하고 반도체 안에 들어가는 공업용 원료로도 활용한다. 그중 가장 많이 수출되는 야자수 가공품이 야자의 과육을 말려 야자유를 뽑을 수 있는 코프라다.

이밖에 사탕수수에서 여러 제조공정을 거쳐 나오는 공업용 원료들, 목재 가공품들과 각종 조개류 등을 가공한 액세서리, 망고나 바나나 등 과일, 참치, 해삼, 해파리 등 수산물, 크롬 등 광산에서 나오는 여러 공업용 원료 따위가 필리핀의 주요 수출품이라고 보면 될 것 같다.

최근에는 외국 업체들이 반도체 공장들에 투자해 필리핀 수출에 비중을 높여 나가고 있고 한국의 한진중공업 덕에 선박 수출까지 많이 다변화되고 있다.

필리핀 제품들이 한국에 본격적으로 선보이기 시작한 것은 수입이 자율화되기 시작한 1980년 중반부터였다. 신세계백화점에서 연 필리핀 제품전을 계기로 여러 필리핀 토산품들이 수입되어 인기를 끈 적이 있었다.

수출할 수 있는 아이템을 모색하느라 고심하던 어느 날 생각지도 않던 전화가 한국에서 걸려왔다. 한국에서 무역 회사를 운영하는 사촌형한테 온 전화였다. 내가 필리핀에서 유학 중 방학 때마다 사촌형 회사에서 아르바이트를 하곤 했는데 그때 내가 첫 성과를 올렸던 아이템이 중국에서 수입한 나무젓가락이었다.

그 당시 한국에서 국산 나무젓가락이 중국산으로 대체되고 필리핀산까지 한국으로 수입되기 시작한 것이었다. 사촌형 회사에서 아르바이트하던 중 홍콩 바이어가 던져 놓은 대나무 젓가락을 가지고 식당에서부터 젓가락 공급업자 그리고 도매상 등 몇 단계를 거슬러 올라가 최고의 젓가락 도매상을 만나 공급 계약까지 내 손으로 이뤄낸 적이 있다.

이 도매상은 평안도 출신의 전형적인 자수성가형으로 허름한 대형 창고에 어마어마한 분량의 나무젓가락을 쌓아놓고 하루에도 40피트 컨테이너 5개 분량 이상을 판매하는 한국 제일의 나무젓가락 도매업자였다.

이 도매상이 필리핀에 있는 나를 기억하고 사촌형에게 필리핀 산 나무젓가락을 알아보라고 해서 전화가 왔던 것이었다. 나는 이 도매상의 비즈니스 볼륨을 잘 알기 때문에 확신을 가지고 파사이 시(Pasay city)에 소재한 수출진흥공사(PICC)를 통해 나무젓가락을 제조하는 회사의 목록을 구할 수 있었다.

수출할 수 있는 길을 찾은 것 같아 기뻤다. 하지만 기쁨은 잠깐이었다. 다음 날 아침 자신감에 차 제조 회사들에게 공급 문의를 했지만 이미 생산 능력(Capacity)이 꽉 차서 물건을 줄 수 없다는 냉담한 반응이었다.

한국에서처럼 어느 제조공장을 가도 수출하겠다고 하면 두 손을 들어 환영을 하는 식으로만 생각했던 나는 기가 죽고 말았다. 칫솔을 처음에 수입할 때 느꼈던 것과 마찬 가지로 필리핀은 공급자 마켓이라는 사실을 재삼 깨닫게 되었다. 그렇다고 포기할 수도 없고 우선 회사 규모가 가장 큰 회사를 골라 적극적으로 공략할 작정을 했다.

한 회사는 공장이 필리핀 최남단에 위치한 자원의 보고 민다나오(Mindanao) 섬의 가장 큰 도시인 다바오(Davao) 시에 소재하고 있었다. 이 지역은 필리핀에서 독립을 원하는 무슬림의 종교 분쟁이 끊이지 않는 곳이다. 아무튼 이 회사는 마닐라에 사무실이 없어 일단 미뤄 놓았다. 다른 한 공장은 마닐라에서 가까운 라구나 지역에 소재해 방문하기는 좋으나 공장 규모가 작아 공급 받기가 용이하지 않을 것으로 판단되어 나머지 회사에 희망을 걸었다.

마지막으로 희망을 건 회사는 다행히 마닐라에 사무실이 있었다. 더욱이 사무실 위치가 필리핀 국립대학 근처 내게 익숙한 곳이라 좋았다. 전화를 걸어 사무실로 일단 방문하겠다고 하니 여직원이 오고 싶으면 오라는 듯 시큰둥하게 반응했다. 맥은 빠졌지만 일단 부딪쳐 보자는 배짱으로 사무실을 찾아갔다.

사무실은 필리핀의 웬만한 중소기업들이 그렇듯이 고급 빌리지 안에 큰 저택을 사무실 겸 주거용으로 사용하고 있었다. 여러 골동품들로 장식된 거실에서 기다리는 동안 어떻게든 물건을 공급받아야 된다는 강박감과 안 된다고 하면 어떻게 설득해야 할지 머리가 복잡해지고 있었다. 그 순간에 키가 훤칠하고 귀공자 스타일의 과장급 직원이 나를 반겼다. 그의 인상이나 유창한 영어 말투에서 호감을 받아 나를 소개하고 한국의 수입회사와 나와 오너와의 친척관계, 유통회사의 규모에 대해 자신 있게 설명을 했다.

설명을 다 듣고 나더니 회사 소개서(Company Profile)와 제안서(Proposal)를 보내 달라고 요청했고 나는 이 회사의 한국 시장에 공급하는 물량이나 공장 규모에 대해 문의했다. 나중에 안 사실이지만 기존에 거래하는 한국의 수입회사가 관세를 줄이기 위해 금액을 하향 조정해서 신용장을 열고 차액을 번번이 늦게 송금해 거래처를 바꿔 보려던 차에 내가 찾아간 것이었다.

이 회사는 여러 한국인 수입업자를 겪으면서 언어 소통 문제로 인한 업무 착오와 지불 약속을 어긴다든지 품질을 문제 삼아 물건 값을 터무니없이 깎는다든지 따위 불신으로 한국 사람에 대해 좋은 인상을 가지고 있지 못한 상태였다. 나에게는 이게 기회가 되었다. 나와는 언어나 문화 장벽이 없고 필리핀 국립대학에서 공부한 배경이 크게 어필되어서인지 순조롭게 이 회사와 거래를 하게 되었다.

구매 의지를 확실히 보이기 위해 한 달에 한번 미화 10만 달러가량의 신용장(L/C)을 개설해 주었다. 그리고 내가 현지에서 비즈니스 커뮤니케이션을 하고 제일 중요한 품질 검사를 수시로 확실하게 해준 덕에 무역 분규가 생길 여지가 없었다.

수입회사 입장에서도 위험 부담이 되는 품질 문제를 확실한 검수로 해결하고 잘못되더라도 클레임을 제기해 손해 배상을 확실히 받을 수 있게 했다. 업무상 민다나오 섬의 부뚜안이라는 조그만 소도시에 위치한 공장을 매주 경비행기를 타고 가야 하는 불편함이 있었지만 여행하는 기분으로 주말마다 마닐라를 떠났다.

세부에서 새벽 첫 비행기를 타고 바람 따라 구름 속을 오르내리다 보면 1차선 활주로가 보이고 터치다운(Touch Down)으로 기체가 심하게 흔들리면 도착한 것이다. 우리나라 역사 대합실 같은 공항을 빠져 나오면 공장에서 보내준 차를 타고 이 도시에서 유일하게 외국인이 안전하게 묵을 만한 숙소인 앰배서더 호텔에 체크인을 한다. 말이 호텔이지 우리나라 여관만도 못한 곳이다. 일단 공장으로 가서 챙겨주는 샌드위치와 망고 주스로 아침을 때운다.

그리고 선적 스케줄을 체크하고 창고에 쌓인 수출 포장 박스를 임의로 몇 개 꺼내 제품 검수를 하는데 옆에서 검수 작업을 지켜보던 사장이 걱정하지 말라는 말만 믿고 Inspection Certificate(검수 확인증)을 발급해 주었는데 그게 문제가 되었다. 그 회사는 인보이스(Invoice), 패킹 리스트(Packing List), 선하 증권(B/L), 검수 확인증(I/C)을 함께 은행에 제출하면 신용장에 개설된 금액만큼 현금으로 지급받는다.

선적한 지 10일 후에 한국에 도착해 통관을 하고 납품을 했는데 20% 이상 되는 제품에서 곰팡이가 발견되어 팔 수 없는 예기치 않은 상황이 일어났다. 원인을 분석한 결과 공장에서 포장을 하기 전 선적 일을 맞추기 위해 제품을 충분히 말리지 않아 운송 도중 곰팡이가 핀 것이었다.

그로 인해 수입회사에서 손해 배상을 요구해와 4천 달러 정도 보상해 준 뒤에는 제조 공정에서 일일이 수분 함유도까지 체크해 일주일에 3일 정도를 공장에서 지냈다. 철저한 품질 관리로 한 달에 40피트 컨테이너를 수출해 일정한 수입을 확보 할 수 있었다.

태평양화학 일로 한국에 출장 갔을 때 학수고대하던 아들이 태어났다. 출산 예정일이 지났는데 안 나오던 애가 아빠를 기다렸는지 내가 서울에 도착하니까 그

꿈에 그리던 갓 태어난 아들이 필리핀에 밤비행기로 도착한 다음 날 아침 집 베란다에서 아내와 함께

다음 날 나왔다. 하루를 같이 지내고 마닐라로 돌아왔는데 애가 하루 종일 눈앞에 어른거렸다. 두 달 후 아내가 데리고 온 아이가 그동안 커서 나를 닮은 얼굴 모양이 뚜렷했다. 얼마나 신기한지 밤새도록 아들을 보느라 잠을 꼬박 설치고 새벽에 부뚜안으로 떠나는데 발길이 떨어지지 않았다.

필리핀과 같은 개발도상국에서 물건을 수입하는 데 가장 큰 위험 부담과 어려움이 품질 보장이다. 세계에서 아마도 수출하기 가장 까다로운 나라가 일본과 한국인 것 같다. 필리핀에서 이 두 국가에 수출을 하고 있는 회사라면 다른 것은 볼 것도 없이 그 실력을 인정 할 수밖에 없다.

이 나무젓가락 공장 오너는 웅위(Mr. Ong Yu)라는 화교로 바나나 칩을 생산해 유럽과 미국에 수출하고 있고, 까다로운 일본과 한국 시장 진출을 목표로 품질을 맞추기 위해 많은 노력을 하는 상당히 깨인 현지인 사업가다. 선적할 때마다 나의 고지식한 검수작업에 짜증을 내며 나에게 물건을 공급을 못하겠다고 배짱도 부렸지만 1년여 지내는 동안 정이 들어 쉽게 실행으로 옮기지 못했다.

실제로 내가 아니더라도 구매자가 줄 서 있었다. 유복하고 자존심이 강한 그의 성격과 완벽을 고집하는 내가 매일 부딪치니 낮에는 싸우고 저녁에는 화해하는 일이 반복됐다. 다른 바이어와는 달리 내 공장처럼 주인의식을 가지고 온종일 작업에 붙어 막노동도 마다치 않는 극성스러움에 감복했는지 내가 작업 지시까지 내리는 주제넘은 짓을 해도 가만히 보고만 있곤 했다.

간혹 너무 오버하는 일도 있지만 주어진 수출 기회를 놓칠 수 없었고 나중에 나도 이런 공장을 가지고 싶은 마음에 공장 일을 내 일처럼 매달렸다. 하루 일과가 끝나면 공장 근로자와 맥주도 마시고 동고동락한 덕에 나날이 품질이 향상되고 생산성까지 높아져 공장 사장이 나의 공장 체류를 오히려 부탁하는 지경까지 갔다.

가장 어려운 일은 공장 직원들이 한국 소비자의 품질 기준을 도저히 이해 못하는 것이었다. 본인들이 봤을 때 멀쩡한 제품을 안 된다고 하니 답답한 노릇이었다. 공장 안을 이리저리 누비다 보면 땀이 비 오듯 범벅이 된다. 일일이 공정마다 선별 작업에 신경을 곤두세우고 잘못된 제품을 과감하게 작업자가 보는 앞에서 버리는 식으로 공장 운영 방식을 바꿔 1년이 지난 후에는 품질이 놀랄 만큼 향상되었다.

그 이후에는 공장만 대충 둘러보고 사무실에 잠깐 들러 선적 서류만 확인하고 바닷가로 나가 싱싱한 해산물과 미리 준비해 간 초고추장과 양념으로 생선회와 매운탕에 양주를 즐기는 여유를 갖곤 했다. 그동안 싸우면서 정이 든 이 회사 사장과 형제 같은 사이가 되었다. 그는 내 일이라면 무슨 일이든 아낌없는 도움을 주어 필리핀에서 정착하는데 든든한 지원군이 되었다.

목재 수출 사업을 시작하다

 나무젓가락 수출이 호조를 보이고 원목 수출 및 목재 가공으로 부뚜안에서 가장 튼실한 기반을 잡고 있는 옹유(Mr. Ong Yu)사장과 친분이 두터워지자 또 다른 사업을 구상하게 되었다. 이 지역의 기반사업인 목재 가공으로 한국 시장에 진출할 기회를 모색하게 된 것이다. 그러던 중 동남아에 일찍 진출해 부산을 근거지로 무역업을 하는 정진근 사장님을 만났다.

 그는 법대 출신으로 대쪽 같은 성격에 원칙주의자인데 여러 분야에서 동남아 현장 경험이 많았다. 내가 스승으로 모셔야 될 사람을 제대로 만난 것이다. 이 분과의 인연은 마닐라에서 처음으로 한국 식품을 수입해 이동차량으로 교민들을 찾아다니며 직판하던 신기주 사장님 소개로 맺어졌다.

 그 당시 매주 금요일이면 그분 자택에서 맥주와 돼지고기 바비큐로 술자리를 가지곤 했는데 어느 날 한창 취기가 오를 때쯤 나무 한 토막을 내 앞에 내놓았다. 그 나무토막은 코코 팀버(Coco Timber)라고 부르며 야자수를 톱으로 자른 일반 목재였다.

 그 당시 정부에서 대규모 코코넛 농장을 옥수수 농장으로 바꾸려고 야자수 나무 벌목 허가도 내주며 벌목을 권장해 야자수 나무가 건축 현장의 지지목으로 실용화되기 시작했다. 이 나무의 바깥 원피 부분은 상당히 단단해서 말레이시아의 코타키나발루 지역에서 공급되는 아삐똥 나무와 비슷했다. 따라서 팔레트(Pallet)나 지하철 공사할 때 주로 쓰이는 받침목 등으로 사용될 수 있다는 신 사장님의 설명에 나는 부뚜안의 옹유를 떠올렸다.

 다음 날 눈 뜨기 무섭게 나는 마닐라에서 차로 두 시간 거리에 떨어져 있는 라구

민다나오 부뚜안 시의 한 주점에서 대하 산업의 정진근 사장님과 직원들과 함께

나(Laguna)의 로스 바뇨스 지역(Los Banos)에 소재한 필리핀 국립 농과대학으로 달려갔다. 먼저 산림연구소에 들러 이 연구소에서 발간한 야자수의 활용에 관한 보고서를 받았다.

실제로 이 연구소 안에는 코코 팀버를 가공할 수 있는 제재 시설까지 갖춰있어 나무 부위별로 자른 토막을 견본으로 받아 마닐라로 돌아왔다. 그리고 얼마 전 신 사장님이 소개해준 부산의 대하산업 정진근 사장님에게 전문을 날렸다.

내가 코코 팀버에 대해 판매 가능성 검토를 의뢰하자 그는 바쁜 시간을 쪼개 필리핀을 방문해주었다. 공항에서 처음 만나 그날부터 일주일 내내 하루 서너 시간 수면을 취하며 내게 사업의 원칙과 내가 나아가야 할 방향, 대하산업과의 사업 관계 정립 등 무수히 많은 대화를 나눴다.

이 코코 목재를 대량으로 생산할 자재와 시설을 확보하기 위해 옹유와 공급 체계를 협의했다. 마침 이 지역에 야자수 나무가 풍부했고, 일반 나무의 벌목 금지로 일거리가 없어져 생산 가동이 중단된 제재소가 있었다. 한국으로의 운송은 나무젓가락과 동일한 방법으로 하면 되었다. 모든 일이 순조롭게 진행될 조건이 갖추어졌다.

  한국으로 보낸 샘플이 일단 아빼똥을 대신할 팔레트 자재로 적합하다고 판명되었다. 가격을 산출하니 운송 보험료를 포함해 부산 도착 가격(CIF Pusan)이 1m³당 미화 131.44달러로 가격도 적합하게 나타났다. 양산 체계를 잡기 위해 나는 부뚜안에 체류하면서 옹유가 소개한 3ha(약 1만 평) 규모의 제재소와 계약을 하고 1차 시험으로 한 컨테이너 분량을 생산하던 중 대하산업에서는 한국에서 팔레트를 가장 많이 생산하는 김해에 소재한 회사와 공급 계약을 맺었다. 모든 일이 일사천리로 진행됐다.

  김해에 있는 팔레트 공장은 얼마 전 일본에서 전자동 팔레트 제조 기계를 들여와 하루에 700세트를 조립해 전국 각지에 공급하는 회사였다. 마침 부산에서 가까워 내륙 운송비도 줄일 수 있고 수요 물량이 엄청났다. 더욱이 필리핀 정부에서 장려하는 사업이기 때문에 나는 필리핀에서 최초로 코코 목재를 상품화해 수출하는 수출 역군이 된다는 꿈에 들떠 있었다. 돈도 벌고 보람도 있는 확실한 사업으로 우선권을 잡기 위해 대량생산 체계를 갖추어야 했다.

  운송비를 절감할 방법을 찾느라고 나는 3일에 한 번씩 경비행기를 타고 세부와 부뚜안을 날아다녔다. 태풍 등 기상 변화가 심할 때는 기체가 크게 흔들려 사고의 두려움이 나를 괴롭혔다. 하지만 부뚜안에 착륙할 때마다 광활한 대지에 서 있는 무수한 야자수가 전부 돈으로 보여 뿌듯한 마음에 두려움을 씻어내곤 했다.

  이 부뚜안에는 나무젓가락 공장을 운영하는 다른 한국 사람이 있었다. 그 분 공장은 신인민군(NPA: New People's Army) 점령 지역인데 그 위험한 곳에서 공장을 하는 한국인이 있다는 사실에 놀랐다. 이 지역에서 내가 공급받는 공장의 원목이 실려 나오는데 NPA 구역의 검문소마다 세금조로 돈을 내야 통과하고 별도로 정부에서 지키는 지역에서도 돈을 주어야 통과할 수 있기 때문에 원자재 값이 생각보다 높을 수밖에 없다는 사실을 나중에 알았다.

  1차로 생산해 보낸 제품으로 팔레트 시제품이 나오고 별 문제 없어 대량생산을 시작했다. 그 큰 제재소 중앙에는 검게 칠한 듯한 2층짜리 목재 건물 있다. 1층에는 숙소가 있고 2층에는 커다란 유리창을 통해 작업을 지켜볼 수 있는 사무실이 있다. 건물 뒤편에는 폭이 제법 넓은 시내가 있어 산에서 자른 원목을 상류에서 띄우면 이곳에서 기다란 갈고리로 집어내는 운반 시스템을 갖추고 있었다. 야적장이 워낙 넓어 종종 학교 운동장에 와 있는 기분이 들었다.

아침 7시에 작업을 시작하느라 톱날 돌아가는 소리를 들으며 잠을 깨곤 했다. 밀림 지역에서 방출되는 신선한 공기를 마음껏 들이마시고 싱싱한 해산물로 수프를 만들어 아침을 먹고는 규격대로 자르는 작업을 감독하며 현장에서 꼬박 하루를 보내는 날이 많았다.

시간 나는 대로 젓가락 공장도 방문하고 일요일에는 이 제재소 사장과 벌목 현장을 따라 나서기도 했다. 제재소 뒤편 냇물을 조그만 모터보트를 타고 거슬러 올라가 거대한 거목들 사이로 맹수가 나타날 것만 같은 수목이 우거진 계곡에 보트를 정박시켜 놓는다. 희미하게 난 길을 따라 올라가면 기기묘묘한 나무 숲 사이로 갖가지 야생 동물을 만나게 된다. 미리 준비한 장총 방아쇠에 손가락을 걸고 조심스럽게 주위를 살피며 밀림 지역을 헤매는 트레킹이 그곳 생활에서 가장 잊지 못할 즐거움이었다.

내가 죽기 전에 다시 가보고 싶은 곳이 있다면 이 밀림 속 거대한 수목 사이에 자리 잡은 컨테이너를 개조해 만든 가옥이다. 자연 그대로의 밀림 안에서 진기한 동식물과 동화되어 보낸 정글 생활은 지금도 잊을 수 없는 아름다운 추억이다.

이 밀림 안의 가옥은 컨테이너 박스를 헬기에 매달아 물줄기가 끝나는 지역에 떨어뜨려 만들어 놓은 것이다. 이 컨테이너를 숙소로 삼아 체류하면서 작업을 했다. 10여 년 전에는 이곳에서 가구목으로 가장 널리 사용되는 나왕목(Lauan)을 주로 짤라 강에 띄우면 흘러내려와 강 하류에 자리한 제재소에서 건져 내어 야적했다가 대형 트럭으로 부두로 옮긴다. 이 원목들을 5천 톤이나 1만 톤 되는 원목 전용 선박으로 한국에 공급되어 갔었다. 필리핀의 나왕목은 현지에서 마호가니(Mahogany)라 부르며 동남아에서 나오는 나왕목 중 으뜸이다.

나는 그곳 밀림 생활이 한국에 있을 때 산에서 야영하던 느낌이 나서 일단 좋았고 자연 속에 마련된 이 사업 터전이 내 생명처럼 고귀하게 느껴졌다. 매일매일 수십 세트의 절단기에서 나오는 제재목이 야적장에 산더미처럼 쌓이기 시작했다. 모든 공정을 지켜보며 규격에 미달되지 않도록 수시로 검품을 하면서 작업현장을 온종일 뛰어다녀도 힘든 줄을 몰랐다. 그러나 한국에서 팔레트를 제조하는 회사 사장이 공장을 방문해 검수 작업을 하면서 문제가 생겼다.

내가 생각했던 규격 기준과 한국 공장의 자동화된 기계에 맞는 규격과는 차이가 있었다. 약 30%를 불합격당하니 정신이 번쩍 들었다. 시행착오는 거기에만 그치지 않았다. 일단 개별로 선별 작업을 하고 골라낸 각목을 밴딩(Banding)해 부두 하역장으로 옮겼다. 컨테이너 선박이 입항하는 세부까지 옮겨 수출 통관 수속을 마치고 비용을 정산해보니 예상치 못한 결과가 나왔다.

필리핀 내 물류비용이 한국으로 보내는 물류비용보다 높은 것이었다. 책상머리에서 예상했던 것보다 실제 지출이 많아서 벌크 물량으로 배를 빌려(Chartering) 생산지 인근 항구에서 한국으로 직송하지 않으면 이익을 못 낸다는 결론이 났다.

필리핀은 거의 모든 공산품 가격이 한국보다 비싸듯이 부두 사용료나 선박운송비, 하역 시설 이용료나 내륙 운송비가 한국보다 훨씬 높았다. 한국에서 흔히 생각하듯 개발도상국에서는 뭐든지 싸겠지 하는 막연한 계산으로 덤볐다가는 낭패를 볼 수밖에 없다.

필리핀은 인건비가 싸다고 섣불리 생각해서는 안 된다. 한국 사람이 가장 많이 겪는 시행착오가 이 부분이다. 필리핀은 일단 물류비가 높다. 이유는 인프라 시설이 낙후되어 있고 기능이 비효율적이기 때문이다.

생산직 근로자의 작업 능력이 많이 떨어진다. 행동이 느리고 무책임하고 품질에 관한 개념이 없고 아무런 생각 없이 시간만 보내는 식의 작업 태도와 결근이 잦고 지각이 많다. 이 때문에 인력 관리가 한국에서 생각했던 것보다 훨씬 어렵다.

필리핀에서 일의 개념이 우리와 많이 차이난다. 우리는 죽자 살자 식으로 매달려 일하는 경우가 많은데 필리핀의 일반적인 사람은 이해를 못한다. 무엇 때문에 저러나 이상하게 생각한다. 그런 사람에게 강요를 하니 먹힐 리 없고 대립각만 생긴다.

한국에서 검수하러 온 팔레트 공장 사장님으로부터 생전 듣지 못한 모욕적인 말도 들었다. 모든 책임은 나에게 돌아갔다. 팔레트 공장 사장님은 첫날 제재소로 들어가면서 멀리 떨어져 있는 산처럼 쌓인 목재를 보고는 양을 정확히 산출하고 두께마저 계측하는 노련한 실력에 놀랐다. 목재 사업에 오랜 연륜이 쌓인지라 한눈에 알아본 것이었다.

아무튼 첫 번째 생산 실패였지만 따듯한 성품을 가진 팔레트 공장 사장님은 자상하게 목재에 관한 여러 기초 지식을 가르쳐 주었고 어려운 사업을 도모하는 만큼 서로를 신뢰하며 정을 나누면서 형제와 같은 사이로 발전해 나갔다. 무엇보다 이런 분들과 인연을 소중하게 여기고 실망시켜 드리지 않으려고 할 수 있는 모든 것을 동원해 원하는 품질과 물량을 공급하도록 정열을 쏟아 부었다.

제재소의 오너는 중국 화교로 건장한 체격에 까무잡잡한 콧수염을 기른 포(Mr. Po)사장이며 그 사람부터 품질관리 교육을 시켰다. 한국에서 원하는 품질은 상판의 경우 두께가 10mm인데 1mm의 오차가 생겨도 자동 팔레트 기계를 사용할 수 없다는 점을 주지시켜야 했다. 또 다른 문제는 야자수의 최대 약점이 단단한 겉면과는 달리 나무 안쪽에 부드러운 면이 있다는 점인데 이를 추려내는 작업이 만만치 않았다.

자른 목재에 곰팡이가 피지 않도록 화공약품 처리를 하는 것도 매우 중요한 과정이다. 처음에는 잘못된 화공약품으로 곰팡이가 피어올라 한국에 도착했을 때는 그 부위가 썩어 상품가치가 없어졌다. 여러 다른 화공약품을 시험해 적합한 화공약품을 찾아내어 이 문제는 해결되었다. 하지만 원자재 수급 문제로 새로운 장소를 찾아 생산기지를 옮겨야만 했다.

이 지역의 야자수는 50년산 이하로 대부분의 야자수가 부드러운 안쪽 부위가 차지하는 면이 커서 버리는 부위가 많았다. 그래서 원자재 가격은 높아지고 생산비 단가도 올라갈 수밖에 없어 한국에서 원하는 가격을 맞출 수가 없었다. 반면 100년 정도 된 야자수의 경우 연한 부위가 적어 나무 전체 부위의 50%를 목재로 가공할 수 있어 100년산 야자수가 풍부한 곳으로 이전해야 답이 나올 수 있었다.

오래된 야자수가 많은 곳을 물색하던 중 마르코스 전 대통령의 부인 이멜다의

고향으로 잘 알려진 레이떼라는 섬의 마아신이라는 곳까지 가게 되었다. 이 지역은 오래된 야자수로 뒤덮여 있고 오지이기 때문에 원주민들의 인건비가 쌌다.

원자재 수급도 훨씬 쉬웠다. 제재 시설을 새롭게 갖춘 지 석 달 만에 양질의 완제품을 생산해 선적할 수 있었다. 하지만 국제항이 있는 세부로 운반해 컨테이너 작업을 해야 하는 번거로움이 기다리고 있었다. 몇 차례 선적을 하고 생산도 안정화되어 이제 고생한 보람을 찾는 듯 싶었는데 예기치 않은 일이 발생했다.

이곳을 드나들던 정기 화물선이 적자를 핑계로 운항을 중단한 것이었다. 지금도 그때 일을 잊을 수 없다. 배 없는 불 꺼진 항구, 다 쓰러져 가는 천막 안 간이식당에서 밤새도록 산더미처럼 쌓아 놓은 목재더미를 넋 놓고 바라보며 산미구겔 맥주 한 상자를 비우고 아쉬움을 훌훌 털어버려야만 했다.

이번에는 해상 운송이 필요 없는 대상지로 초점을 맞췄다. 마닐라가 소재한 루손 섬(Luzon Island)에서 가장 야자수가 많은 퀘손 프로빈스(Quezon Province) 지역의 중심지인 루세나(Lucena)에 생산 기지를 만들었다. 이번이 세 번째였다. 인건비와 원자재 값이 비싸지만 해상 운송비가 들지 않았고, 무엇보다 해상 운송에 지쳐 있었다. 몇 달간 약간의 이익을 남기며 조금씩 물량을 늘려나가며 공급할 수 있었는데 이번에도 생각지 못한 일이 벌어졌다.

갑자기 불어 닥친 건설 붐으로 목재 값이 하루가 다르게 뛰어오르니 덩달아 야자수 나무도 값이 올랐다. 예전에는 쓸모없던 야자수 나무가 일반 목재 대체품으로 수요가 생긴 것이다. 그래서 결국 단가를 맞추기 위해 마닐라 북쪽으로 5시간 걸리는 다구판(Dagupan) 지역으로 옮겼다. 국내 건축 경기와 무관한 산간 지역 오지의 제재소에서 공급을 받아 한국으로 보냈다.

그런데 이번에는 내륙 운송비 부담으로 수익을 낼 수가 없어 오래가지 못했다. 그래서 시도했던 방법이 민다나오 섬의 가장 큰 도시이자 아시아에서 행정 구역으로 가장 큰 도시인 다바오에서 큰 제재소와 계약을 하여 공급받게 되었다. 그러나 이런 대형 목재소에서는 부가가치가 높은 제품을 선호하지, 가격도 낮으면서 까다로운 품질을 요구하는 제품 생산을 좋아할 리 없었다. 일정한 공급 계약을 할 수 없어 포기하고 말았다.

　마지막 시도로 민다나오 섬 남단의 말레이시아와 인접한 잠보앙가(Zamboanga)로 갔다. 듣던 대로 공항에 도착하자마자 분위기가 심상치 않았다. 공항에서 호텔까지 중무장한 경호원들의 호송 차량 지원을 받으며 가야 할 정도로 필리핀에서 치안이 가장 불안한 지역이었다.

　호텔에 도착해 각종 총기로 무장한 경호원들이 지켜보는 삼엄한 분위기 가운데 3시간의 상담을 마쳤다. 이 지역에서 가장 큰 제재소와 계약을 맺는 일까지는 성공했으나 선적 전에 품질 문제로 선적을 중단시키니 사장 표정이 심상치 않아 생명에 위협을 느껴 다시 오고픈 생각이 없어졌다. 어쩔 수 없이 일을 접게 되었다.

　필리핀 전역에 걸쳐 오래된 야자수가 많다는 곳을 3일에 한 번꼴로 경비행기를 타고 다니며 샅샅이 찾아다녔다. 필리핀 정부에서 권장하는 야자수 나무를 베어 팔레트로 상품화하기 위해 최선을 다했다. 이번 사업에서 무엇을 남겼나 생각을 해봤다.

　잃은 것은 돈과 시간이었고 얻은 것은 값진 경험이었다. 필리핀 지방에서의 사업은 예상하기 힘든 여러 변수에 대해 감수할 각오를 해야 한다는 사실을 알게 되었다. 인프라 부족과 비효율성으로 물류비용이 높고 예상할 수 없는 비용이 발생되곤 하여 책상 위에서 만든 원가 산정이 실제와 다를 수밖에 없다. 또한 지방에 사는 현지인들은 비교적 돈 욕심이 많지 않고 항상 먹을 식량이 지천에 있어서인지 일하는 것을 취미 생활 정도로 여긴다. 이런 현지인 특성을 모르고 한국 사람과 같은 생각으로 공장을 짓고 생산을 시작하면 생각지도 못한 어려움을 겪게 되는 것이다.

　이 사업으로 여러 번 좌절도 맛보았지만 할 수 있는 모든 노력을 했기 때문에 배운 것에 만족했다. 남이 하지 않은 새로운 일을 한다는 것이 얼마나 힘들 일인지 깨달으며 2년간의 야자수 나무 사업에 종지부를 찍었다.

　지방에서의 사업은 치밀한 조사는 기본이고 여러 변수를 고려한 대비책 마련과 든든한 여유 자금을 준비하지 않고 덤볐다간 백전백패다. 이렇게 말할 수 있는 이유는 필리핀에서 20여 년간 한국 사람들이 나같이 시행착오의 전철을 밟는 사례들을 옆에서 너무나 많이 지켜봤기 때문이다.

바나나도 돈이 된다

 목재 수출이 여러 가지 난관으로 부진을 면치 못할 즈음 한국 농산물 시장에 혁명과도 같은 사건이 터졌다. 이 사건 전모를 현지에 이틀 간격으로 배달되어오는 조선일보를 통해 알게 되었다. 이 때 한국에서 떠들썩했던 우루과이 라운드나 바나나 수입 개방이 나와는 전혀 상관없는 일들로 무심코 지나쳤는데 이 일이 내 운명을 바꾸어 놓을 줄은 꿈에도 몰랐다. 그 동안 국내 농산물의 보호를 위해 수입이 엄격히 제한되어 최고급 과일로 대접 받던 과일이 바나나와 파인 애플이었다. 웬만한 서민이면 일 년에 한두 번 먹어볼까 말까한 바나나가 우루과이 라운드협정에 따라 수입개방이 시행 된 것이었다. 그 귀한 바나나가 남미와 동남아 일대에서 수입해 들어와 그 동안 마음껏 먹지 못한 소비자들의 수요가 폭발적으로 늘어났다. 그러나 그 당시 세계적인 다국적 기업들이 현지의 바나나 재배 업자를 통제하는 관계로 공급이 제한 될 수밖에 없었다. 그러니 농산물 수입에 경험이 있는 무역상이나 돈이 될 것 같으면 무조건 뛰어드는 일반 무역상들이 바나나 공급을 받기 위해 혈안이 되었다. 그럴 수밖에 없는 것이 그 당시 바나나를 수입하면 두 배의 수익이 남았기 때문이다. 그래서 대규모로 재배되고 운송기간이 짧은 이점이 있는 필리핀으로 무수히 날아 들어와 바나나 공급 확보를 위해 그야말로 난리가 났었다. 필리핀 전역으로 목재 수급을 위해 발이 불이 나게 다닐 때라 나에게까지 이런 사람들의 손길이 뻗은 것은 당연한 일이기도 했다. 어느 날 마닐라에 사는 교포 한 분이 나를 애타게 찾는다고 하여 어느 시내 커피숍(Coffee Shop)에서 만났다. 그 분은 급한 성격 탓에 만나자마자 본론으로 들어갔다. 교회를 통해 알게 된 한국에서 무역업을 하는 사람을 소개해주고 싶다는 것이었다. 한국에 계신 분은 농수산물을 수입하여 청과물 시장 중 가장 규모가 큰 가락동 농수산물 시장에 위치한 한국 청과에 납품을 하고 있다는 것이었다. 그리고 한국 청과가 필리핀으로부터 대량으로 고품질의 바나나를 정기적으로 안정되게 공급 받기를 원하며 필리핀에서 공급 업체를 꼭 찾아달라는 의뢰를 받았다는 것이었다. 그런 차에 내가 바나나가 주로 재배되는 Mindanao에 목재 관계로 살다시피 한다는 소문을 듣고 나에게 도움을 요청하려고 한 것이었다.

이 분이 설명한 대로 한국 청과가 실수요자라면 일단 해볼 만한 일이라는 판단이 섰다. 그래서 우선 한국 청과 사람들을 직접 만나 사실 여부를 확인하고 싶었다. 구체적인 수입 계획을 들어보고 싶다고 하였더니 바로 연락이 왔다. 며칠 후 한국 청과 임원과 수입 회사 사장이 나를 만나기 위해 방문을 하겠다는 것이었다. 그래서 부랴부랴 주위의 믿을 만한 현지인을 통해 필리핀에서 바나나 수출회사와 공급 실정에 대해 알아보기 시작했다. 그런데 바나나 수출하는 회사들이 하나같이 필리핀에서는 모두 대기업들로 상당한 재력을 갖고 있는 스페인 계통의 전통 지주 계층들이었다. 시간이 별로 없기 때문에 이 회사들의 오너를 직접 만나야만 했다. 그래서 내가 오래 전부터 잘 알고 지내던 라디오 방송국을 가지고 있으며 현지 대기업 오너들과 두터운 친분을 갖고 있는 현지인 친구에게 부탁을 했다. 그랬더니 기존의 다국적 기업과의 계약 관계로 한국 시장에 대한 공급이 불가능하다고 난색을 표명한다는 말을 전해 들었다. 그렇다고 포기할 수는 없었다. 일단 바나나 수출 업계 현황에 대해 조사한 결과 필리핀에서 세계적인 다국적 기업 즉, 델몬트, 돌, 찌키따, 스미토모들이 현지 대규모 재배 농장과 계약을 통해 한국으로 수출하고 있다는 사실을 알게 되었다. 그리고 수천 수 백 헥타 규모의 재배 농장을 갖고 있는 현지 회사들 중 다국적 기업을 통하지 않고 직접 한국시장으로 소량이지만 공급을 하고 있는 회사가 있다는 정보도 입수했다. 그래서 일단 이 회사라는 직감이 와 부랴부랴 찾아 나섰다. 이 회사는 다름 아닌 Marsman이라는 회사로 본사는 Makati 시내에 고층 사옥을 갖고 있는 미국계 회사였다. 전문 경영인인 Mr. Sebastian이 전반적인 회사 실무 운영을 맡아하며 필리핀 바나나 재배협회 회장직을 맡고 있고 바나나 재배 업계에는 핵심적인 인물이었다. 이 회사의 재배 농장은 필리핀에서 유일하게 태풍이 전혀 없는 지역인 민다나오(Mindanao) 섬의 다바오(Davao)시 근교에 1,000헥타 규모의 농장과 Iloilo지역에 거대한 망고(Mango)농장 및 남미의 에콰도르에도 바나나 농장을 갖고 있는 전형적인 농산물 재배 회사였다. 이 회사에서는 다국적 기업들이 품질 미달로 리젝트(Reject)한 B급 바나나를 소량이나마 한국으로 직접 수출하고 있었다. 그때까지 여기 저기 수소문해서 알아본 바에 의하면 이 회사에서 바나나를 공급받을 수 있는 가능성이 제일 높았다. 그래서 먼저 이 회사를 방문하기 위해 전화를 해서 약속을 해 처음 만난 직원은 Mr. Tan이라는 생산 부장이었다. 그는 필리핀 사람의 전형적인 특색인 코가 넙적하고 시골 농부 인상을 가진 생산을 총괄 담당하는 바나나 재배 전문가였다. 일단 그에게 한국청과라는 회사부터 설명을 했다. 그는 약간 신빙성이 있다고 판단이 섰는지 나의 간단명료한 설명을 다 듣고 한국 시장 수출을 전담하고 있는 Mr. Sanchez라는 전무를 소개해 주었다. 늘씬한 비서가 안내하여 그의 방에 들어가는 순간 무언가 압도당하는 분위기와 그의 유창한 영어 말투와 사무적인 태도에 주눅부터 들었다. 이미 한국시장을 독점으로 수입하는 회사가 있고 또한 2개 회사가 공급을 받기 위해 대기 상태에 있어 공급이 불가능하다는 말을 듣는 순간 혹시나 했던 기대감은 여지없이 무너지고 말았다. 상황이 갑자기 암담해져 어떻게 기회를 달라고 할 지 아무런 생각도 나질 않았다. 실망스런 감정을 억지로 감추면서 태연하게 인사를 하고 점잖게 그의 방을 빠져 나왔다. 한국 청과에서 방문하는 일정이 확정되어 급한 마음에 여러 다른 바나나 수출 회사를 문의해 보았지만 다국적 기업을 통하지 않고 한국으로 공급하는 자체가 불가능하게 여겨지는지라 말도 꺼내기도 어려운 상황을 여러 번 직면하고 결단을 내려야만 했다. 한국으로 직수출하는

필리핀 바나나 농장 협회장인 Mr. Sebastian과 함께 바나나 공급 계약 협의를 위해 한국 청과 회장사무실에서 (Mr.Sebastian이 2년 후에 농산부 장관이 됨)

Marsman회사에 모든 가능성을 걸고 일단 이 핑계 저 핑계 대서 거의 매일 회사를 방문하여 여러 말단 직원을 사귀어 회사 내부 사정과 한국으로 수출하는 상황 정보를 빠짐없이 수집할 수 있었다. 나는 오전에 Marsman과 멀리 떨어져 있지 않은 내 사무실에 출근하여 목재 관계되는 일들을 점검하고 곧바로 이 회사를 방문하여 수출 업무를 담당하고 있는 부서부터 찾아가곤 했다. 여러 직원들과 일상적인 대화를 나누며 틈나는 대로 한국으로 수출되는 상황을 확인했다. 전무실의 비서실에 들러 다정스레 인사를 하고 권하지는 않은 비서실 소파에 앉아 신문을 보면서 기회가 나는 대로 비서들과 잡담을 나누면서 친해지려고 무던히 애를 썼다. 간혹 건물 내에 있는 매점(Canteen)에서 음료수나 스낵(Snack)으로 비서실 직원들에게 환심도 사고 하여 정성을 쏟은 덕에 웬만한 이 회사 직원들은 나를 알아보고 친숙해졌다.

이런 가운데 아무런 용건도 없이 회사 내 이 부서 저 부서를 돌아다니는 한 한국인의 정체에 대해 조금씩 화제가 되곤 했던 모양이었다. 그런 어느 날 여비서가 내 잦은 방문을 전무에게 보고했고 나를 의아하게 생각하던 전무가 자기 방으로

불러 사적인 대화를 나눌 기회가 생겼다. 그는 업무에 바쁜 기색이 보이면서도 내 필리핀에서의 행적에 대해 호기심을 갖기 시작했다. 이렇게 해서 난 전무와 어느 정도 친해지는데 성공했다.

그리고 며칠 후 미국 출장을 마치고 출근한 사장이 비서실에서 나를 힐끗 쳐다 보고 자기 방으로 들어갔는데 비서를 통해 업무를 보고받다가 밖에 앉아 있던 나에 대해 물어보았던 것이었다. 이 사장 비서는 나와 어느 정도 친해져 우호적으로 나를 소개했고 덕분에 이 사장을 만나 정식으로 비즈니스 상담을 하게 된 결정적인 계기가 되었다. 예정대로 한국 청과를 대표하는 사람과 무역회사 사장이 마닐라를 방문하여 마카티(Makati) 시내에 소재한 만다린(Mandarin)호텔에서 첫 대면을 하게 되었다. 그들은 한국 청과가 80여 업체의 중매인을 거느리면서 가락동 농산물 시장에서 가장 바나나를 많이 판매하고 있다며 자신감을 나타냈다. 그러면서 하루에 10,000상자를 소진하기 때문에 안정적인 공급을 받는 일이 시급하다며 장황한 회사 소개를 하면서 내게 좋은 인상을 주려는 기색이 역력 했다. 나 역시 한국 청과의 규모에 대해 사전 조사를 통해 익히 알고 있는 터라 확신을 갖고 다음 날 Marsman 전무와의 미팅을 주선해 주었다. 이미 나와 어느 정도 안면을 익히고 친해진 전무가 공급을 확약할 수 없다는 전제로 한국에서 온 사람들을 만나기로 사전에 미팅을 정해 놓았던 것이었다. 미리 약속한 시간에 맞추어 Marsman회사를 방문, 전무와 1차 상담을 했는데 나는 우선 전반적인 한국시장 동향에 대한 설명으로 말꼬를 트고 한국 청과의 규모와 시장 점유율에 대해 강조하며 전무에게 좋은 인상을 주려고 애를 썼다. 한국 청과의 규모에 초점을 맞춰 상담을 주도했으며 전무 입장에서도 한국 시장 실태를 파악할 수 있는 기회로 우리와의 미팅에서 손해 볼 것이 없었다. 아무튼 한국 청과에 대해 어느 정도 관심을 갖는 표정이 역력했고 저녁 약속을 확답 받는 것으로 일차 미팅의 성과에 만족해야만 했다. 한국 청과 임원은 Marsman회사 전무가 그런대로 상대를 해주는 것에 약간은 고무되어 나에게 어떤 수단과 방법을 동원하더라도 공급을 받으라고 채근하기 시작했다. 하지만 내가 필리핀 사람들의 성격을 잘 알아 보채면 보챌수록 안 좋은 인상을 줄 수 있는 점을 설득했지만 잘 이해 못하는 눈치였다. 필리핀에서는 상대방 회사의 규모나 재력이나 마케팅 능력을 비중 있게 고려하지만 상대방에 대한 인품이나 매너에 특별히 예민한 것을 잘 알고 있기 때문이었다. 보통 필리핀 사람이 노(No)라고하면 일단 받아들이는 것이 좋다. 자꾸 그 자리에서 지나치게 요구를 하면 아무리 올바른 것이라도 오히려 반감을 산다. 일단 물러났다가 충분한 자료를 준비해서 논리적으로 차분하게 설득을 하는 방법이 훨씬 효과적이다. 전무와의 저녁시간 미팅 때는 한국의 문화나 전통 등 사업과는 관계없는 화제로 일관했다. 바나나를 공급해 달라고 사정할 줄 알았던 전무에게 나는 일체 사업 얘기를 꺼내지 않았다. 아무튼 이런 내 방식은 한국 청과 임원에게는 불만스러웠지만 부탁하지도 않은 사장과의 면담을 주선한 전무의 배려에서 통한 걸 난 느꼈다.

우리는 사장과의 미팅에서 뜻밖의 사실을 알게 되었다. 이 사장은 강렬한 눈빛에 또렷한 문어체 영어로 Marsman회사는 세계적인 다국적 기업인 델몬트(Del Monte)와 거래를 하고 있지만 새로 개방된 한국시장에 대해 독자적으로 한국의 믿을 만한 업체와 손잡고 직거래를 하겠다는 집념어린 의지를 밝혔다. 다국적 기업을 배제하고 직거래를 하겠다는 선포였다. 확고한 신념으로 열변을 토하듯이 프로젝트의 청사진을 내놓는 순간 내가 왜 이 곳에 왔고 내가 한국인으로 해야 할 숙명적인 사업이 드디어 내 눈 앞에 전개되는 것 같아 정신이 번쩍 뜨이면서 사장 말 한 마디 한 마디를 놓칠 수가 없었다. 이 사장의 야심이 엿보이는 프로젝트는 한국 업체와 현지에서 조인트 벤처(Joint Venture)를 설립하여 민다나오(Mindanao)의 다바오(Davao)시 인근 지역 Marsman농장 근처 1,000헥타 땅에 바나나 농장을 새로이 개간하여 한국 시장만을 위한 농장을 만들겠다는 것이었다.

현재 한국의 모 회사와 이를 협의 중에 있고 만약에 이 회사와 결별되면 우리와 이 프로젝트에 대해 논의하자는 의견을 남기고 사장은 자리를 먼저 떠났다. 나는 이 기회를 남에게 빼앗길 수 없는 애착과 반드시 내 손으로 이루고 싶은 욕심이 생겨 열정을 쏟을 마음의 준비를 하게 되었다. 내가 필리핀 국립대학에서 아시안학을 공부할 때 아시아 국가들이 겪고 있는 많은 문제점들의 근본이 서방 선진국의 식민지화로 인한 것임을 알게 되었다. 아시아 국가들이 당한 경제적 착취로 정치, 경제, 문화에 전반적인 악영향을 끼쳐 현재까지 고통 받는 사실을 알게 되었다. 일본이 우리나라를 식민지화하여 우리 민족에 씻을 수 없는 불행을 안긴 것과 같은 맥락이다. 이 프로젝트는 아시아국가 간의 경제 협력 차원에서 깊은 의의와 필리핀에서 이런 의식을 갖고 있는 현지인을 만난 것 자체가 나에게는 사업 참여 명분을 분명히 갖는 것이기 때문에 더욱 더 Marsman회사 출근에 열을 올렸다. 결국 반미 감정이 오랜 기간 필리핀 지식층 사이에 깊이 깔려 있었고 이 분은 미국인 회사에서 녹을 먹고 있었지만 민족 의식이 강한 몇 안 되는 현지인 중에 한 사람이었다. 그 몇 년 후 요즘 한국인들이 몰려드는 미국 공군 기지인 클락(Clark)과 아시아에 손꼽히는 해군기지인 수빅(Subic)에서 미군이 철수하는 역사적인 일이 벌어졌다.

필리핀 의회를 통과한 미군 주둔 계약 해지로 미군이 떠난 것이고 잘 모르는 사람들은 미군 철수로 필리핀이 경제 손실을 당해 잘못한 처사라고 하지만 미군이 주둔하며 필리핀 내정 간섭을 한 내면을 알면 꼭 해야 할 숙제를 잘 처리 한 것으로 이해를 할 수 있다. Marsman사장은 라모스 대통령이 집권하면서 농산부 장관으로 발탁되어 아시아 경제 위기가 오기 전에 필리핀이 짧은 기간이었지만 눈부신 경제 성장을 이루는데 일익을 담당했다.

실제로 한 달에 몇 컨테이너(Container) 물량을 공급받는 것으로 한국 청과에서 필요한 양을 충족시킬 수도 없었다. 다국적 기업에서 리젝트(Reject)당한 물량을 확보 받는 것 자체가 안정적일 수 없는 일이었다. 또한 냉동 컨테이너 확보 역시 쉽지 않았고 Sealand나 America Presidential Lines(APL)의 해운 회사에서만 구할 수 있는 냉동 컨테이너를 산지로 보내어 선적이 늦어질 경우 지연(Delay)에 대한 벌과금이 만만치 않기 때문에 항상 위험 부담이 컸다. 그리고 벌크선(Bulk Carrier) 운송보다 운임이 훨씬 높기 때문에 나는 독자적인 농장 개발이 가장 확실한 해결책으로 확신이 섰다. 미국이 우리나라가 국내 농산물 보호를 위해 문호를 닫고 우리 물건만 팔 수 있게 놔 둘리가 없었다. 이왕 통상 압력으로 바나나 수입을 허용하면 우리 농장에서 들여온 바나나를 수입해서 시장 개방의 생색도 낼 수도 있고 실질적으로 잃을 것을 최대한 줄이는 방법이 더 좋다는 생각이 들었기 때문이다. 더욱이 우리에게는 세계 최고 수준의 영농 기술과 장비들이 넘쳐 있고 젊은 영농 기술자들에게 좁은 우리 땅에서 벗어나 무한한 가능성이 있는 황무지를 개척할 수 있는 기회를 줄 수 있다고 생각했다. 그래서 이 프로젝트가 내 손으로 이루어지길 간절히 염원했다. 해외여행도 마찬가지로 우리는 해외여행을 개방함으로 우리가 어렵게 획득한 외화를 낭비한다고 생각하기 쉬우나 우리가 대한항공이나 아시아나항공을 타고 한국인이 소유한 호텔이나 리조트에서 숙박하고 한국 식당에서 식사를 하며 한국인이 소유한 운송 수단을 이용하면 해외여행을 하면서 외국 사람으로 새는 돈은 결코 많지 않을 수 있다.

해외여행은 단순한 놀이나 시간 낭비가 아니라고 생각한다. 우리는 근대화 시절 외화 절약이라는 명분으로 해외와 격리되다시피 살아와 국제 감각이 둔할 수밖에 없었다. 우리 중심적 사고방식이 강하여 우리와 다른 문화권의 사람들에게 배타적이며 더불어 살아가는 의식이 약한 것도 사실이다. 이런 연고로 해외에서 유독 티가 나는 행동으로 선진국에서나 개발도상국에서나 한국인에 대한 평판이 심각할 정도로 나빠지고 있는 것도 사실이다. 다행히 우리의 젊은 세대들은 개방화된 사고방식으로 막강해진 경제력에 힘입어 세계 속에 한류 문화를 빠른 속도로 전파시키고 있어 우리 미래는 밝을 수밖에 없다. 이제는 한국에서 무슨 일을 하던지 해외와의 인연을 갖지 않고는 경쟁 사회에서 남보다 뒤질 수밖에 없다. 해외의 여러 유리한 여건을 자신의 분야에 활용할 줄 알아야 남보다 우위에 설 수 있고 생존 할 수 있는 시대에 우리는 살고 있는 것이다. 이것이 흔히 우리가 쉽게 말하는 세계화인 것이다.

내가 필리핀에 처음에 와서 소규모 점포를 운영하는 현지 상인들이 미국, 홍콩, 일본, 중국을 다니며 물건을 구입하러 우리가 지방을 다니듯 해외로 다니는 것을 보고 의아해한 기억이 난다. 필리핀은 우리보다 이른 해외 개방이나 영어 생활권인 나라이고 외환 송금 제한이 없으며 외국문화를 존중하고 쉽게 동화하고 적응하는 국제 감각이 우리보다는 뛰어나다. 우리는 그 동안 정부나 기업, 개인들이 해외에 대한 생각이 미국, 일본, 유럽, 중국이나 중동 국가 등에 국한되어 있는 편이다. 그 이외 개발도상국에 대한 관심이나 정보 자체가 많지 않은 편이다. 우리가 깊이 생각해 보면 지금의 선진국들이 산업혁명이후 잘 살게 되기 시작한 것이 아시아 국가의 식민지화를 기회로 경제력을 키워 오늘에 이르게 된 것이다. 우리도 그 동안 정말 힘들게 쌓아온 기술력과 경험을 통해 우리보다 못한 개발도상국을 잘 활용하여 국가 경제력을 키워 오늘에 이른 걸 알 수가 있다.

이런 차원에서 이 프로젝트가 우리나라 입장에서 지향해야 할 사업으로의 의미가 크다고 생각했다. 내가 뿌리를 내리고 있는 필리핀이라는 영역을 우리의 경제적 이득을 위해 활용하는 일인 것이다. 새로이 개방되는 우리 시장에서 막대한 이득을 보고 있는 다국적 기업에 견제하여 필리핀에서 능력 있고 믿을 만한 현지인과 협력하여 우리의 경쟁력을 확보한다는 의미인 것이다. 나는 필리핀 국립대학에서 아시안학을 공부하면서 아시아를 궁극적으로 멍들게 한 서방 제국주의의 식민지화에 대하여 아시안(Asian)의 한 학도로서 분개한 기억이 생생했다. 이제 제국주의 첨병인 다국적 기업에 항거할 수 있는 기회가 왔다고 생각하니 이 일을 밀어붙일 용기가 생겼다. 내 꿈을 바탕에 깔고 그림을 그려보았다. 현지에는 막강한 재력과 바나나 재배와 수출 경험이 풍부하고 합리적인 경영 관리를 하고 있는 미국인 회사인 Marsman 더구나 필리핀 바나나 재배 협회의 회장을 맡고 있는 Mr. Sebastian이 사장으로 있다.

더구나 그 동안 이 회사에 출근하다시피 하여 사귄 직원들로부터 이 사장의 인품에 대해 알고 있었다. 그의 탁월한 경영 능력과 성실함에 누구도 칭찬을 아끼지 않아 이 회사에 대한 믿음과 확신을 가졌다.

그리고 한국에는 하루에 10,000상자를 소화해 낼 수 있는 판매망을 가진 회사가 있다. 이 회사를 대표하여 필리핀에 방문한 임원은 만남이 일주일간의 짧은 시간이었지만 큰 사업을 추진할 만한 대인의 기질이 보였다. 무엇보다 이런 연결 고리 역할을 한 내가 무역이나 운송 통관에 대한 전반적인 경험을 갖추고 있어 실무적인 업무를 감당해 낼 수 있었다. 꿈은 이루고자 하는 자를 위한 미래의 환상인 것이다. 나는 이제 일이 다 된 것 같아 들뜬 기분에 잠을 설치곤 했다.

잦은 Marsman과의 미팅에서 한국 청과에 대한 배경을 안고 있는 나에 대해 보다 진지한 태도로 바뀌어져 갔다. 나는 이 건물에 중앙 냉방이 안 돼 비어있는 사무실이 한 곳 있다는 사실을 관리실에서 알아냈다. 일단 임대료가 저렴하기 때문에 망설일 이유가 없었다. 내 사무실을 이 Marsman 사옥 건물로 이전하여 호랑이를 잡기 위해 호랑이 굴로 들어갔다.

내가 사무실을 옮기자 그 효과는 대번에 나타나기 시작했다. 이 회사의 사람들이 나를 한 회사의 식구처럼 대해 준 것이었다. 특히 바나나의 한국 수출을 전담하고 있는 전무가 한국 사람과는 첫 거래로 한국 사람의 생리를 잘 몰라 업무를 진행하는 데 어려움이 있는 점들을 하나씩 실토해 주었다. 나보다 이 회사의 바나나 공급을 선점한 회사가 한국의 중소무역회사로 언젠가는 내게로 기회가 올 것이라고 믿고 때를 기다렸다. 내가 여러 번 경험한 일이지만 한국 사람이 필리핀 업체와 거래하면서 가장 큰 문제는 언어의 커뮤니케이션(Communication)보다

급한 성격이다. 한국 사람은 급한 성격에 참는 것에 약하다. 뭔가가 상대방이 잘못했다 싶으면 큰 소리로 상대방을 제압하려들고 또는 직설적인 표현으로 상대방을 당혹스럽게 만든다. 실제로 누구든지 상대방이 잘못을 지적하면 본능적으로 잘못을 인정하기 보다는 방어하려는 자세를 갖게 된다. 따라서 자존심이 강한 필리핀 사람에게는 더욱더 이런 매너를 수용하기 어렵다.

나도 처음 몇 년간은 그랬다. 분명히 상대방은 잘못을 했고 난 따지고 들었다. 근데 상대방이 잘못을 인정해서 내가 원하고자 하는 것을 얻어야 하는데 결과는 그 반대였다. 한국에선 일반적인 이런 성격 때문에 필리핀 사람들이 날 기피하는 것을 알게 되었다. 그러니 되는 일이 없었다. 합작 법인으로 현지인과 동업하는 경우에도 사업 자체의 문제보다는 문화적인 이질감으로 인한 오해나 감정으로 발단된 사소한 문제가 결국 확대되어 법적 소송까지 이어지는 과정을 많이 봐 왔다.

나는 필리핀에서 현지인과의 거래 관계에서 철칙이 있다. 어떠한 경우에도 감정을 배제하는 것이다. 무조건 참고 미련스러울 정도로 기다리다가 적당한 때가 오면 논리적으로 설득을 한다.

이번처럼 한국 업체와 경합이 되었을 때도 마찬가지다. 필리핀 회사에게 한국 업체에 대해 나쁜 면을 들추며 험담하는 방식을 자제했다. 무엇보다 성품과 매너를 중시하는 필리핀 사람들에게는 내 인식만 나빠질 수 있어 잠자코 기회만 기다리면 된다. 현지인의 특성을 모르는 한국에서 갓 온 업체와의 경쟁은 자신이 있었다. 이번에는 예상보다 나에게 기회가 빨리 왔다. Marsman에서 공급한 B급의 바나나가 한국에 도착하여 약간 제 값을 못 받은 수입업체가 값을 깎으려 한 것이었다. 크레임(Claim)받기가 여의치 않자 Marsman에서 보증하여 Sealand 해운회사에서 빌린 냉동 컨테이너비를 지불하지 않아 분쟁이 생긴 것이다. 이를 책임져야 할 사장이 곤경에 빠졌다는 소식을 전무에게 듣고 나는 무조건 해결하는데 쓰라고 1백만 페소(약4,000만원)를 빌려줬다. 사장 입장에서 나의 이런 무모한 배려에 감동을 받았는지 이때부터 내가 부탁도 하지 않았는데 두 컨테이너 바나나를 할당해주었다. 나는 본격적으로 바나나를 한국시장에 공급하게 되었고 한 달에 만 불 가까운 수입을 올려도 만족 못하고 농장 개발에 정신이 나가 있었다. 이 때 내가 수출한 바나나 값이 한 박스(13Kgs)에 한국 도착도 가격(CNF)이 미화 7불 50센트였다. 컨테이너로 보낸 운임만 박스 당 2불 50센트며 벌크선으로 보내면 박스 당 50센트로 운임을 많이 줄일 수 있었다. 더욱이 직접 재배하면 A급 원가가 박스 당 약 미화 1불 50센트 정도 밖에는 안 되기 때문에 계획대로 된다면 엄청난 수익을 올릴 수 있는 사업이었다.

　Marsman에 신용이 두터워지면서 한국 내 바나나 수입상 사이에서 난 유명해져 가고 있었다. 필리핀에서 바나나를 구입하려면 나를 통해야 한다고 소문이 나면서 공급 의뢰 전화를 하루에도 몇 통씩 받곤 했다. 더구나 내 사무실이 Marsman에 있는 관계로 더욱더 신뢰를 얻어 좋은 조건의 유혹이 있었지만 처음에 거래해 온 수입업체와 상도의를 지켰다. 드디어 Marsman에서 사장 주도하에 한국시장을 겨냥한 새로운 농장 개발 사업계획서가 수립되었다. 한국에 이를 전담할 법인을 설립하게 되었는데 회사명을 바나나 무역 주식회사로 하고 내가 필리핀 지사장을 맡게 되었다. 그리고 직접 재배한 전량을 한국 청과에 공급한다는 계약과 우리와 Marsman과 농지 소유지간의 Joint Venture(합작) 회사의 기본 합의서 조인식을 위해 Mr. Sebastian과 전무 그리고 농지 소유주와 함께 한국을 방문하게 되었다. 우선 가락동 시장 내 한국 청과를 방문했다. 우리 방문을 위하여 복잡한 시장 안을 차가 다닐 수 있게 정리해놓는 등 의전에 성의를 최대한 보였다. 무엇보다 Mr. Sebastian도 이번 사업의 파트너로 한국 청과를 긍정적으로 생각하고 있었다. 모든 일들이 순조롭게 진행되어 갔고 Marsman에서나 한국에서도 내 노력과 역할에 대해 인정해 주는 것 같아 기뻤다. 더욱이 Mr. Sebastian으로부터 신임을 받아 이 회사에서 별도로 한국으로 수출되는 모든 물량을 나에게 주고 그에 따른 커미션을 준다고 약속을 해주었다. 그날 밤 호텔 밤에서 계산해 보니 한 달에 약 1억 원 정도였으니 그 날 밤 못 이룬 것 당연한 일이었다. 한국에서의 마지막 일정으로 인터콘티넨털 호텔(Intercontinental Hotel) 회의실에서 여러 바나나 유통 관련업체들을 초청해 필리핀 바나나 농장 개발 합의 이해 각서 조인식을 마치고 마닐라로 돌아와 이 사업에 따른 여러 업무를 진행해 나갔다. 이 때 현장 답습 및 Marsman의 농장 안에 있는 게스트 하우스(Guest House)에 묶으면서 아침에는 농장 소유의 경비행기를 타고 농장 주위를 둘러보았다. 활주로까지 있는 농장이 2,000헥타(약 6백만 평)로 끝이 안 보일 정도로 넓어보였다.

우리가 별도로 개발할 농장은 1차로 500헥타(약 1백50만 평)이고 2차로 500헥타를 추가하면 냉동선을 3척 운행하여 일 년 내내 정기적으로 한국에 공급할 수 있는 계획이 마련됐다. 1헥타(ha) 개발 비용이 약 한화 5천만 원으로 모종하여 9개월이면 수확을 할 수 있다. 바나나 다발이 여러 개 붙어 있는 줄기를 자르면 그 줄기에서 새순이 돋아 수확하는데 약 9개월이 소모된다. 각 밭두렁 사이에 와이어 레일(Wire Rail)을 설치하여 자른 바나나 줄기는 각 지점에 설치한 집하장으로 일단 운반된다. 그 곳에서 화학 처리하여 소독 등을 하고 품질 선별 작업하여 수출용 박스에 13kgs 단위로 포장을 한다. 부두가로 출하하는 마지막 작업을 모두 지켜보고 저녁에는 숙소에서 사업 계획서에 대한 검토 작업을 했다. 총 투자비에 따른 소요 경비 예산 등의 자금 계획서를 작성하고 정부로부터 투자 허가를 받기 위해 바쁜 시간을 보냈다. 그 당시 제주도에서 바나나 특용작물을 하던 농가들이 수입 개방으로 졸지에 망해 몇 농가가 우리 사업에 참여하기로 하여 제주도에 가서 비닐하우스(Green House)로 된 바나나 재배농장도 둘러보았다. 제주도에서 바나나 농장을 운영하던 몇 사람들이 필리핀에 이주해 와 7헥타 정도 바나나 농장을 직접 개발했고 한국에서 도입한 재배 기술로 보다 좋은 품종을 개발했다는 소식도 접했다. 세상 이치가 그렇듯이 기득권을 갖고 있는 자가 쉽게 자신의 영역을 내주지는 않았다. 과거에 일본 시장이 바나나 수입을 개방했을 때와 마찬가지로 다국적 기업들이 한국시장을 독점하기 위해 시장을 교란시키고자 가격덤핑(Dumping)을 감행한 것이다. 따라서 우리의 사업 진행에 철퇴가 가해졌고 투자 계획을 세워 정부의 허가 문제 등과 자금을 동원 할 여러 계획들이 바나나 가격의 폭락으로 사업성이 불투명해져 사업의 진행에 커다란 차질을 빚었다. 사업자금을 마련코자 백방의 노력을 기울였으나 누구도 예측할 수 없는 시장가격 변동에 따른 위험 부담 때문에 누구도 쉽게 나설 수 없는 상황에 봉착했다. 더욱이 국내 과일의 보호 차원에서 바나나 수입에 대한 여론도 안 좋아지면서 여러 금융기관으로부터 지원을 받기도 어려웠다. 더구나 농장 개발에 대한 해외투자의 선례가 거의 없기 때문에 정부의 투자 허가 받기조차도 쉬운 일이 아니었다. 바나나 수입 개방으로 가장 피해를 본 제주도의 여러 농가가 규합하여 이에 대한 구제책으로 필리핀 농장 개발 사업을 관계기관에 허가 요청하였으나 승인이 지연되면서 시간이 흐를수록 흐지부지 되어갔다. 더욱이 바나나를 수입하여 피해를 본 사람들이 늘어나면서 인식이 안 좋아져 상황은 더욱 어려워져갔다. 특히 국내 과일이 나오는 가을에는 손해를 보아야만 한다. 그래서 막대한 자금이 뒷받침이 안 되면 결국 파산할 수 있는 위험 부담이 크기 때문에 처음에 큰 이득만 보고 뛰어들었던 투자가들이 발을 빼는 상황으로 돌변했다. 필리핀에서 이런 상황을 지켜만 보던 나로서는 우리만 믿고 사업을 추진하는 Marsman에게 자세히 한국시장에 대한 상황과 투자자금을 마련하는 애로사항에 대해 통보를 해주고 해결책을 논의했지만 별 다른 대안이 없었다. 세계적 다국적 기업과 경쟁하는 것 자체가 무모했으며 지금 같으면 한국의 해외투자 환경이 바뀌어 Marsman같은 회사와 손잡고 나섰다면 우리의 시장을 송두리째 다국적 기업에 넘기지 않을 수 있었을 것이다. 그 당시 난 앞으로 다가올 세계적인 식량난에 대비해 우리나라에서 필요한 식량이나 사료 등을 공급할 수 있는 해외 농장 개발을 경험할 수 있는 기회라고 생각했었다.

나 역시 아쉬움이 많이 남았지만 나 이상으로 이번 프로젝트에 애착과 미련을 쉽게 못 버린 사람은 Marsman회사 사장인 Mr. Sebastian이었다. 다국적 기업을 배제하고 아시아의 경제적 독립이라는 의미를 강조하며 꼭 실현시키고자 최선을 다했는데 그 뜻을 이루지 못한 것이다. 그는 2년 뒤 농산부 장관이 되어 필리핀 자립농가 개발에 남다른 노력을 기울여 필리핀 농업 발전에 기여한 사실을 신문과 TV를 통해 알게 되었다. 나는 이전부터 그에 대한 존경심을 갖게 되었는데 특히 직원들을 아끼는 모습이 인상적이었다. Davao 농장에서 직급이 낮은 직원이라도 마닐라 본사를 방문하면 고급 술집에 데려가 밤늦게까지 격려하는 모습을 몇 차례 따라가서 본 적이 있었다. 세금 낼 돈을 가지고 직원들에게 베풀자는 논리를 갖고 있었다. 농장에 가보면 그의 직원 사랑을 바로 느낄 수 있다. 직원 숙소를 농장 안에 건립하여 복지 향상에 특히 신경을 많이 쓰는 모습을 볼 수 있었다. 아무튼 한국시장을 놓친 그의 실망감은 이루 말할 수가 없었고 나는 사업 실패에 좌절할 틈도 없이 그를 위로하기 바빴다.

또한 제주도에서 겨우 1헥타 규모에서 어렵게 바나나 재배를 해오다가 바나나 수입 개방으로 하루아침에 망가져 필리핀에서 꿈을 펼쳐보려던 농가 사람들도 한국으로 돌아가야만 했다. 비닐하우스가 필요 없는 필리핀은 그 분들에게 꿈의 터전이었다. 끝이 안 보이는 드넓은 농장에서 힘들게 터득한 기술을 발휘할 기회를 놓친 것이다. 나는 지금도 기회가 닿으면 꼭 해보고 싶은 사업이 농업 단지 개발이다. 한국의 우수한 농업 기술과 얼마든지 구할 수 있는 중고 장비들 그리고 근면 성실한 우리 농부들에게 필리핀의 미개간 된 땅을 싼 값에 장기 임대해주면 현지인들이 놀랄 만한 일을 해낼 것이다. 아이러니하게도 필리핀은 3모작을 할 수 있고 세계 미작 연구소가 있는 나라인데도 쌀을 자급자족하지 못하여 아시아에서 쌀을 가장 많이 수입 하는 나라다.

따라서 부가가치가 높은 작물을 개발하여 현지 판매나 우리나라에 수출할 수도 있어 필리핀 정부에서도 장려하고 지원을 받을 수 있는 사업이다. 우리나라에서 대농에 뜻을 품고 있는 젊은 영농인들이 일 년 내내 여름인 이곳에서 낙후된 농업 기술을 발전시킬 수 있는 기회도 될 것이다. 또한 앞으로 다가올 식량난에 대비해 우리의 공급원을 확보하는 차원에서라도 바람직한 사업이 아닐 수 없다. 나는 실제로 10여 년 전 도심 한가운데서 농업에 뜻을 두고 온 한국 사람과 의기투합하여 한국에서 가져온 여러 채소 씨를 심어 텃밭을 가꿔 본 적이 있었다. 하루가 다르게 쑥쑥 크는 열매를 보고 신기해 한 기억이 난다. 필리핀은 일단 인구가 많은 농업국이고 농업이 가장 유망한 사업임에는 틀림없다.

Chapter 4

배짱 하나로
필리핀에서 터닦기

필리핀 내 한국 회사는
아직까지 확실하게 현지화에
성공하지 못했다. 그래서
현지인에게 인정받는 한국
회사도 없다. 아직도 우리는
우리네 방식만 고집하는 경향이
강하기 때문이다.

구슬 백과
가죽 백 공장의 마술

그동안 수출업으로 전환하면서 한국과 크게 비교되는 현지 근로자들의 느린 습성과 비효율적인 공장 체계로 많은 어려움을 겪어야만 했다. 보다 진보적이고 체계적인 생산라인을 한국으로부터 도입해 제품을 만들어보고 싶은 욕심이 자라왔는데 결국 기회가 왔다.

강원도 동해시에서 구슬 백을 만들어 일본으로 수출하다가 노태우 대통령의 10만 호 주택 건립 프로젝트로 인건비가 급등해 견디다 못해 필리핀에 진출한 사람을 지인 소개로 만나게 되었다. 필리핀에 들어와 1년 여간 현지 경험 부족으로 고생만 하고 일이 지지부진하자 현지를 잘 아는 사람의 도움을 받아야겠다는 판단에서 적당한 사람을 알아보던 중 지인 추천으로 나를 만나게 된 것이었다.

본인 소개와 사업 설명으로 대화가 이어져 갔다. 본인이 하는 사업은 부가가치가 높으며 일본에 수출하는데 시장 수요가 꾸준하고, 부친으로부터 이어받은 20년 경험과 소자본 투자의 이점과 특히 손재주가 좋은 필리핀 사람들에게는 적격인 사업이라는 얘기였다. 그렇지 않아도 내 마음대로 할 수 있는 공장을 가져보는 꿈을 그려왔던 나는 가뭄에 단비를 만난 것처럼 아무런 검증 없이 인상이 좋아 보이는 이 사람 말만 믿고 모르는 사업에 과감하게 뛰어들게 되었다.

나는 평소에도 제조업에 대한 꿈을 늘 가지고 있었다. 제조업이 사업의 꽃으로 보람과 의미도 크다는 생각도 있었다. 이번 기회에 제조업의 경험을 쌓고 기반을 견고히 다져 큰 사업의 야망을 펼쳐 보겠다는 생각을 했다. 또한 어려운 일을 통해 사업 능력도 키우자는 의도로 의욕을 가지고 이전에 해왔던 때보다 결사적인 자세로 뛰어들었다.

공장을 할 만한 장소를 물색하기 위해 마닐라 부동산업자를 통해 내가 거주하던 퀘손(Quezon) 시부터 알아보고 인근의 화교들이 소유한 공장이 많이 밀집되어 있는 깔로오깐(Caloocan) 시와 만달루용(Mandaluyong) 시, 파식(Pasig) 시, 신발공장이 밀집되어 있는 마리끼나(Marikina) 시 등을 알아봤다. 이 지역의 경우 대로변에서 조금 떨어진 봉제 공장을 할 만한 건물의 월 임대료가 평당 5천원 정도였고 규모가 큰 공장들이 많아 인건비는 타 지역보다 높은 편이었다.

봉제 공장이 많이 있는 안티폴로(Antipolo) 지역은 교통이 혼잡해 알아보러 가다가 되돌아 왔다. 한국인이 소유한 봉제 공장이 몇 업체 있고 지형이 높은 구릉지대로 마닐라보다 시원한 편이고 인구밀도가 높아 인력 확보가 쉬운 편이나 교통 체증이 문제여서 포기했다.

마카티에서 가까운 따긱(Taguig) 시에는 FTI라는 대규모 공단이 있고 식품가공업 업체들이 많다. 금융의 중심지인 마카티 시내와 가깝다는 이점과 수출에 필요한 업무를 지원하는 시설도 잘 갖추어져 있다. 한국인이 운영하는 주사기, 검도복, 가구, 인형 등의 제조업체들이 약 10개정도 있었으나 지금은 단지 전체의 개발 계획이 확정되어 모든 업체들이 다른 지역으로 이전했다.

규모가 커지면 FTI로 이전할 생각을 하고 공항과 가깝고 조용하며 주위에 공장이 없는 지역을 찾던 중에 경비가 비교적 잘 되어 있는 빠라냐께(Paranaque)시의 대규모 주택단지인 BF홈스로 결정을 내렸다. 그 주택단지 안에 큰 집을 빌려 공장과 주거를 겸할 수 있도록 하여 비용을 최대한 줄이고 근로자 관리를 용이하게 할 수 있도록 했다.

필리핀에서 가장 대표적인 수출 공단은 마닐라에서 남쪽으로 약 100km떨어진 까비떼(Cavite) 지역의 EPZA (Export Processing Zone Authority)으로 한국의 맥슨전자를 비롯해 여러 전자 회사와 봉제 회사 등 한국의 60여 업체를 포함해 일본, 대만 기업들을 합쳐 약 300개 중소 제조업체가 있다. 수입자재 무관세 통관 및 소득세 5년 감면 등 여러가지 정부의 특혜를 받을 수 있는 필리핀 내 가장 큰 수출 공단이다.

이 외에 바탄(Bataan) 지역은 마닐라에서 남쪽으로 170km 정도 떨어져 있으며 한국인이 운영하는 신발 공장들이 있다. 그리고 미군 공군 기지로 사용하다 피나투보 화산 폭발로 예정보다 미군이 일찍 철수해 새로이 수출 공단이 조성된 마닐라에서 80km 북쪽에는 클라크가 있다.

특히 이곳은 골프장과 미군 장교 숙소를 활용한 고급 리조트 등 관광지로 탈바꿈해 한국에 많이 알려졌다. 최근에는 아시아나항공에서 직항로가 생겼고 한국인이 개발한 골프장도 있으며 많은 한국 관광객 방문과 은퇴 이주자들로 식당 등 한국 사람이 필요한 편의 시설들이 많이 갖추어져 한국에 있는 것 같은 편안함을 느끼게 해준다.

해군 기지의 천연적인 요새로 유명한 수빅 베이가 미군이 떠난 초기에는 대만 기업들이 주로 투자해 공단이 조성됐으나 최근에는 한진중공업에서 조선소를 세우면서 한국에도 많이 알려졌다. 지금은 골프장과 요트 클럽 등 해상공원과 밀림 트레킹 등 관광지로 많은 한국 관광객을 끌어들이고 있다.

한국 업체 중 처음으로 삼성이 마닐라에서 남쪽으로 30Km 떨어진 라구나(Laguna) 지역의 사우스 수퍼 하이웨이(South Super Highway) 옆에 수출 공단을 개발했다. 이는 한국인이 이룬 몇 안 되는 개발 프로젝트 중 가장 대표적인 성공 사례로 손꼽힌다.

나는 모든 일을 뒤로 미루고 거의 한 달간 발품을 팔며 마닐라 전역을 돌아다닌 끝에 내 일에 맞는 적합한 장소를 찾아냈다. 필리핀에서는 임차료 지불 방식이 전세 개념이 없고 월세다. 보통 임대차 계약을 할 때 월 임대료 2~3개월 치 보증금(Deposit)과 2~3개월 치 월 임차료를 선수금(Advance)으로 지불한다. 5장 이상되는 임대차 계약서의 매 페이지에 사인한 뒤 여권 복사본을 첨부해 공증하고 건물 주인과 한 부씩 나눠 가진다. 임대차 계약서에는 준수해야 할 여러 사항들이 상세하게 명기되어 있는데 반드시 읽어보고 계약 조건을 숙지해야 한다. 계약 기간은 보통 1~2년 단기이며 매년 10% 월 임대료를 인상하는 조건이나 5% 인상 또는 2년 간 임대료를 인상하지 않는 조건을 제시해서 좀 더 유리한 계약을 이끌어

내는 게 좋다.

　재계약 조건을 반드시 확인을 해야 나중에 문제가 안 생긴다. 문서상으로 모든 사소한 일까지 처리하는 현지인의 절차가 짜증나고 냉정해 보이지만 모호하게 계약 해 놓고 나중에 다투는 우리 방식보다는 훨씬 현실적이다. 이해관계가 생기고 특히 금전 문제가 개입되면 한국식의 정이나 말로 대충 넘어가는 식은 절대 통하지 않는다.

　보통 집이나 사무실 등의 임대차 계약을 할 때에는 보증금을 최대한 줄이는 것이 좋다. 왜냐하면 임대인들이 계약을 해지할 때 돌려줘야 할 보증금을 수리 명목이나 이 핑계 저 핑계로 거의 되돌려주지 않기 때문이다. 또한 집, 건물이나 땅의 실질적인 주인인지 확인할 수 있는 등기를 타이틀(Title)이라 하는데 소재지 해당 시청에 가면 등기를 열람할 수 있다. 타이틀은 계약해 보증금을 주기 전에 반드시 확인해보는 것이 좋다.

　계약을 하자마자 해당 동사무소(Barangay)에 찾아가 임대차 계약서를 제출하고 일주일 후에 동사무소 허가서(Barangay Permit)를 받았다. 그 허가서를 가지고 시청에 가서 시장 허가서(Mayor's Permit) 발급 신청을 했다. 그 과정에서 가장 까다로운 절차가 소방서로부터 확인서(Clearance)를 받는 것이다. 화재 발생 시 비상구를 마련해야 하는 등 때로는 이행하기 까다로운 조건을 제시하기 때문에 소화기를 시청 직원으로부터 사는 조건으로 확인서를 발급받았다. 그 다음 법인 등록 서류(SEC Registration)를 첨부해 국세청(BIR)에 가서 세금 신고서(Tax Registration)를 제출하는 것으로 회사를 운영할 수 있는 기본적인 법적 절차는 끝냈다.

수입 원자재는 한국으로부터 공급받기 때문에 제품을 생산하기 위한 기본적인 부자재만을 현지에서 구매했다. 일할 직공 30명 정도는 그 동안 알고 지내던 현지인들에게 부탁해서 모으면 되었다.

본격적으로 생산해야 하는 제품은 일본으로 100% 수출되는 수공제품인 고급 구슬 백(Bead Bag)이었다. 필리핀에서 이런 제품을 처음 생산해보기 때문에 숙련공이 있을 수 없었다. 일본의 바이어로부터 확정 받은 디자인에 따라 구슬을 하나하나 색상에 맞추어 가느다란 실로 끼워 붙이는 작업이었다.

초보자의 경우 쉬지 않고 매달려도 한 틀을 끝내는 데 일주일 이상 걸리는 고된 일이기 때문에 한 3일 나오고는 그만두는 일이 태반이었다. 한국에서 20여 년간의 경험에 바탕을 둔 운영 시스템을 가지고 있는 김 사장에게 공장 운영에 관한 모든 일을 의존할 수밖에 없었다.

작업한 만큼 수당을 지불하는 방식으로 해야 한다는 김 사장의 조언에 따라 여러 현지인이 소개한 사람들을 공장에서 숙박할 수 있게 해주었다. 기본적인 생활 수당 월 500페소(약 2만원)을 주고 한 세트 당 200페소(약 8천원)을 따로 주는 식으로 했다. 숙달되면 다른 공장이나 업소에서 일하는 것보다 수입이 많지만 하루에 한 세트를 만들 실력을 갖추려면 손재주가 있는 사람도 6개월 이상 걸렸다.

당장 눈앞에 보이는 수입만 생각하고 끈기가 부족한 현지인의 성향에 처음에 쉽게 생각했던 직공 확보가 어렵게 되었다. 첫 난관에 부딪친 것이다. 그렇게 쉬운 일이었다면 나한테 기회가 쉽게 올 리 없었다. 김 사장은 필리핀을 잘 모르고 덤 볐다가 도저히 자신이 없어 나한테 의뢰를 한 것이었다. 이 사업의 승패가 이런 점을 극복하는 데에 달린 것을 깨닫고 보다 적극적인 방법을 시행해야만 했다.

생산 인원 확보를 위해 다각도로 방법을 찾아야만 했다. 내 아내부터 공장 안에서 기본적인 작업을 직접 배우고 나는 밖에서 인원 확보에 도움을 줄 수 있는 사람을 만나보러 다녔다. 현지 상황에 맞추어 공장 운영 체계를 정립하기 위해 매일 밤 김 사장과 미팅을 갖고 사소한 일부터 모든 공정 하나부터 열까지 배워야만 했다. 주문을 받아 공급하는 하청업자로 그가 제안한 사항을 빠짐없이 이행했다. 일본으로 판매되는 가격도 모르는 상황에서 제시한 금액을 받아들이고 무조건 그를 따르는 것만이 최선이라고 생각했다.

직공 교육 기간을 최대한 단축하고 능력있는 직공을 많이 확보해 빠른 시일 안에 정상적인 생산 궤도를 이룰 생각만 했다. 그동안 여러 인연으로 알게 된 현지인을 찾아가 도움을 받으며 숙원하던 공장을 갖게 된 기쁨으로 하루 종일 뛰어 다

녀도 피곤한 줄 몰랐다.

　마카티 사무실에서 바나나 사업을 맡아 하는 전무는 마스맨사 사장의 사촌 동생으로, 바나나 사업을 잘 모르는 나를 위해 마스맨사 사장이 추천해 준 사람이다. 그는 바나나 수출뿐 아니라 내가 운영하는 사업을 전반적으로 도와주었고 워낙 머리가 비상해 어려운 일을 맡겨도 쉽게 해결하곤 했다. 무엇보다 사업 경험이 있어 오너 입장에서 외국인인 나를 보호해 주었고, 내가 10원 들여 할 일을 5원이면 해낼 정도로 능력 있고 성실한 편이었다.

　무엇보다 그는 모르는 사람을 만나도 쉽게 친해지는 사교 능력이 대단했고 어떻

게 보면 사기성 기질도 갖추고 있어 항상 조심과 견제를 해야만 했다. 나는 이 사람에게 직공을 모집하는 숙제를 주었다. 역시 그는 나를 실망시키지 않았다. 일주일도 안 되어 그는 수십 명의 청년을 공장으로 데려왔다. 마카티 사무실에서 조금 떨어진 빈민촌에서 고등학교를 갓 졸업한 사람들을 모집해서 데려온 것이다.

직공들이 숙련되기까지는 어렵지만 숙련되면 어떤 직종보다 수입이 높아 이직할 염려도 적을 테니 처음에만 고생을 감수하면 되리라 생각했다. 김 사장 말대로 주문량은 항상 밀려 있는 상태이고 부가가치가 높아 해볼 만한 사업이라는 생각이었다.

모든 방법을 동원해 인력 확보에 총력을 기울였다. 이미 들어온 직공들에게 확실한 비전을 제시하고 잘살 수 있다는 희망을 불어넣는 교육부터 했다.

화교의 예를 들며 일을 열심히 하고 검소하면 언젠가는 잘 살 수 있다는 확신을 주고자 했다. 나는 그들을 부자는 아니더라도 빈곤에서 벗어나게 해주고 싶었고 나를 믿고 따르면 이 약속을 지킬 자신이 있었다. 내가 특별한 능력이 있어서가 아니고 아시아에서 가장 가난했던 한국이 이제 세계 10대 경제 대국으로 성장하는 과정을 익히 경험했기 때문이었다.

진심 어린 설득이 직공들에게 전해지고 아내와 나는 그들과 같이 에어컨도 없는 공장에서 24시간 생활했다. 이런 덕에 그들도 눈만 뜨면 일하는 습관이 생겼고 눈에 보일 정도로 작업 능력이 나날이 향상되었다. 김 사장은 한국에서 매달 한 번씩 들를 때마다 늘어나는 직공을 보며 본인이 1년간 직접 해보고 실패한 경험이 있기 때문에 더욱 더 나를 신뢰했다. 그래서 필리핀 생산 기반을 마련할 수 있다는 자신감을 가지고 주문 물량을 점차 늘려갔다.

나는 유능한 직공을 발굴하기 위해 다각적인 방법을 시도했다. 우리나라 동사무소와 같은 곳에 방문해 동장에게 사업 개요를 이해를 시키고 가정 형편이 어려운 사람들을 대상으로 교육을 시켜주고 외주를 주는 방식도 모색했다. 큰 성당에도 방문해 성당에서 하고 있는 영세민 취로사업 프로그램에 우리 사업을 소개하기도 했다.

각 실업계 고등학교를 방문해 취업을 원하는 학생을 대상으로 기술을 가르치는 교과과정에 우리 작업도 포함시켰다. 내가 기자재를 제공하고 숙련된 직공을 데리고 가서 교육한 뒤 졸업과 함께 우리 회사에 취업을 시키는 방식으로, 규모는 작지만 학교와 산학 교류 관계를 맺은 것이다.

아직 도시 때가 묻지 않은 지방에서 순박한 사람을 채용해볼 생각으로 아는 사람들을 통해 교통비를 보내주고 인원을 모집해보기도 했다. 그중 내가 필리핀 국립대학에서 공부할 당시 기숙사에서 같이 생활하던 중국유학생이 학업을 마치고 현지 화교 업체의 후원으로 두마게티(Dumaguete) 시의 실리만 대학에서 임시로 연구 활동을 한다는 소식이 들어왔다.

급히 연락을 취해 취업을 원하는 졸업생을 보내달라고 요청했다. 배 삯을 보내주어 약 30명이 왔는데 내가 생각했던 것보다 수준이 높았다. 공장에서 숙식을 제공해 주고 집중적으로 교육하니 중도에 포기한 몇 사람을 제외하고는 쉽게 기술을 익혀 생산 라인의 중추적인 그룹이 되어주었다. 내 경험상 필리핀 중부 지역인 비사야스(Visayas) 지역의 인력이 타 지역보다 정직하고 성실하며 우수한 편이다.

나와 아내가 혼신의 노력을 다한 덕에 손재주와 눈썰미가 있어 보이는 사람들을 선별해 집중적으로 육성한 직공은 하루가 다르게 기술이 일취월장했다. 따라서 김 사장이 방문할 때마다 놀랄 정도로 생산량이 늘어갔다. 이제 공장 규모도 제법 체계가 잡혀 내가 원하는 수입을 기대할 만했는데 결과는 달랐다.

내게 하고 싶은 일을 할 수 있는 기회를 준 김 사장에게 나는 항상 고마움을 가지고 있었다. 하청업자로서 내 몫 이상을 해냈고 인간적인 도리까지 다했는데 일이 엉뚱한 방향으로 전개됐다. 자신을 얻은 김 사장이 집안 식구들과 필리핀으로 이주하면서 문제가 발생하기 시작했다.

처음에 약정한 납품가를 계속 낮추더니 나중에는 납품한 물량에 대해 지불을 늦추거나 의도적으로 돈이 없다는 식으로 지불을 하지 않는 일까지 생겼다. 나는 그에게 모든 것을 의존할 수밖에 없는 상황이어서 끌려 다닐 수밖에 없었다. 내색을 하지 않고 죽을힘을 다해 노력한 보람도 없이 잘되는 데도 적자를 보는 기현상이 발생했다.

김 사장에게 공장 문을 닫든지 현지 법인으로 동업하든지 할 수 밖에 없다는 내 생각을 밝혔다. 그가 기다렸다는 듯이 동업 관계로 하자고 해서 모든 생산량에 대해 커미션을 받는 방식으로 했다. 공장에서 가족들과 같이 있자니 돈도 못 벌고 고생만 시키는 것 같고 무능한 남편의 모습을 보여주기 싫어 사업이 나아질 때까지 가족을 한국으로 보내기로 결심했다. 마지막 밤 먼저 잠든 아내의 모습을 보고 얼마나 가슴이 아프던지 밤새도록 한숨도 자지 못하고, 다음날 공항에서 남몰래 눈물을 흘린 일을 지금도 잊을 수 없다.

나는 가족을 한국으로 보내고 허전한 마음을 달래기 위해 더욱 일에 빠져 들었다. 100여 명 되는 직공을 내 가족으로 여기고 어떻게 하면 잘 살게 만드나 고심했다. 웬만큼 돈을 버는데도 쩔쩔매는 직공들이 이해가 안 돼 이유를 캐보니 버는 돈을 전부 시골에 있는 가족이나 친척에게 보내는 것이었다.

필리핀 사람들도 우리나라 1960년대나 70년대에 공장에서 일하는 직공들이 라면을 먹으면서 집안을 돕던 것과 마찬가지였다. 직공들이 번 수입 대부분이 시골에 있는 가족에게 보내져 동생들 학비와 용돈으로 쓰이지만 우리와 다른 점이 있었다. 그들은 집안 식구 중에 한 사람이 일을 하면 나머지 사람들은 무위도식하는 성향이 있었다. 그래서 직공들에게 통장을 개설해주고 절대 다른 사람 돕지 말고 너희들이 잘살아서 나중에 다른 방법으로 도와주라고 잔소리를 했으나 효과는 별로 없었다.

직공들에게 밤마다 한국의 발전상과 새마을 정신 등의 홍보 자료를 대사관에서 빌려 비디오로 교육했다. 누구나 잘살고 싶은 욕구가 있기 때문에 교육 성과가 바로 나타났다. 사기가 진작되어 생산성이 높아지고 희망에 찬 분위기 속에 즐거운 마음으로 일에 매진했다. 하루하루 수입을 늘려가며 활기찬 삶을 찾아가는 직공들의 모습을 지켜보는 것이 당시 가장 큰 보람이고 즐거움이었다.

직공들과 24시간 같이 생활하면서 필리핀 사람들의 장점과 잠재력을 확인할 수 있었다. 내가 한국 사람으로 보다 인간애를 중시하는 동양적인 사상을 갖고 노력한 만큼 확실한 대가를 지불하면 이들은 우리를 존경한다. 솔선수범하고 근면한 자세를 보여주며 이들의 사고방식을 존중하고 이해하는 겸허한 태도로 권위의식 대신 품위를 지키며 자상하게 지도하자 그들도 우리를 잘 따랐다.

보통 한국 사람은 성격이 일단 급하고 원하는 대로 안 되면 소리를 지르고 억지를 부리려는 경향이 강하다. 이런 거친 행동은 현지인에게는 익숙지 않기 때문에 상당히 당혹스러운 반응을 보이며 마음의 상처를 깊게 입고 강한 반발을 살 수 있다. 어떠한 경우에도 자제하는 것이 좋다.

필리핀 사람들은 미국식 교육을 받아 합리적인 사고방식을 가지고 있고 못 배운 사람이라도 차분한 대화로 모든 일을 해결할 수 있다. 논리적으로 설득하면 쉽게 이해하고 양보하는 좋은 성격을 가지고 있기 때문이다. 한국 사람보다 행동이 느리고 우둔해 보이는 근로자에게 발끈 화를 내거나 거친 행동을 보이면 앞에서는 순종하는 척하지만 속으로는 적개심을 가져 은근히 골탕을 먹이는 성격이 있으니 반드시 조심해야 한다. 나도 급한 성격에 여러 번 낭패를 본 적이 있다.

항상 돈을 줄 때에는 반드시 주는 이유를 명확히 밝히고 기록을 남기어 서로가 사인을 하는 습관이 꼭 필요하다. 필리핀 직원들은 상사나 오너에게 겉과 속이 똑같이 존경심을 가지며 예의가 바른 편이다. 필리핀 사회에서는 비즈니스맨이 상당히 존경을 받는 편이다. 자본주의 역사가 우리보다 깊고 올바르게 정착된 면도 있는 것 같다. 필리핀은 미국식 실용주의적 경제 구조에 동양식, 특히 중국식 인간관계 위주의 독특한 경제문화를 가지고 있다.

일부 부유층이 모든 경제권을 쥐고 있어 이 계층에 들어가지 못하면 큰돈을 벌기가 쉽지 않다. 대체로 어느 정도 재력을 가지고 있는 현지 기업인들은 보통 겸손하고 검소한 생활을 하며 허세를 부리는 경우는 거의 없다. 사회적으로 비교적 모범적이고 품위 있는 행동과 건전한 생활로 대중에게 존경받는 편이다. 그래서 필리핀에서는 사업가가 제일 존경받는지도 모른다. 단지 우리와 비교해서 애국심이 결여되어 있고 본인들만 잘 살면 된다는 집단 이기주의 성향이 강한 면이 아쉽다.

  공장을 운영한 지 2년 정도 지나면서 생산체계가 정상 궤도에 올라 일본에서 주문하는 물량을 무난히 소화해 나갔다. 처음에는 필리핀에서 반가공해서 한국으로 보내면 완제품을 만들어 일본으로 보냈다. 그러나 이제는 웬만한 제품을 필리핀에서 만들어 일본으로 직접 수출할 수 있는 수준까지 끌어올려 구슬 백으로는 필리핀에 처음으로 생산기지를 구축하는 데 일단 성공했다.

  생산량이 크게 늘면서 원자재를 편법으로 수입하는 데 한계에 부딪혔다. 그래서 공장을 확장 이전하면서 시청에 공장 신고도 정식으로 하고 공동 보세 창구를 운영하는 회사와 계약해 모든 원자재를 관세 지불 없이 수입할 수 있었다. 수출할 때마다 소모된 원자재를 일일이 보고해야 하는 불편함이 있었지만 관세를 내고 수출 후 환급을 받는 것보다는 운영자금을 줄일 수 있고 5년간 소득세 면세 혜택도 받을 수 있었다.

  구슬 백 공장이 정상적으로 운영되면서 자신감이 생긴 김 사장은 때마침 지인 소개로 가죽 가방을 미국으로 수출할 기회가 생겼다. 한국에서 문 닫은 가죽 가방 공장의 한 개 라인을 싼값에 구입해 구슬 백과 같은 방식으로 진행하고자 했다. 한국에서 온 기술자 3명, 현지 기술자 15명, 보조 20여 명으로 시작했다. 처음에는 기술적으로 손쉬운 제품을 주문받아 원자재를 한국에서 전량 구매해 생산했다. 그런데 한국에서 수입한 원자재 중 가죽에서 결함이 발견되어 공급업체에 손해 배상을 청구해도 납기일을 맞출 수 없는 문제가 발생했다.

  가죽 가방의 경우 인건비가 저렴한 중국과 단가를 맞추기가 쉽지 않았다. 특히 한국인 기술자의 인건비가 만만치 않기 때문에 어느 정도 규모를 갖추지 않으면 손익분기점을 맞추기가 어려웠다. 그렇지 않아도 확실한 고정 바이어가 없는 상태에서 시작한 일이 예상치도 않은 원자재 문제까지 겹쳤다. 이런 와중에 한국에서 온 기술자와 김 사장 간에 불협화음이 생겨 1년 여간 고생만 하며 진행한 가죽 백 공장은 문을 닫고 결국 구슬 백에만 매달리기로 했다.

연희택시,
마닐라를 누비다

　세상 물정도 모르고 철없이 시작한 사업이 어언 4년이라는 세월을 넘기고 있었다. 일이 제대로 풀리지 않을 때는 한국에서 안정된 직장을 택해 취미생활이나 즐기며 가족들과 오순도순 평범하게 살았더라면 하고 후회도 들었다. 하지만 이것이 내 갈 길이라 생각하고 쓸데없는 잡념을 갖지 않기 위해서라도 일에 푹 빠져 살았다.

　그러던 어느 날 부산 대하산업의 정진근 사장님으로부터 전화가 와서 예사롭지 않은 사람이 마닐라를 방문하는데 나를 소개했다는 내용이었다. 자세한 용건은 직접 만나 들어보라고 하시며 대화를 마쳤다.

　이틀 뒤에 강한 경상도 말씨의 사람이 정 사장님 소개로 전화를 해 만나기로 했다. 약속 장소인 마닐라 미드타운 호텔 커피숍에서 만난 사람은 연희택시 대표이사라는 명함을 주었다. 필리핀에는 아는 일본 친구가 필리핀의 여러 고위직 현지인들을 잘 알고 필리핀에서 택시 사업이 괜찮다고 해 알아보기 위해 왔다는 것이었다. 그래서 필리핀에서 여러 가지 사업환경에 대해 묻기에 내가 아는 범위 내에서 성심 성의껏 알려주었다.

　한참을 질의 응답식의 대화를 나눈 후에 그는 내가 믿을 만한 사람이라는 판단이 섰는지 다른 한 분을 소개해 주었다. 그분이 바로 우리나라 택시업계의 대부 격인 허갑도 회장님이셨다. 부산을 비롯해 진주, 속초 등지에 있는 6개 회사에서 택시 600여 대를 운행하고 있어 전국에서 가장 많은 택시 보유자였다. 필리핀 택시사업 조사를 위해 내게 도움을 청해 일행이 체류하는 3일 동안 모든 안내를 맡게 되었다.

우선 택시회사 설립이나 사업에 관한 전반적인 관련 법규를 자세히 알아보기 위해 주위의 현지인 인맥을 동원해 소개받은 사람이 톨렌티노(Mr. Tolentino)였다. 그는 교통부 국장급으로 교통부 산하에 택시나 버스 등 영업용 차량 사업의 인허가를 담당하는 육상교통허가규제위원회(LTFRB: Land Transportation Franchising Regulatory Board)의 이사였다. 그를 통해 택시 운영에 관한 자세한 정보를 받을 수 있었다.

또한 중소 규모의 택시회사를 방문해 오너에게서 기사 모집이나 차량 관리, 수익금 등 실질적인 택시 사업의 전반적 운영 실태를 파악할 수 있었다. 허갑도 회장님은 뜨거운 날씨에도 아랑곳하지 않고 구슬땀을 흘리시며 열심히 이런저런 현황을 직접 체크했다. 그 진지하고 정열적인 모습을 옆에서 보면서 그분이 단지 돈이 많고 꼭 큰 사업체를 가지고 있어서가 아니라 열심히 일하시는 모습에 존경심이 절로 생겼다.

3일의 짧은 일정을 마치고 공항으로 모시고 가는 길에서 허갑도 회장님은 나에게 60세 이상의 나이에 5억 원 정도만 있으면 한국에서 편하게 살다 죽을 수 있고 그 정도의 돈은 다행히 있다고 하셨다. 그러나 필리핀의 택시 사업이 꼭 우리나라 1970년대와 같은 상황인데다 세계 어느 나라나 연 국민소득이 미화 7천 달러 이하인 나라에서는 택시 사업이 괜찮다고 말씀하셨다. 그러면서 나에게 사업 동참을 제안하시기에 나는 깊은 생각도 않고 얼떨결에 "예"라고 대답하고 말았다.

내 대답을 듣자마자 미화 2만 달러를 주시며 일단 회사 설립부터 하자는 말씀을 남기고 돌아가셨다. 그 다음 날부터 내 생활 일정이 바뀌었다. 교통부로 출근해 구체적인 업무를 확인하는 과정에서 생각지도 못한 가장 어려운 문제에 맞닥뜨리게 되었다.

그 전에 한국 사람 몇 명이 한국에서

폐차된 중고 차량을 수입해 짭짤하게 재미를 본다는 말을 들었다. 그런데 교통부에서 수입권을 발급하던 제도가 새 차를 조립하는 일본 회사의 반발로 상공부에서 이의를 제기해 중고 차량 수입이 중단(Pending)된 상태라는 것이었다. 언제 수입권이 재발급 될지 아무도 장담할 없다는 교통부 차관 말을 직접 들으니 힘이 쭉 빠졌다.

그러나 방법을 꼭 찾겠다는 오기가 생겼다. 왜냐하면 믿음을 주신 허갑도 회장님께 실망을 안겨드리고 싶지 않아서였다. 그러던 차에 한인 사회에서 존경받는 친구 누님께서 추천하며 상의해 보라고 해서 찾아간 곳이 이천운수였고 그때 만난 사람이 박정근 사장님이다.

이 만남으로 얻은 것도 있었지만 잃은 것도 많은 인생 역전의 드라마를 펼쳐나가게 되었다. 허름한 공터에 임시로 지은 듯한 사무실에서 만난 박 사장님은 3년 전 이곳에 이민 와 첫 사업으로 중고 택시를 한국에서 수입해 현지인에게 판매를 해 왔다고 한다. 대충 현황을 들어보니 내가 그때까지 조사한 내용과 일치해서 일단 믿음이 갔다. 다른 것은 몰라도 택시 수입에 관해서는 어느 현지인이나 한국 사람보다 업무를 훤히 꿰뚫고 있었다. 내가 모르는 사실들을 상세히 솔직하게 알려주어 어려운 문제를 풀려면 도움이 절대적으로 필요하다는 생각이 들었다.

 그 다음 날부터 매일 이 사무실을 방문해 택시 수입에 관해 교통부가 수입을 허가해 주게 된 동기부터 과정을 상세히 들을 수 있었다. 그래서 짧은 시간 내에 택시 사업에 관한 수입부터 인허가 관계 등 전반적인 업무를 손쉽게 파악할 수 있었다. 무엇보다 사업경쟁 관계가 될 수 있는 데도 불구하고 어렵게 터득했을 사업 정보를 허심탄회하게 일러준 마음이 고마웠다.

 일단 회사를 설립하는 일부터 시작해 연희 필리핀 주식회사를 SEC(Securities Exchange Commission)라는 정부 부처로 찾아가 처음에 개인 회사를 냈던 것과 같이 법인 회사 이름 확인(Name Verification)을 신청했다.

 나는 마침 SEC에 아는 사람이 있어 3일 만에 법인 설립을 속성으로 마쳤다. 교통부에서 인증(Endorsement)을 받아 택시를 수입할 수 있다는 조건으로 LTFRB에서 쉽게 500대분의 택시운영 허가권을 받았다.

 마닐라에서 가장 많은 택시를 보유한 회사는 R&E로 그 당시 약 1500대를 보유하고 있었다. 지금도 차량에 무전기까지 장착한 에이비스(Avis) 렌트카와 같이 신뢰할 수 있어 외국인이 안심하고 이용할 수 있다.

 이제 중고 택시를 한국으로부터 수입하는 가장 어려운 문제만 남았다. 이 문제를 풀기 위해 잘 알고 지내던 교통부 차관에게 틈나는 대로 신규 수입 허가권에 대해 문의해 보았지만 기다려 보라는 말만 되풀이할 뿐 확실한 대답을 회피했다. 마냥 기다릴 수도 없어 일단 택시 수입 경험이 풍부한 박 사장님에게 매일 찾아가 문안 인사를 드리고 방도를 찾는 수밖에 없었다.

 그러던 어느 날 어느 현지 회사에서 택시 수입권을 받았다는 기쁜 소식을 박 사장님이 알려주었다. 다름 아닌 운수 조합장이 일자리가 없는 택시 운전자에게 일할 기회를 주기 위해 교통부로부터 택시 수입 허가를 받았다고 했다. 그러나 직접 조합장을 찾아가서 확인해보니 교통부에서 수입에 반대하지 않는다는 확인서일 뿐 수입 허가를 해 주는 서류는 아니었다.

이 확인서를 보고 머리가 비상한 박 사장님은 일을 만들었다. 본인이 과거에 수입면세 혜택을 보려고 결성한 택시 조합을 통해 교통부 차관으로부터 똑같은 확인서를 받아내는 데 성공했다. 그러나 수입 반대를 하지 않는다는 교통부 확인서만 가지고 과연 은행으로부터 신용장을 개설할 수 있고 더구나 통관은 할 수 있는지는 의문이었다.

박 사장님이 무조건 가능하다고해 내가 거래하는 메트로 뱅크의 수입 담당자에게 기대를 가지고 신용장 개설 신청을 했더니 상공부에 가서 수입 허가서를 받아오라는 것이었다. 그래서 상공부에 달려가 알아보니 일본 자동차 회사들이 상공부에 로비해 막은 제도를 풀어줄리 만무했다. 혹시나 하고 필리핀에서 외환거래를 하는 주요 은행들을 다녀보았지만 결과는 마찬가지였다. 그러나 발품을 많이 판 덕에 기적 같은 일이 일어났다.

마침 국영 은행인 PNP은행의 한 지점에서 외환 업무를 시작했다는 말을 듣고 교통부에서 받은 확인서를 지점장에게 제출했다. 아직 외환 업무에 익숙지 않은 지점장이 실적을 올리려고 했는지 신용장을 개설해준 것이었다. 나는 이 신용장이 한국에 도착할 때까지 밤마다 깊은 잠을 이룰 수가 없었다. 그러나 드디어 신용장은 한국에 도착했고 30대의 중고 스텔라 택시가 마닐라 항에 도착했다.

천신만고 끝에 무사히 차량을 마닐라 항까지 도착시켜 통관 서류를 세관에 제출했으나 상공부의 수입허가서 없이는 서류접수를 받을 수 없다며 서류를 되돌려 주었다. 눈앞이 캄캄했다. 박 사장님 사무실로 달려가서 애타는 심정으로 해결책을 상의했더니 무조건 걱정할 것 없다고 하지만 보통 문제가 아니었다.

상공부에 가서 수입 허가서(Import Authority)를 발급하는 담당자에게 사정을 말하고 애원했지만 허가서 없이 수입하려는 것 자체가 내 잘못이라고 딱 잘라 거절했다. 더 이상 부탁할 명분이 없었다. 막강한 일본 자동차 회사가 등록되어 있는 기관에서 어렵게 막은 중고차 수입을 다시 허가 해줄리 만무했다.

일단 택시 수입에 경험이 많아 여러 편법을 익히 알고 있는 박 사장님에게 매달릴 수밖에 없었다. 조바심에 밤을 꼬박 새우고 사무실로 찾아가서 다른 방법을 강

참모총장과 쌍용 건설 지사장과 함께

구해야만 했다. 한 가지 실낱같은 희망이 남아 있었다. 일단 세관은 한 푼이라도 세금을 거둬들여야 하는 입장이 상공부와 달랐다.

세관은 재무부 소속이라 재무부에 가서 사정해보려고 구 마닐라로 찾아갔다. 일단 말단 공무원에게 문의를 하니 재무부 국장을 만나보라고해 거의 3시간을 기다리다 겨우 만날 수 있었다. 깡마른 외모답게 내 사정 얘기를 듣고 한심하다는 듯이 물끄러미 바라보더니 나와 이 택시를 수입한 조합과 무슨 관계이고 상공부에 가서 해결할 일을 왜 여기까지 와서 귀찮게 하냐는 대꾸에 할 말을 잃었다. 일단 자세를 바로 잡고 침착하게 설명을 해나갔다.

나는 이 택시 조합의 투자자(Financier)로 필리핀 국익에 도움이 될 수 있는 사람이라며 필리핀 국립대학 출신인 신분을 밝혔다. 내가 이 조합을 도와줌으로써 많은 운전사가 취직해 생계를 이어갈 수 있다는 점을 강조했다. 이전에는 조합에서 수입한 차량에 면세 혜택을 주었지만 허가상의 하자를 무마하기 위해 세금을 내겠다고 했더니 약간 표정이 누그러졌다.

이 조합으로 이전에 수입된 차량이 운행되고 있는 증빙 서류를 해오라고 해 박 사장님을 부리나케 찾아갔다. 그 전에 수입된 차량의 택시 허가증을 달라고 했더니 거의 모든 차량을 팔았기 때문에 서류가 없다고 했다.

다음날부터 팔려나간 20대 차량을 하나하나 찾아 재무부로 가져가 택시 운행 확인증을 받아야만 했다. 그래서 가까스로 찾은 택시 기사에게 하루 운행비를 지불하고 재무부에 차량을 확인시켜주는 작업을 거의 보름 동안 걸려 마쳤다. 자가용으로 변신한 차량의 확인증을 받을 수가 없어 국장에게 사정했더니 관세 면제 혜택을 변칙한 죄로 안 된다는 것이었다.

차량이 부두에 도착한 지 20일이 넘어 보름 전부터 매일 부두 사용료가 한화로 거의 30만 원씩 매일 늘어나고 있었다. 바닷바람으로 차량이 부식되어 통관이 늦어지면 이만 저만한 손해가 아니었으나 재무부 국장은 아랑곳하지 않았다.

통관만 할 수 있다면 어떠한 일이라도 할 것 같았다. 거리에서 쉽게 눈에 띄는 번호판 달린 택시들이 마냥 부러웠다. 매일 아침 8시 반에 재무부에 출근해 귀찮은 듯 인사도 받지 않는 국장 뒤를 따라 들어가 비서실에서 무작정 상주하며 잔심부름도 했다. 때 되면 마실 음료수와 스낵을 직원들에게 나눠주고 퇴근할 때까지 방문객 소파에서 부처님처럼 앉아 있었다.

집으로 돌아가는 차 안에서 한숨만 나오고 텔레비전에서 아무리 재미있는 영화를 해도 눈에 들어오지 않았다. 몸은 피곤한데 잠을 이룰 수가 없어 애꿎은 담배만 피워댔다. 아무리 생각해봐도 다른 방법은 떠오르지 않아 매일 재무부에 앉아 처분만 기다리는 게 내가 할 수 있는 전부였다.

지성이면 감천이라더니 3주가량 지난 어느 날 씨도 안 먹힐 것 같던 국장이 더 이상 내가 보기 싫었던지 세관장에게 허가 없이 입항한 차량을 관세만 받고 통관해 주라는 편지를 내게 보여주며 빨리 세관으로 가라는 것이 아닌가.

기적 같은 일이 일어난 것이다. 그때 내가 통관을 못하고 그 택시들을 다 날렸다면 필리핀에서 사업의 꿈을 접고 초라하게 한국으로 돌아갔어야 했을 것이다. 더구나 현대자동차 딜러는 꿈도 못 꿨을 것이다. 그때 얼마나 기뻤던지 지옥에서 탈

Orchard 골프장에서 세계적으로 권위있는 Johnnie Walker Classic 골프대회에서 갤러리로 초대받아

출한 기분이었다.

 미리 준비한 통관서류를 중고 차량 수입통관 경험이 있는 통관사에 넘겨주고 드디어 통관 절차를 밟았다. 가장 중요한 관세 책정은 한국의 SGS에서 판정한 밸류(Value)와 세관에서 보관하고 있는 세계 각국의 차량가격표(Blue Book)에 나와 있는 밸류 그리고 수입업자가 신고한 인보이스 밸류 중 가장 높은 금액에 40% 관세 적용과 특과세를 추가해 거의 대당 한화 약 20만 원 정도를 납부했다. 한국에서 차량구입비보다 높은 금액의 관세를 냈지만 통관을 할 수 있었던 것만으로도 감지덕지했다.

 통관을 하는 사이 나는 평소에 눈여겨봐두었던, 큰 화재로 폐허가 되다시피 한 트로피칼 리조트(Tropical Resort)를 싸게 빌렸다. 그곳은 공항 근처에 BF홈스라는 아시아에서 가장 큰 주택 단지(Village) 안에 있었다. 2년 전 불이 났고 보험회사와 보상금 관계로 법정소송 중이어서 주차장을 싸게 빌린 것이다. 그리고 다 쓰러져 가는 건물 안에 있는 빈 사무실도 함께 빌렸다.

 이곳을 택시 차고로 정하게 된 특별한 이유는 이 주거지 안에 자체적인 방범회

마르코스 별장이었던 Puerto Azul의 리조트 안에서.

사가 별도로 치안 관리를 하고 있고 모든 출입구를 통제하고 있어 차량 도난을 방지할 수 있기 때문이었다. 그리고 깨끗한 주위 환경으로 이보다 더 좋은 차고지를 가진 택시회사가 마닐라에 없는 듯했다.

더욱이 주변 지역에는 많은 택시회사가 산재되어 있어 택시기사 구하기가 쉬웠다. 이 주거지 안에 1만 가구가 상주하고 있어 자체적인 승객 수요가 많았다. 차고지를 나서면서 승객을 태워 시내로 갈 수 있는 것도 이점이었다.

차고지 선정 이상이나 중요한 일이 현지인 직원 채용이었다. 내가 공장을 하던 건물 주인은 자식들이 어릴 때 남편과 사별하고 여행사를 혼자 운영하면서 4남매를 남부럽지 않게 키운 억척스러운 할머니였다. 자식을 모두 미국으로 이민 보내고 혼자 쓸쓸히 여생을 보내고 있고 여러 면에서 믿을 만해 회사 관리 부장으로 앉혔다.

애간장 녹이는 과정을 겪으며 무사히 통관한 30여 대의 차량을 밤새도록 작업해 간신히 엔진 시동을 걸어 차고로 옮겨놓았다. 그리고 바로 80여 대를 똑같은 방식으로 수입해 항구에 도착한 지 3일 만에 통관 수속을 마쳤다. 경찰의 호위를 받으며 급조한 운전사 80여 명이 차량을 끌고 나오는 모습은 장관이었다.

차고까지 오는 도중 행렬을 이탈한 차량을 밤늦게까지 찾아 차고에 옮겨놓고 그동안 마음 졸인 시간들을 회상하며 성취감에 도취되어 밤새도록 술에 취했다. 그리고 일본의 재일교포가 만든 자랑스러운 MK택시 신화를 이 필리핀에서 내 손으로 만들어 보겠다는 결의가 생겼다.

다음 날부터 쉴 틈도 없이 차량 정비를 위해 이천운수의 박 사장님 도움으로 정비사부터 인수받았다. 교통부에 택시 등록 및 차고지 인허가를 받기 위해 소재지 관할시청에서 잘 아는 사람들의 도움을 받아 어려운 인허가 문제를 해결했다. 그런 과정 중에 일주일간 내가 직접 택시 운행을 해보면서 택시 기사의 애로사항을 직접 체험하는 기회도 가졌다.

필리핀에서 외국인이 합법적으로 상용차를 운전할 수 없다. 그러나 임시 번호판을 달고 직접 운행해 보았다. 첫 승객은 국내선 공항으로 가는 여자 승객이었다. 그녀는 외국인이 택시 운전을 하는 것이 신기해 보였는지 내 신상에 대해 물어보는 것이 많아 목적지에 도착할 때까지 말동무가 되어주었다.

나는 마닐라에 체류하는 동안 직접 운전을 하고 다녔기 때문에 마닐라의 도로망을 훤히 숙지하고 있어 택시를 직접 몰고 다니는 데 전혀 어려움이 없었다. 지프니에서 뿜어 나오는 매연을 마시고 다니니 밤 12시까지 운행을 마치면 머리에 통증이 느껴졌다. 친절을 다해 모신 승객들이 황송하다는 식으로 고마움을 나타내 보람도 느꼈다.

승객이 내릴 때는 꼭 우리 택시를 이용해줄 것을 부탁하는 멘트를 잊지 않았다. 내가 직접 문을 열어 주고 짐이 있으면 내려 주는 친절과 정성도 보였다. 한국에 있을 때 재일 교포가 운영하는 일본의 MK택시를 소재로 한 드라마를 감명 깊게 본 적이 있었다. 그래서 택시 기사의 교육 내용 그대로를 따라해 보았다.

가장 큰 수확은 택시 기사들의 애로 사항을 직접 체험한 것이다. 온종일 운행하면서 회사 사납금 600페소(한화로 약 1만5천원)와 연료비를 벌기도 쉽지 않은 것도 알게 되었다. 택시 운행도 나름대로 노하우가 있기 때문에 하루 내내 생각 없이 다녀봐야 승객 잡기가 쉽지 않기 때문에 경험 많은 기사를 모집해야 한다는 사실도 알게 됐다. 연희택시라는 상호를 영어로 양쪽 문짝에 페인트로 쓰고 한글 상호를 스티커로 만들어 부착했다. 마닐라에서 최고의 한국인 택시회사라는 명성을 얻기 위한 약진을 시작했다.

나는 필리핀에 처음 도착해 허름한 택시와 불친절하고 험악한 기사로부터 필리핀에 대한 첫 인상이 안 좋았던 기억을 가지고 있었다. 택시를 탈 때마다 목적지를 돌아간다든지 거스름돈을 안 준다든지 하는 불쾌한 경우를 많이 당해 기사 채용과 교육, 차량 관리에 고심하게 되었다.

화재로 문 닫은 호텔 주차장에 말뚝을 박아 기둥을 세워 코코넛 나뭇잎을 꼬아 만든 사왈리를 사다가 담장을 만들었다. 양철판에 흰색 페인트로 칠하고 나무로 틀을 짜서 연희택시회사 간판을 달았다. 간판을 달자마자 어디서 알았는지 기사 채용을 희망하는 현지인들이 하나 둘씩 모여들기 시작했다. 인상 좋고 외국에서 근무한 경력과 택시 운전 경험이 많고 체격이 건장한 기사를 우선으로 채용했다.

일차로 채용한 빅터(Victor)라는 기사는 이런 조건을 거의 만족시켰다. 우람한 체구와 농구공만 한 주먹 그리고 이목구비가 뚜렷했다. 외모와는 달리 해맑게 웃는 인상이 착한 심성을 가진 사람임이 틀림없어 보였다. 회사에 대한 충성을 다짐받고 기사 1호로 채용했다.

공장을 할 때와 마찬가지로 내가 대학 시절 산악부에서 익힌 방식대로 끈끈한 인간관계를 기본으로 조직의 틀을 짜나갔다. 운이 좋게 1호 기사인 빅터는 일주일간 택시등록 등의 업무를 위해 같이 다니면서 관찰한 결과 정직한 것은 물론이고 어떠한 일을 시키든 가리지 않고 처리할 능력을 가진 듯이 보였다. 그 판단은 정확했다. 무엇보다 24시간 회사를 위해 자신을 희생할 수 있는 정신 자세가 맘에 꼭 들었다. 빅터를 통해 자신감을 얻어 본격적인 기사 채용에 들어갔다.

필리핀에서 택시 기사를 관리해 나가는 일은 택시 운영 경험이 많은 현지인들도 하기 어려운 일로 여긴다. 주위에 나와 친한 현지인 친구들이 이 사업을 말렸지만 누구나 쉽게 할 수 없는 일이기에 더욱 더 하고 싶은 욕망이 생겼다. 성공할 자신도 있고 어려운 만큼 수익이 높을 거라는 생각을 했다.

필리핀에서는 물류비가 만만치 않다. 일반 서민의 생활비에서 교통비 지출이 높고 일반 유통회사의 경우 차량 유지에 관한 지출이 높다. 이런 현상은 인프라가 열악하고, 차량이나 부품을 수입에 의존해 차량이나 부품 가격이 높은 편이기 때문이다. 무슨 사업을 하든 차량 관리는 필연적이기 때문에 운수업의 노하우가 꼭 필요하다.

필리핀에서 서민들은 차량을 가장 소중한 자산으로 여긴다. 서민이 보통 평생 벌어야 택시 한 대 장만할까 말까다. 따라서 기사에게는 큰 재산인 택시를 아무런 보증 없이 맡긴다는 것이 큰 리스크였기 때문에 항상 긴장할 수밖에 없었다. 특히 택시로 수입된 차량이 서류상으로는 박 사장님이 만든 조합 명의로 되어 있기 때문에 우리가 만든 법인으로 소유권이 넘어올 수 있는 1년 동안 한시도 발 뻗고 잠을 잘 수 없었다.

회사 처지에서 기사들과의 좋은 유대관계를 가지는 것도 쉽지 않았다. 왜냐하면 우리는 사납금을 받아내야 하고 기사들은 이런저런 핑계로 사납금을 어떻게든 안 내거나 줄이려고 잔꾀를 부리기 때문이었다. 다행히 한국에서 폐차 된 현대 스텔라를 수입했건만 이곳에서는 그 당시 중형 고급 택시로 승객들의 선호도가 높았다. 따라서 기사 모집 광고를 안 해도 기사 지원자가 차고로 새벽부터 몰려들어 마음 놓고 원하는 기사를 항시 채용할 수 있었다.

매니저급의 관리 직원을 모두 기사 중에서 발탁해 채용했다. 공과 대학을 나오고 자동차 정비 기술이 있으며 유창한 영어 실력과 기획능력을 가진 주드(Jude)라는 기사를 빅터 이후로 채용했다. 그리고 경영학을 전공했고 머리 회전이 빠른 육군 소위 출신의 호세(Jose)와 화교이며 학교교사 출신인 추아(Chua)를 기사 대신에 배차 담당과 인사 담당, 사고 담당, 차량 관리의 보직을 각각 주었다.

또한 화알도(Fajardo) 도 할머니는 이 지역의 유지답게 관청에 아는 사람이 많고, 이 지역에 영향력을 미치는 인근 주민도 많이 알고 있었다. 그는 나를 친자식처럼 여기고 내 성공을 위해 성심 성의껏 도와주었다. 한국인 특유의 강하게 밀어붙이는 추진력과 운영 조직의 현지화를 바탕으로 불철주야 모든 직원이 헌신적으로 뛰어 주어 차량 수입 후 겨우 한 달 만에 마닐라에서 차량 100대를 보유한 굴지의 택시회사가 탄생한 것이다.

한국에서 택시업계 대부로서 가장 큰 택시회사를 운영하고 계신 허갑도 회장님과 택시공제조합 이사장을 지낸 권익검 장군님께서 부회장을 맡으셨다. 그리고 내가 대표이사를 맡아 탄탄한 기반 위에 외국인 운수 회사가 세워진 것이었다.

모든 직원은 오전 5시 40분까지 출근해 택시 교대 시간인 오전 6시에 사납금을 받고 배차 및 차량 관리를 위해 각자 맡은 업무로 늘 분주한 시간을 보냈다. 24시간 택시 영업을 마친 기사들은 교대를 위해 아침 6시까지 차고로 들어와 사납금을 내고 차량을 파트너에게 인계하고 내가 마련한 교육 프로그램을 마치고 퇴근한다.

6시만 되면 새벽 공기를 가르며 일시에 차고로 몰려드는 택시들이 서부영화에서 말들이 목장 안 울타리로 몰려 들어가는 장면을 연상케 했다. 이른 아침부터 차고는 영업을 마친 기사와 교대하기 위해 나온 기사들로 장터처럼 북적거린다. 차량 점검을 마치고 하나 둘씩 차가 빠져나가면 나는 일일이 영업을 나가는 기사에게 무사고 안전을 당부했다. 따뜻한 미소를 짓는 기사들을 보면서 가족과 같은 정을 느끼곤 했다.

영업을 끝낸 기사들을 모아놓고 직접 정신교육을 실시했다. 장시간 운전으로 피곤했지만 귀를 기울여 주는 성의를 보여 주었다. 초창기 교육은 내가 승객으로 느꼈던 점들을 중점적으로 강조해 일단 승객이 탑승하면 인사를 하고 절대 요금을 협상하지 말고 무조건 미터기를 작동시킬 것을 당부했다. 요금을 더 받기 위해 우회하지 말고 거스름돈을 항상 준비해서 단 1페소라도 정확하게 거슬러주는 등 택시기사로서 갖추어야 할 기본소양을 교육했다.

항상 연희택시 기사라는 자부심을 주기 위해 유니폼을 맞춰주고 흰색 천으로 시

택시 사업권을 받고 Freight service를 위한 합승 택시로 현대 자동차 그레이스 봉고를 운행하는 공항에서

트 커버를 해 승객이 탑승 시 청결한 느낌을 받도록 했다. 무엇보다 항상 친절을 베풀면 팁도 생길 수 있고 무엇보다 회사 이미지가 좋아질 수 있기 때문에 승객에게 최대한의 서비스를 요구했다. 요즘도 필리핀 사람들은 믿을 만한 택시회사를 가려 타는 경향이 많다.

 한 달에 우리 택시를 이용하는 승객을 대충 계산해 보니 최소한 8만 명 정도이고 1년이면 거의 100만 명이 됐다. 마닐라에서 한국 회사에 대한 좋은 이미지를 줄 수 있는 기회라는 생각에서 더욱 더 교육에 열을 올렸다. 매일 기사들의 용모와 복장을 직접 점검해 머리나 손톱이 길거나 콧수염을 기르거나 귀걸이를 하는 기사에게 배차를 중지시키고 회사 신분증을 필히 착용하게 했다. 차내에는 승객에게 기사가 부당한 행위를 했을 때 신고할 수 있는 안내문을 부착했다. 한 번이라도 승객의 신고가 들어오면 해고하고 사내 규정을 어길 때에는 누구를 막론하고 엄중히 다스렸다.

매달 베스트 드라이버를 뽑아 쌀 한 포대를 주고 상태가 좋은 차량을 운행할 수 있는 특권을 주었다. 채찍과 당근으로 250명 되는 기사를 직접 통솔해 나갔다. 매일 100여 명의 기사들과 대면하는 일이 여간 힘든 게 아니었다. 불리한 점도 있었지만 전적으로 현지인에게 맡기면 기사로부터 뒷돈을 받고 불공정한 배차를 해 기사들의 불만이 생길 수 있기 때문에 현장에 항상 있어야만 했다.

매일 기사들과 면전에서 그들이 겪는 애로 사항을 확인하고 합리적인 요구 사항에 대해서는 즉시 시행토록 했다. 회사에 대한 신뢰와 평생 직장이라는 확신을 주기 위해 나 자신부터 기사와의 약속을 철저히 지켰다. 따라서 기사들에게도 회사의 규정에 대한 철저한 이행을 요구할 수 있었다.

신중하게 기사를 채용한다고 했지만 교통사고를 내고 회사를 옮겨 다니는 떠돌이 기사도 많았다. 이런 기사 중에는 우리가 외국인이라고 만만하게 보거나 떠보려고 여러 수작을 부리는 사람도 겪어야 했다.

운행을 시작한 지 얼마 안 되서 택시 운전을 할 사람 같아 보이지 않는, 인물이 출중한 기사가 지원을 했다. 조금 께름직한 마음은 들었지만 차를 내주었다. 며칠은 사납금을 꼬박꼬박 잘 내더니 일주일 정도 지난 후 택시와 함께 종적을 감추었다. 차를 가지고 나간 지 3일 동안 나타나지 않아 조치를 취해야만 했다. 흑심을 품은 기사들에게 본보기를 보이기 위한 기회가 온 것이었다. 오랜 기간 친분을 쌓았던 고위 경찰 간부에게 도움을 청했다. 경찰청 내 담당 부서에서 택시 도난 신고를 하니 마닐라 전 교통 순찰대뿐만 아니라 모든 경찰서나 파출소에 경보가 울렸다.

이틀도 못 가서 기사는 차와 함께 잡혔고 캠프 크라미(Camp Crame)에 소재한 경찰청으로 이송해 영창에 가두고 정신적인 고통을 주었더니 잘못을 인정하고 용서를 빌어 일단 풀어주었다. 이 사실이 회사 내에 알려져 다른 기사들에게 경각심을 주기에 충분했는지 그 이후에 차량 도난 사고는 몇 건밖에 없었다.

택시 기사들은 대학에서 강의했던 교수 출신도 있는 반면 대부분이 군 출신으로 몸에 문신을 한 성격이 거친 기사가 많았다. 그들은 택시 강도에 대비해 호신용 칼이나 쇠파이프를 가지고 다녀 잘못을 한 기사에게 호통을 치고 돌아서면 등이 오싹해지곤 했다. 회사 내 기강을 확실히 잡지 않으면 기사들이 차를 가지고 어떠한 일이라도 저지를 수 있기 때문이었다. 처음에는 250여 명 되는 기사를 한 번에 모아놓는 것이 안 좋다고 반대하는 직원들의 충고를 무시하고 우리나라 예비군 훈련장의 조회처럼 매일 오전에 집합시켰다. 내 옆에는 항상 내 말이라면 불이라도 뛰어 들어갈 정도의 충성심을 가진 군 출신의 빅터가 권총을 차고 있었다.

회사 규정에 대해 똑같은 사항을 매일 반복해 교육시키는데 가끔 내 기를 죽이려고 삐딱한 자세로 말도 되지 않는 것을 요구하는 불량한 기사들이 있었다. 그럴 때마다 정면으로 대응해 기사들이 보는 앞에서 기 싸움을 해야만 했다. 어떻게든 기사들의 기강을 바로잡지 않으면 사납금을 떼어 먹으려고 택시를 아무데나 버려두고 도망치는 기사들이 생겨나기 때문이다.

필리핀은 미국 영향인지 몰라도 생활 의식이 집은 없어도 차 없이는 못산다는 식이다. 의식주 비용 중 교통비 비중이 비교적 높다. 더욱이 마닐라 도시 자체가 자가용이 주 교통수단이다. 그리고 대중교통 수단이 턱없이 부족해 서민이 겪는 고통이 이루 말할 수 없다.

필리핀 법에서 가장 무겁게 다루는 죄는 물론 살인이다. 그 다음이 강간, 마약판매나 복용, 유괴 그리고 자동차 절도이다. 그만큼 차량에 대해 높은 비중을 둔다. 그래서 그런지 도난 차량에 대한 경찰망 네트워크가 잘 되어 있다는 것을 몇 번 분실된 차량을 쉽게 찾으면서 알게 되었다.

의형제처럼 맺어진 직원들은 가정생활을 포기한 채 24시간을 내게 맡겼다. 영업력이 뛰어난 주드는 밤마다 마닐라에서 큰 술집을 다니며 우리 택시가 줄서서 대기해 손님과 수백명의 술집 종업원을 서비스하는 독점 운영권을 따냈다. 나중에 마닐라에서 크고 유명한 술집은 우리 택시가 거의 장악하게 되었다.

오래된 차량으로 운영하다 보니 수입에 의존할 수밖에 없는 부품 조달 비용이 만만치 않았다. 차량 운행을 가급적 적게 하고 기사 수입을 늘릴 수 있는 방안이 호텔이나 유흥업소와 택시 서비스 계약을 하는 것이었다. 그러면 특별 요금으로 기사들 수입도 많아지고 더구나 기사들이 대기 시간 동안 충분한 휴식을 취할 수 있어 좋은 반응을 얻었다.

또한 차고가 소재한 주택단지에 콜택시 서비스를 홍보해 이른 아침부터 출근하는 승객들을 태워 지역 주민에게도 편의를 제공해 주었다. 또한 교민 신문에도 광고를 내서 일반 렌터카보다 저렴한 가격으로 교민에게 콜택시 서비스를 시작했는데 한국인이 운영하는 택시이고 무엇보다 안전하다는 인식에 큰 호응을 얻었다.

한국인 안전과 현지의 생소함을 고려해 기사들에게 한국인 승객에게는 더욱 더 친절과 배려를 당부했다. 필리핀이 치안이 안 좋다는 선입견을 가지고 온 많은 한국인은 한글이 붙은 택시를 발견하고 신기해하며 좋아하는 모습을 보면서 보람을 느끼기도 했다.

새로운 회사에 입사해 정신 교육을 받고 회사 규정을 엄격히 따르던 기사들이 회사 분위기에 익숙해지면서 조금씩 요령을 부리기 시작했다. 고장을 핑계로 차고에 들어와 쉬면서 시간을 끌어 사납금을 줄여 내거나 차를 사전에 허가도 없이 이틀 이상 운행을 하고 별의별 이유를 달아 사납금을 내지 않는 일도 생겨나기 시작했다.

아침 교대를 마치면 사납금을 부족하게 납입한 기사들을 별도로 면담했다. 야단도 치고 사납금이 제대로 들어와야 회사가 운영되고 재투자를 해서 차량도 새 차로 바꿀 수 있다고 설득해도 별 효과가 없었다. 그래서 고심을 하던 중 새로운 아이디어가 떠올랐다.

필리핀에서는 어느 파티에나 가보면 마지막 프로그램으로 꼭 추첨행사를 한다. 나는 여기에 착안해 사납금을 다 낸 기사에게만 추첨을 할 수 있는 기회를 주고 상품권은 1등 약 한화로 5천원부터 5등 약 1천원까지 5명을 추첨으로 뽑는 이벤트를 했다. 상품권을 시상하면 박수를 치고 난리법석을 떠는 일이 벌어졌다. 기가 막히게 이 묘안이 먹혀 사납금이 100% 걷히는 성과를 냈다.

기사들이 동료 기사에게 돈을 빌려서라도 사납금을 채우는 진기한 풍경이 매일 아침 벌어졌다. 그리고 잔칫집 같은 분위기에 기사들의 사기가 상품이 바뀔 때마다 높아갔고 자연히 회사의 수익도 늘었다.

나는 학력보다는 잘 살아 보겠다는 의욕을 가진 사람에게 더 정이 간다. 고용주로서 책임을 다하고 성실하게 같이 불철주야 뛴다는 진지함으로 정성을 다하면 서로 인간적인 교감이 생긴다. 그렇게 그들을 한국 사람적인 기질로 바꾸려는 노력을 했다.

택시 운영이 정상화되면서 무엇보다 필리핀에서 사업으로 정착할 수 있다는 자신감을 얻은 게 가장 큰 수확이었다. 그러던 어느 날 이천운수 박 사장님과 필리핀 택시업에서 가장 노른자위인 공항 택시 사업을 도모하게 되었다. 여러 과정을 거쳐 드디어 공항장인 꾸나난(Mr. Cunanan)과 점심을 하게 되었다.

그 자리에서 일본에 있는 가장 유명한 한국인이 만든 MK 택시를 소개했다. 그리고 우리는 그 회사를 벤치마킹해 운영과 기사 교육을 하고 있다는 설명했다. 말이 끝나자마자 내일부터라도 택시를 공항에 투입해서 영업을 해보라는 것이 아닌가. 정말 꿈같은 일이 일어난 것이다. 공항 택시는 마르코스 대통령 집권 당시 측근에게 준 특혜 사업으로 한 회사가 그때까지 독점 운행하고 있었기 때문이다.

이 소식이 다음날 기사에게 알려지니 삽시간에 난리가 났다. 나는 기사들이 좋아할 거라는 생각은 했지만 이렇게 광분할 정도까지는 예상하지 못했다. 드디어 공항 택시의 마력은 나타났다. 공항 주차장에서 마냥 대기하고 있다가 하루 종일 5번 정도 밖에 승객을 받지 못하는데 그 다음날 아침이 되면 기사 지갑에 달러도 보이고 사납금을 내고도 지갑이 두둑해 보였다.

공항택시 요금이 일반택시 요금보다 3배가량 높고 팁을 주기 때문에 당연히 반나절 주차장에서 쉬어도 수입이 높은 것이었다. 차가 거의 서 있으니 차량 유지비가 적게 들어 회사도 큰 이익이었고 공항을 운행하는 택시라는 명예가 큰 보람이었다. 택시회사를 연 지 1년도 안 되어서 공항까지 진출했으니 성취감은 이루 말할 수 없었다.

특히 한국에서 오는 비행기에서 내린 한국 사람들은 공항 문을 빠져 나오자마자 눈에 들어오는 한글로 명기된 한국 택시를 보고 반가워서 사진을 찍으며 신기해 했다. 이런 모습을 멀리서 지켜볼 때면 필리핀까지 와서 고생한 보상을 한순간에 받는 기분이었다.

이런 상황에서 기사에게도 좋고 회사에도 이익이 생길 수 있는 사업이 있었다. 우리가 한국에서 수입한 스텔라 택시는 LPG차로 필리핀에 우리 차 말고도 1천여 대가 다니고 있었다. 마닐라에서 LPG를 공급받을 수 있는 곳은 3군데인데 모두 LPG 전문차량 주유소가 아니고 일반 가정용 탱크를 주입하는 곳이었다.

따라서 한번 가스를 넣기 위해 1시간 이상을 기다려야 했고 탱크를 채우는데도 30분이 소요돼서 기사들에게 여간 불편한 일이 아니었다. 이 문제를 해결하기 위해 필리핀에서는 처음으로 LPG 주유소를 세우기로 했다. 일단 한국에서 LPG 주유기를 생산하는 업체로부터 기술적인 도움을 받기로 했다. 필리핀 현지 사정에 맞게 주 보관 탱크나 배관 등을 설계해 도면을 만들었다. 허가를 받으려고 하니 LPG 주유소를 만든 사례가 없기 때문에 관계 관청에서 새로운 규정을 만들었고 국제공항에 근접한 곳을 택해 필리핀에서 첫 LPG 주유소를 건립했다.

그 당시 LPG 가격이 1리터당 한화로 180원 정도였고 국영기업인 마닐라 가스 회사로부터 15% 할인을 받아 판매했다. 그 이후로 LPG 차량이 계속 수입되고 국가 정책상 LPG 차량을 늘려나갈 것으로 예상했었다. 그러나 오히려 수입된 LPG 차량이 주유소 문제로 가솔린 차량으로 변조되어갔다. 결국은 결국은 사업성이 없어 오래 운영하지 못하고 택시 수익으로 투자한 돈만 고스란히 날렸다. 그 후 20여 년이 지나서야 현지에 LPG 택시가 소개되어 현재 마닐라에만 LPG 주유소가 수십 개 생겨나 정상적인 영업을 하고 있다. 이 사업도 한국 사람에 의해 본격화되었다.

아무튼 주유소 사업으로 LPG 공급 회사들과 인연이 되어 생각지도 못한 중장비 수입 판매 사업을 하게 됐다. 한국에서 거의 폐차되다시피 한 LPG 운반 차량인 탱크로리를 헐값에 사서 제법 이윤을 남기고 필리핀 3대 메이저 LPG 공급 회사인 SUGECO 등과 여러 지방 LPG 딜러에게 판매를 했다. 더불어 한국에서 수명을 다한 중고 중장비도 수입해 판매를 시작했다. 마침 직원 주드가 중동 건설회사에서 근무한 경험으로 중장비 정비 기술이 있어 수입한 장비를 고치고 파는 일을 전담했다. 우연히 시작한 사업에서 짭짤한 재미를 보았다.

　이후로 한국 사람들이 중고 장비를 수입해 일본이 거의 독점으로 장악하던 시장을 한국과 양분해야만 했다. 이즈음에 필리핀은 라모스 대통령의 영도 하에 경제 정책이 실효를 거두고 있었다. 특히 외국인 투자를 유치하는 데 남다른 노력으로 경제가 급속도로 발전하면서 건설 붐이 일어 중장비 수요가 급속히 증가했다. 그러면서 엄청난 양의 중고 장비가 한국에서 수입되어 들어왔다.

　라모스 대통령은 그동안 주로 일본에 의존한 경제 협력 정책을 약간 선회해 한국 기업들이 필리핀에 진출할 수 있는 길을 열어주었다. 일본차들이 거의 독점하다시피 점령한 자동차 시장에서부터 길이 열렸다. 한국 차의 선발대로 기아자동차가 일본의 마쓰다 에이전트인 콜롬비아 모터 사에게 판권을 주고 필리핀 시장에 입성했다. 일본차에 비해 가격이 저렴하고 실용적인 프라이드가 큰 인기를 얻어 시장에 소개되자마자 차 가격이 한국의 두 배인데도 엄청나게 팔려나갔다.

　프라이드는 내구성을 인정받아 택시로도 큰 인기를 끌었다. 기아에 이어 대우자동차가 트랜스팜이라는 오토바이 현지 조립공장을 운영하는 회사와 합작 법인을 설립해 필리핀 남단 요충지인 세부에 조립 공장을 지으며 따라 들어왔다. 1차로 르망을 수입해 들여왔는데 일본차에 비해 경쟁력 있는 가격에다 에어컨 성능이 뛰어나 선풍적인 인기를 끌었다.

　겨우 2년 사이에 한국산 차들이 필리핀에 상륙하면서 그동안 아성을 지키던 일본 차들이 가격을 내렸다. 결국 한국 차 입성으로 필리핀 수요자에게 이득이 돌아간 셈이다. 라모스 대통령의 계획대로 결과가 나타난 것이었다. 이러면서 그동안 낙후된 택시들이 순식간에 새 차로 바뀌면서 중고차만 가지고 있는 택시회사에서는 기사를 구하기 어려운 상황이 벌어졌다. 택시업계에 혁명적인 변화가 생긴 것이다.

  이런 여파로 우리 회사도 하루아침에 돌변한 상황을 감당할 수가 없을 정도로 좋은 기사들이 밀물처럼 빠져나갔다. 이런 와중에 필리핀에서 노조로 악명 높은 KMU의 조직원이 회사에 잠입해 기사들 노조 설립을 획책했다.

  그 당시 조합 택시들이 바운더리 후로그(Boundary Hulog)라는 제도를 도입해 시행하는 것이 유행했다. 이 제도는 택시 조합원이 3년간 택시를 운영하며 일정 금액을 조합이나 회사에 납입하면 3년 이후에는 기사들이 차를 소유할 수 있게 한 제도였다. 갑자기 회사 규정을 잘 따르던 기사들이 노조를 만들어 회사로부터 바운더리 후로그라는 제도 시행을 관철시키겠다는 감언이설에 빠지어 노동부에 노조 설립을 신청해 급기야 회사에서 만든 노조와 투표를 하게 되었다.

  제조업도 악성 노조가 들어서면 회사가 존속하기 어렵지만 기사에게 차를 맡기고 돈을 받는 택시회사는 더 말할 것도 없었다. 부랴부랴 노동부에 아는 사람을 소개받아 노조 설립을 막을 방법을 모색했다. 노동청에 찾아가 상주하는 여러 변호사를 만나 보았지만 돈만 요구할 뿐 내가 확신을 얻을 수 있는 묘책을 내지 못했다.

  결국 선거일은 임박하고 초조해지지 않을 수 없었다. 나는 직원들과 함께 나서서 기사들과 개별 접촉을 시도했다. 말로 안 되는 선거 공약에 유혹되어 외부 잠입자의 농간에 이용당하지 않기를 간절히 부탁했다.

  이런 와중에 인명 사고까지 발생했다. 아침 일찍 배차를 마치고 차분히 커피를 마시려는데 여비서가 비명을 지르며 내 방으로 뛰어 들어왔다. 우리 택시가 정지해 있는 앞차를 박아 대파하고 기사는 즉사했다는 보고였다. 고가도로의 오르막길에서 액셀러레이터를 최대한 밟고 가다가 그 반동으로 내리막에서 브레이크로 정지하지 못하고 컨테이너 밑으로 들어가 앞 유리창이 부서지며 기사 목이 잘려 나간 끔찍한 사고가 일어난 것이다.

  노조 선거를 눈앞에 두고 생긴 기사의 죽음으로 어수선한 회사 분위기가 더욱 살벌해졌다. 일단 보험 회사에서 사고 처리를 해주었고 보상금으로 3만 페소(약

2005년부터 마닐라 시내에 생긴 LPG 주유소.

100만 원)가 가족에게 지급되었다. 필리핀에서 교통사고로 죽으면 종합보험에 들어도 한국 돈으로 100만 원밖에 보상이 안 된다는 사실을 그때 알게 되었다.

가족들을 위해 별도로 회사에서 조의금을 마련해 시체가 안치된 기사 집을 방문을 하려고 했더니 직원들이 극구 말리는 것이었다. 과격한 기사들이 장례식장에 진을 치고 이 사고를 빌미 삼아 노조 활성화에 이용하고 있다며 사장인 내가 나타나면 가만두지 않을 것이라고 말렸다.

나는 그럴 수가 없었다. 매일 아침마다 보면 반갑게 인사하던 성실했던 기사의 마지막 모습을 보고 가족을 위로해 줘야 인간의 도리이고 마음이 편할 것 같았다. 죽더라도 간다고 나섰더니 경호를 위해 여러 직원들이 동행해 주었다. 지저분한 골목길 깊숙이 따라 들어가 어두컴컴한 좁은 집 한구석에 시신이 안치되어 있었다. 유리관에 잘린 목을 약품처리하고 꿰매어 곱게 화장을 해놓았다.

자식들이 네 명이나 되고 한창 공부할 나이여서 그렇지 않아도 생계가 어려운 상황에서 졸지에 남편을 잃은 부인의 슬픔은 말할 것도 없었다. 나는 큰 자식을 우리 회사에 채용할 것을 약속하고 당분간 생계비에 보탬이 되도록 보상금을 주었다. 상가를 지키고 있던 동료 기사들은 내 출현에 별로 관심이 없어 보였다. 염려했던 것과 달리 별 사고 없이 차분하게 장례식을 마치고 돌아왔다.

드디어 선거가 치러지는 아침 말도 안 되는 선거공약으로 꿈에 부풀어 있던 기사들은 의기양양하게 승리를 장담하며 차량이 도열해 있는 한쪽 구석에 모여 있었다. 한쪽에는 일찌감치 온 노동부 직원들을 위해 마련된 테이블에서 투표할 준비를 하고 있었다.

그런데 이게 웬일인가. 기적 같은 일이 생겼다. 신분증을 대조해 선거인 이름을 확인하고 지장을 찍을 명부 한 장이 없어진 것이었다. 과반수 투표를 해야 하는 노동부 규정에 따라 투표가 무효가 되어 내년으로 자동 연기됐다. 하늘이 도운 것이다. 기사들과 노동부 직원 간에 난리가 났고 나는 슬며시 투표장을 빠져나왔다. 그동안 공들인 기사들에 대한 애정이 식어지고 그들을 위한 모든 노력이 부질없었다는 생각만 들었다. 일본의 MK 택시처럼 해보겠다고 기사들에게 주택을 제공해주기 위해 정부에서 시행하는 주택연금 제도인 빠기빅(Pag-IBIG)에 가입시켰다. 또한 PS 뱅크 지점장을 통해 기사 모두에게 통장을 만들어주어 한 푼이라도 저축하는 습관을 갖게 하려 했다. 그리고 헌 옷을 모아 나눠주기도 했던 내 정성이 하루아침에 물거품이 된 것 같았다.

이날은 3년 전 택시회사를 시작한 뒤 처음으로 운행을 하지 않은 날로 기록되었다. 선거가 1년 뒤로 연기되어 나보다 더 허탈감에 빠진 어리석은 기사들에게 정이 떨어졌다. 차량 노후가 심해 부품 구입비 부담이 점점 커지고 좋은 기사들이 새 차를 찾아 이직하는 불리한 상황에서 신속한 결단을 내려야만 했다.

택시 운행보다는 차량을 팔아 몇 푼이라도 건져야 할 상황에 이르렀다. 그래서 그동안 성실했던 기사에게 할부로 차량을 팔기도 했지만 하루가 다르게 중고 택시 가격이 내려 잔금을 받지 못하고 차량 등록증만 보관한 경우도 있었다. 그래도 빠른 결정으로 더 큰 손해를 보지 않고 회사를 정리할 수밖에 없었다.

Chapter 5

나는 자랑스런 **한국인**이다

영어로 사장을 프레지던트라고 부르면서 대통령과 같은 존칭을 쓴다. 사업이 크던작던 간에 그만큼 어렵고 사회적 책임이 무겁기에 이 같은 존칭을 쓰는 거라 생각한다. 기업인은 건전한 생산활동으로 이윤을 추구하고 종업원의 생계를 보장해야 하는 책임이 있다.

현대자동차로 일본 차에 도전장

　택시회사 정리가 한창 진행될 무렵 어느 날이었다. 한국에서 온 손님을 접대하기 위해 한인 타운이 형성되어 있는 마카티 시내의 명월관이라는 한인 소유 가라오케(한국의 단란주점)에 갔다. 평소 친하게 지내던 술집 주인이 방에 들어와 내 옆에 앉아서 술을 권하며 무심코 던진 말에 귀가 번쩍 뜨였다. 바로 옆방에 현대자동차 직원들이 출장을 와서 들렀다는 것이었다. 현대자동차가 기아, 대우에 이어 필리핀 진출을 준비한다는 것이었다.

　마시던 술잔을 놓고 한참을 생각했다. 난 지금 현대자동차로 택시를 운영하고 있고 왠지 현대자동차의 필리핀 진출에 남의 일이라고 그냥 쳐다만 보고 있으면 안 된다는 생각이 들었다. 현대자동차가 들어오면 무조건 필리핀 시장에서 성공할 수 있다고 믿고 있었기 때문이다. 일본차와 대적할 수 있는 한국의 자동차 회사는 현대뿐이라고 생각했다. 나뿐만이 아니라 많은 한국 사람들이 그렇게 믿고 있었다. 그날 이후 현대자동차의 진출이라는 소식이 내 머리 속을 한순간도 떠나지 않았다. 지금 뭔가 해야겠다는 생각은 들었지만 막상 무엇을 어떻게 해야 할지 몰랐다.

　그리고 며칠이 지난 토요일 오후 일상적인 업무를 마치고 몸이 나른해진 가운데 의자를 최대한 뒤로 젖히고 신문을 뒤적거리고 있었다. 책상 옆 유리창 너머에 부품 구매과장이 웬 여자와 마주 앉아 있는 모습이 보였다. 경제란의 기사를 몇 줄 읽어 내려갈 즈음에 구매과장이 내 방에 불쑥 들어왔다. 밖에 와 있는 여자는 타이어 도매업을 하는 사람인데 프랜시스코 자동차 회사(Francisco Motors Corporation)의 회장 며느리이고 한국의 현대가 어쩌고 하는데 나보고 만나보지 않겠느냐는 것이었다.

  나는 자리를 박차고 일어나 그 방문객을 정중히 안에 모시게 하고 유심히 인상을 살펴봤다. 아무리 자세히 보아도 수수한 옷차림에 눈이 매력적이게 동그란 것 빼고는 평범한 인상이었다. 하지만 타이어 파는 사람치고는 또렷또렷한 말투가 예사롭지 않았다. 자신의 집안 회사가 현대라는 한국의 대기업과 사업을 추진한다며 자부심을 내세우며 소개를 했다.

  자신의 시아버지가 프랜시스코사의 회장으로 남편도 이 회사에 근무하고 있다는 것이었다. 최근에 현대자동차의 필리핀 에이전트로 계약을 맺어 조립 설비 시설을 갖추고 있으며 본격적인 현대자동차 출시를 위한 준비가 한창이라고 자랑하는 것이 아닌가.

  본능적으로 나는 자세를 고쳐 앉고 말문을 열었다. 현대자동차에 대한 한국 사람으로서의 자부심과 필리핀 시장 개척에 참여해 보고 싶은 의사를 나타내고 은

현대 자동차 판매 전시매장을 오픈하는 행사에서 참석한 대사관 영사들과.

근히 나 자신을 적당히 내세우기 위해 애를 썼다. 그리고 최종 결정권자인 회장님을 가능한 한 빠른 시일 내에 만날 수 있게 해달라고 간곡히 부탁했다.

긴 주말 시간을 기대와 긴장으로 보내고 월요일 아침부터 그녀의 전화를 애타게 기다린 끝에 늦은 오후가 되어서야 토요일 오전 7시에 면담시간이 결정되었다는 그녀의 반가운 목소리를 들을 수 있었다. 일주일 내내 들뜬 가운데 무전여행 때부터 가졌던 꿈을 실현할 절호의 기회가 목전에 왔음을 느낄 수 있었다. 어떡하든 내 손으로 우리나라의 가장 대표적인 자동차 메이커인 현대자동차를 팔아야 한다는 결의를 다지고 다졌다.

프랜시스코사는 필리핀에서 오래된 자동차 회사 중 가장 대표적인 회사였다. 필리핀 하면 대표적 상징인 지프니를 대량으로 생산하며 사업적 기반을 가진, 필리핀에서 가장 전통적이고 대표적인 자동차 조립 회사로 잘 알려져 있다. 나는 지프니 차의 대부 격인 사람을 만나게 된 것이었다.

이른 아침부터 서둘러야만 했다. 만나기로 한 프랜시스코사의 메인 생산 라인이 있는 마닐라 남부도시인 라스피냐스(Las Pinas)의 공장으로 찾아갔다. 공장 입구에서 신분증을 맡기고 통과증을 발급받아 청원 경찰의 안내를 받으며 회장실을 찾았다. 공장 안은 이른 아침부터 요란한 소음이 진동하고 있었다. 이미 조립을 끝낸 차량들이 넓은 야적장에 가득 차 있었다. 비서실을 통해 회장실로 들어가니 넓은 회의용 탁자 끝에 프랜시스코씨가 앉아 나를 반갑게 맞아주었다. 따라 들어온 비서가 커피를 주문받아 문을 닫고 나가자마자 나는 바쁘신 일정 가운데 시간을 내준 성의에 감사드린다는 인사부터 하고 곧바로 본론으로 들어갔다.

우선 한국의 가장 대표적인 자동차 회사로서 세계로 발돋움하는 현대와 사업을 추진하게 된 것에 대해 축하하고 얼마 전 필리핀에 진출한 기아자동차나 대우자동차가 필리핀 시장에서 이미 성공하고 있으므로 한국 사람 시각에서 현대자동차의 성공은 불을 보듯 확신한다는 내 생각을 말했다. 실제로 많은 현지인과 한국에 대한 대화를 나눌 때면 현대자동차에 관한 얘기가 빠진 적이 없었다. 자동차에 관심 많은 필리핀 사람들이기에 당연한 일이었다.

필리핀에 오게 된 동기부터 필리핀 국립 대학원을 다닌 학력과 한국 사람으로 필리핀에서 한국 제품을 소개하고자 하는 정착 동기와 택시회사 소개 등을 되도록 지루하지 않게 전개해 나갔다.

내 말이 다 끝나기도 전에 회장님은 본인 회사에 대해 설명을 시작했다. 프랜시스코사는 자신의 형이 창업해 삼형제가 오로지 자동차 조립이라는 제조업으로 사업을 일구어왔다는 것이었다. 정치적 결탁 없이 성실하게 매진해온 경영 철학과 몇 년 전부터 일본의 마쓰다 상용차를 조립 생산하고 그 다음으로 이탈리안 카를 조립 생산하면서 기술을 다져 필리핀산 차를 현대처럼 만들어보겠다는 포부를 진솔하게 들려주었다.

나는 더불어 현대의 신화적인 성공 스토리와 한국인이 일본인과는 달리 성격이 급해 감정 표현이 직설적이지만 감성적이고 정이 많다는 등 한국 사람과 거래하면서 생길 수 있는 문화적인 갭(Gap)에 대해 참고로 알려주려고 노력했다. 그리고 준비해간 내 사업 계획으로 화제를 넘겼다. 우선 우리는 현재 현대자동차를 가장 많이 보유한 택시회사이고 이런 경험으로 현대자동차의 특성에 대해 잘 알고 정비 능력을 갖춘 기능공과 시설을 보유하고 있다는 점을 일단 강조했다.

더불어 필리핀에서 처음으로 LPG 주유소를 세운 경험과 연료비 절감 및 공해 문제를 해결할 수 있는 LPG차로 개조할 수 있는 기술적인 면과 앞으로의 시장성에 관해 설명했다. 실제로 우리가 LPG를 공급받는 마닐라 가스회사에서는 LPG차로 개조할 수 있는 부품을 수입하여 여러 종류의 상용차를 개조하고 있었다.

개조하는 비용도 약 1만5천 페소(약45만 원) 정도로 크게 부담되는 편이 아니었다.

당시 LPG가 가솔린보다 40% 이상 싸고 공해 문제를 해결할 수 있는 장점만으로도 현대차를 LPG로 개조해 우리나라가 그랬던 것처럼 택시회사에 대량 판매할 수 있는 전망을 밝혔다. 실제로 과거에 미국차가 필리핀 시장을 거의 독점으로 장악하던 당시 일본 도요타가 필리핀 시장을 진입하기 위해 택시 시장을 겨냥하여 대량 판매의 실효를 거두며 미국 차에서 일본 차로 시장 판도를 바꾼 사실을 강조했다.

또한 필리핀에 거주하고 있는 한국 사람의 수요가 만만치 않으며 한국 사람이 타고 다니면 현지인에게 자연적으로 높게 인식될 수 있다는 점도 설명했다. 필리핀에 거주하는 교민 시장부터 다질 필요가 있기 때문에 한국인 딜러의 필요성에 대해 마지막으로 강조했다. 결론적으로 나는 한인들의 타운이 형성되고 있는 마카티 애비뉴(Makati Avenue)에 쇼룸(Showroom)을 만들고 일본 자동차 딜러 쇼룸 수준으로 투자하겠다는 의지와 계획을 밝혔다. 회장님은 확신에 찬 설득에 긍정적인 표현을 보이시더니 결국 딜러십(Dealership) 확답을 받기까지 3시간이 걸렸다.

필리핀은 미국과 같이 자동차 조립공장으로부터 지정된 딜러를 통해 판매가 이루어진다. 딜러는 판매뿐만 아니라 애프터서비스를 위한 정비 시설을 갖추어야 하며 그에 필요한 부품 조달까지 책임져야 하기 때문에 사업 규모가 클 수밖에 없다. 그래서 자동차 조립공장에서는 최대한 신중을 기해 딜러를 잘 선정해야 하는 부담이 있다.

막상 프랜시스코사의 회장으로부터 딜러십을 준다는 확답을 받고 나니 기쁜 마음은 잠시 내 형편에 훨씬 벅찬 사업을 어떻게 수행해 나갈지 고민에 빠졌다. 사업 시작 후 가장 큰 도전이었다. 먼저 사업의 기본 계획을 세워보았다. 쇼룸 및 정비 시설과 부품 창고를 위한 부지 선정은 한인들이 몰려 있는 마카티 시내로 하면 되니 별 고민할 것이 없었다. 현지인들을 대상으로 한 판매 전략은 별도로 마련해야만 했다. 우선 평소에 눈여겨봐 둔 자동차 세일즈맨에게 의뢰해 차량 판매 베테랑 몇 명을 만나 의사를 타진해보고 현지 시장 상황에 대한 조언을 들었다.

상당한 자동차 판매 실적을 쌓은 매니저급들이 요구하는 보수가 만만치 않았다. 중형 차량 제공에다 기본급이 한화로 200만원 정도였다. 그 밖에 자신들이 거느린 일반 판매 직원들의 판매 수당에서 20%의 인센티브를 요구했다. 필리핀에서 가장 많이 자동차를 판매하고 있는 도요타의 경우 마카티 지역의 딜러가 한 달에 3천대 이상의 판매고를 올리고 있었다. 차종이 다양하고 부품을 어디서나 구할 수 있다는 이점과 필리핀 도로 사정에 맞게 설계된 차량 하체의 견고함 등으로 이제 시장 문을 두드리는 현대자동차가 넘어야 할 벽은 만만할 수가 없었다.

조사 결과 일본 차 딜러들의 판매 대수가 예상보다 많은 것으로 나타났다. 기아나 대우차를 판매하고 있는 딜러들 역시 월 판매 대수가 일본차에 훨씬 못 미치지만 그래도 선전하고 있었다. 한국은 구멍가게만큼이나 많은 판매 영업소에 비해 필리핀은 딜러의 수가 극히 적기 때문에 과당 경쟁으로 인한 손실 위험은 적은 것으로 판단됐다. 나는 전반적인 시장 조사를 마치고 더욱 자신을 얻었지만 아직까지 일본 자동차 회사와 같이 다양한 차종을 구비할 수 없는 현대자동차의 사정을 고려해 현지인 판매 조직 계획은 차후로 미루고 한국 사람을 대상으로 한 판매 계획만 구상했다.

코리안 비즈니스 센터 설립

현대자동차 판매를 위해서는 획기적인 방안을 생각해내야만 했다. 남들이 하는 식의 평범한 방식으로는 자본력이 미천한 나에게는 승산이 없었다. 그래서 평소에 생각하던, 한국 사람을 위한 비즈니스 센터를 만드는 일을 기획했다. 마닐라의 상업 중심지에 현지 정보를 교류할 수 있는 공간을 마련해 한국 사람이 필리핀에 진출하는 첫 교두보 역할을 하는 것이다. 한국 업체끼리 상호 공존하며 한인 경제권의 중심을 만들어 현지 사업개발 터전을 마련하는 것이었다.

나는 자금력이나 다른 능력이 부족하지만 단지 젊음과 의지로 일을 저질렀다. 마닐라 한복판에서 한국인의 위상을 높이고 한국 업체끼리 뭉쳐 확고부동한 현지 기반을 갖추고 새로 진출한 한국 사람을 위한 등대가 되기를 염원하는 취지에서 코리안 비즈니스 센터(Korean Business Center)를 건립하기로 결심을 하고 실행에 옮겼다. 낮과 밤이 없었다. 연희택시를 정리하고 이천운수를 도와야 했고 현대자동차를 팔면서 자동차 쇼룸 및 서비스 센터와 비즈니스 센터를 위한 터를 물색하고 건물을 지어야 했기 때문이다.

우선 무역 일을 하던 마카티 사무실을 확장하고 건축에 조금 경험이 있는 한국인 직원을 고용했다. 그리고 운전을 가장 빨리 하고 시내 지리에 밝은 택시 기사를 현대자동차의 첫 출시품인 엑셀의 자가용 기사로 고용했다.

마카티에서 내로라하는 부동산 중개소에 의뢰해 적합한 장소를 물색한 끝에 마카티 애비뉴에서 조금 들어간 국제학교(International School) 정문 앞에 510㎡ (약 150평) 땅이 마음에 쏙 들었다. 땅값부터 깎고 무작정 사정해 가지고 있던 200만 원 정도 되는 푼돈으로 6억 원이나 되는 땅을 일단 계약했다.

그 당시 필리핀은 라모스 정부의 효율적인 경제정책으로 외국 투자가들이 몰려들어 하루가 다르게 부동산 가격이 뛰는 시점이었다. 이 땅은 위치 면에서 마닐라에서 요지인 편으로 1㎡당 3만5천 페소(평당 약 400만 원)이면 싸게 산 것이었다. 땅 주인이 미국으로 이민을 준비 중이라 싸게 살 수 있었다. 의욕만 앞서 일을 저지른 나는 이리저리 돈을 모으고 한국에 있는 작은 재산까지 정리해 중도금과 잔금을 열여덟 차례에 걸쳐 완납할 수 있었다.

처음에 생각 것처럼 돈이 만들어지지 않았다. 몇 번의 지불 약속을 어겨야만 했고 돈이 모자라면 땅 주인이 사는 마닐라 남쪽 지역의 알라방(Alabang) 부촌 안의 자택에 과일 보따리라도 사가지고 찾아가 젊은 사람 좀 살려달라고 애원도 여러 번 했다. 특히 이분들의 노부모가 있었는데 찾아갈 때마다 집안 수영장 옆에 테이블에서 나를 반기며 꼭 성공하라고 용기를 주며 잔금을 다 치르고 나서 건물을 지을 때 돈까지 빌려주셨다.

사업해서 망하면 남태평양에 빠져 죽을 각오로 한국에 있는 작은 재산을 깨끗이 정리하고 배수의 진을 쳤다. 하지만 이 후에 치를 고생을 미리 알았으면 아마도 이 무리한 일을 절대 하지 않았을 것이다. 먼저 각 분야의 전문가나 경험이 많은 한국 사람들과 현지인들을 찾아다니며 조언을 구해 건물의 기본 구도를 잡았다. 1층은 현대자동차 쇼룸이고 지하는 서비스 센터, 2층은 비즈니스 센터 구실을 할 수 있는 각종 사무실이고 3층은 비즈니스 호텔 그리고 옥상은 휴게실을 만드는 계획이었다.

주위 아는 사람을 통해 만나본 여러 실력 있다는 설계사들은 사전에 약속을 정해 짧은 시간 내에 나와의 용건을 끝내야 했다. 더구나 설계비가 보통 예상 공사비의 2~3%로, 한국보다 저렴한 인건비를 고려하면 매우 비싼 편이었다. 필리핀은 우리나라보다 건축설계사 수가 상대적으로 적은 편이고 건축설계사라 하면 사회적 신분이 높은 직종에 속했다. 이런 와중에 엉뚱한 곳에서 생각지도 않게 내가 원하는 사람을 만나게 되었다.

필리핀 국립대학에서 공부할 당시 중국에서 온 학생 중 같은 기숙사에서 친하게 지내던 웡(Mr. Weng)이라는 사람이 있었다. 그는 학업을 마치고 귀국하지 않고 현지 화교 회사에 근무하고 있었다. 서로 졸업하고 몇 년간 못 만나던 이 친구를 중국 식당에서 우연히 만났다. 그 주말에 이 친구의 화교 여자 친구를 같이 만났다. 이런저런 이야기 끝에 그 여자 친구가 내 사업 얘기를 듣고 도와주겠다고 소개한 건설 회사가 이 여자 친구의 이모가 운영하는 건축 시공 전문 회사였다.

밤 늦게 찾아간 이 회사는 뉴 마닐라(New Manila) 지역의 주거지 안에 집과 사무실을 겸하고 있었다. 잠옷 바람에 우리를 맞은 이모는 첫 대면에서 여장부임을 알 수 있었다. 내가 원하는 바를 솔직히 털어놓았고 그녀의 시원시원한 대답이 무엇보다 마음에 들었다. 긴 대화를 통해 나의 막혔던 속이 한꺼번에 뚫리는 듯한 느낌을 받고 그녀의 호방한 기질에 믿음이 가서 내 프로젝트를 무조건 맡기기로 결정을 하니 마음이 한결 가벼워졌다.

내가 만나고 싶은 사람을 만나고 나니 모든 일들은 빠른 속도로 진행됐다. 그녀는 이번 사업에 대한 내 순수한 열정을 이해하는 듯 진심으로 나를 전격적으로 도와주는 성의를 보여주었다. 화교 사회에서 기반을 잡은 중국 사람들은 새로운 이민자에게 세 번을 도와준다고 한다. 세 번까지 도와줘서 일어나지 못하면 쳐다보지도 않는다는 얘기를 여러 번 들었다. 모르는 것을 도와주기는커녕 약점으로 이용해먹는 우리 교민 사회와는 다른 점이다. 나는 이때 중국 사람이 정말 도와주는 것이 어떤 것인지를 실감할 수 있는 귀한 경험을 하게 되었다. 그리고 이분을 만나지 않았다면 도중에 파산했을 확률이 높았다.

일단 경제적 부담을 줄이기 위해 설계비도 파격적으로 낮은 금액으로 해 주었다. 건축 비용도 지하 지상 3층을 포함한 건축면적 560평을 약 3억7천만 원이라는 실비로 지어주기로 했다. 이것은 평당 66만 원 정도였고 현지에서는 ㎡당 6천 페소로 내가 직영을 해도 이 비용으로는 어려움없었다. 나는 이미 LPG 주유소를 직영으로 지을 때 노무자와 자재 공급 업자로부터 골탕을 먹어 현지의 건축에 대한 실무적인 노하우가 없이는 제대로 일이 안 된다는 사실을 알고 있었다. 그렇기 때문에 직영을 하라는 주위의 경험 없는 한국 사람의 조언을 고려조차 하지 않았다.

　땅값 지불하기도 자금이 빠듯했는데 이 회사는 계약과 동시에 건축 허가도 안 받고 터파기 공사부터 시작해 주었다. 더구나 계약금도 안 받고 일을 시작해준 것은 필리핀에서는 있을 수 없는 일이었다. 또한 이분의 절친한 친구 중에 필리핀에서 굵직한 개발 회사의 자금 담당 임원을 소개해 주었다. 나는 그 친구를 통해 생각지도 못한 현지 은행으로부터 큰 금액을 융자받는 노하우를 전수받았다. 그리고 은행에서 결정권을 가진 융자 담당 간부들을 소개해 주어 은행과 대출 거래를 시작하면서 자금 부담을 크게 줄일 수 있었다.

　중요한 것은 필리핀에서 그녀를 통해 만나는 현지 비즈니스맨들이 제법 규모 있는 사업을 하는 화교들이었고, 그들과 교제를 하는 시간을 많이 갖게 된 점이었다. 이런 미팅들을 통해 화교들이 엄청나게 견고한 상권을 쥐고 있는 필리핀의 새로운 세상을 들여다볼 기회를 가졌다.

　더구나 확고한 경제 기반을 가진 화교들이 필리핀에서 성공한 것이 단순한 우연이 아니라 피나는 노력과 특유의 응집력 그리고 철저한 신용주의에 의해서 만들어진 것이라는 사실을 깨달을 수 있었다. 내가 어렴풋이 한국 사람으로서 커다란 벽을 느꼈던 화교의 상권을 깊이 들여다보면서 나 자신이 현지화로 업그레이드 할 수 있는 계기가 된 것이었다.

그녀가 운영하는 건축 회사의 주 사업은 인테리어 공사이고, 주요 고객은 필리핀에서 가장 큰 백화점 체인을 가진 SM이었다. 자연히 이 회사의 건축 담당 관계자와 건축 자재 공급 업자, 건축을 분야별로 담당하는 업자들과 만나는 기회가 많이 생겼다. 내가 옆에서 지켜본 대규모 백화점의 공사에 한국 사람이 자재를 납품하는 일이나 공사를 하청 받는 일이 어려운 것을 이때 알게 되었다. 우리가 아무리 경쟁력이 있어도 이 사람들의 거미줄 같이 짜인 인맥관계를 경험하면 불가능하다는 사실을 쉽게 알 수 있다.

건축 허가(Building Permit)도 받지 않고 공사를 시작해 무리하게 터 파기 작업을 한 것이 결국 화근이 되어 첫 번째 고비를 맞았다. 자금을 구하기 위해 한국에 온 지 며칠 되지 않았는데 마닐라 사무실에 있는 비서에게서 긴급 연락이 온 것이다. 우기가 시작되어 걱정했는데 비용을 줄이기 위해 하판을 묻지 않고 땅을 판 것이 무너져 내려 옆집 마당부터 건물까지 금이 간 것이었다. 마카티 지역은 하판을 묻지 않고 보통 수십 미터를 파 내려가도 별 문제가 없으나 밤마다 내리는 장대비 때문인지 옆집으로 조금씩 파여나가 밤새도록 지켜보곤 했는데 결국 옆집이 금이 간 것이었다.

다행히 옆집 사람들이 미국에서 돌아와 금이 간 것을 발견하기 이틀 전에 시청으로부터 건축 허가가 떨어져 불법 공사의 처벌은 피할 수 있었다. 그러나 예상한 대로 걱정한 이상의 손해 보상에 대한 편지가 날아들었다. 금이 간 부분의 복구와 정신 피해 보상으로 한화 약 2억5천만 원을 청구한 것이다. 이 편지 내용을 보는 순간 심장이 멈추는 듯한 충격을 받지 않을 수 없었다. 이제 간신히 땅값을 지불하고 공사비 마련도 버거운 상황에서 눈앞이 캄캄해졌다.

우선 최선을 다해 금이 간 부분을 복구하고 정신적인 피해에 대해서는 형편이

닿는 범위 내에서 성의껏 보상을 하겠다고 정중하게 사과 편지를 보냈다. 옆집을 찾아가려고 했으나 공사를 맡은 여사장은 내가 외국 사람인 것을 알면 합의가 더 힘들 것이라고 만류했다.

결국 옆집은 건축보호협회 같은 정부기관에 고소를 했고 곧바로 이 기관으로부터 공사를 중단하라는 편지를 받았다. 여사장이 자신의 변호사를 통해 어떻게 조치를 취했는지 며칠 후에 공사를 재개할 수 있었다. 화교들이 평소에 다진 공무원들과의 인맥관계로 가능한 일이었다. 하지만 재판은 계속 진행되고 물증이 확실한 이상 질 것이 뻔한 상황이었다.

그러던 어느 날 이른 아침부터 옆집에서 무슨 일인지 여러 사람들이 집안을 오고 가며 부산하게 움직여 기사에게 물어보니 이날이 주인 생일이라는 것이었다. 나는 곧바로 백화점에 들러 한나절 동안을 옆집 주인이 입이 딱 벌어질 수 있는 생일 선물을 고르는 데 시간을 보냈다. 옆집은 필리핀 부호들이 사는 고급 주택지에 속해 있고 내가 구입한 땅부터 상업지역으로 분리된 것이다. 옆집 주인은 스페인 지배 당시의 지주계층 후손으로 필리핀 내에서 권세가 보통이 아니었다. 오래된 벤츠차 두 대가 항상 서 있는 것으로 봐서 과거에는 상당한 재력을 가지고 있었지만 지금은 형편이 썩 좋지 않을 것이라는 생각이 들었다.

상당한 돈을 들인 선물 꾸러미를 들고 일단 집으로 찾아갔다. 가정부에게 내 소개를 해 주인을 첫 대면하는 순간이었는데 멀리서 몇 번을 본 대로 이멜다 같은 인상을 한 여자가 일단 반갑게 맞아 주고는 냉정하게 다른 곳으로 자리를 피하는 것이 아닌가. 반가울리가 없지 생각하고는 소매를 걷어붙이고 일하는 사람들을 도우며 저녁때까지 그 집을 떠나지 않았다.

여러 손님을 맞이하며 내 모습이 눈에 띌 때마다 왜 저 인간은 여태 남아 있나 하는 눈치를 보냈지만 나는 방문객 사이에 끼여 끝까지 자리를 지켰다. 그런 가운데 그날 주인공의 딸과 사위들과 친해져 자연스럽게 내 고충을 털어놓게 되었다. 거의 모든 손님이 가고 한산한 시간에 가족들이 모인 자리에서 진솔하게 사정 얘기를 했다. 그런데 이게 웬일인가. 내 얘기를 끝마치기도 전에 그날 주인공은 기분 좋은 분위기를 이어가려고 그랬는지 나보고 걱정 말고 이웃사람끼리 잘 지내보자고 하는 것이 아닌가.

　나는 꿈인지 생시인지 분간이 안 갔다. 그날 이후로 옆집 귀부인은 2층 베란다에서 내가 나타날 때마다 손짓을 하며 나를 다정스럽게 불러주는 정겨운 이웃이 되었다. 나는 너무도 미안하고 고마운 마음에 다음 날 바로 금이 간 마당과 건물을 콘크리트로 막아주고 건물이 완공될 때까지 싱싱한 꽃다발을 매주 월요일 아침마다 배달해 주었다. 나중에 이분 소개로 현대자동차 10대 가량을 팔 수 있었고 매주 금요일 밤마다 벌어지는 가든파티에 나를 불러 한국인 친구라고 소개해 주었다. 이렇게 첫 고비는 기적같이 넘겼다.

　매일 출근하다시피 건축 사무실에 상주하며 공사 진척 사항을 사장과 의논하면서 처음부터 설계 변경을 하지 않겠다는 원칙을 세워 추가 비용이나 공사가 지연되는 일을 근본적으로 봉쇄했다. 보통 시공 회사와 건축주는 좋은 사이가 될 수가 없지만 건축 회사 사장은 거래관계를 떠나 인간적으로 나를 도와주겠다는 약속을 잊지 않고 정직하게 성의를 다해주었다.

　내가 모르는 건축의 기술적인 면을 이해가 될 때까지 물어보아도 짜증 한번 내지 않고 자세하게 설명을 해주는 것도 너무 고마웠다. 그런 가운데 건축에 관해 많은 공부가 되었고 실제로 배우고 싶었다. 언젠가는 나도 건설 회사를 하겠다는 꿈을 가졌기 때문이었다. 나는 체질상 사무실보다는 현장에 있는 것을 좋아했고 기계 돌아가는 소리를 들어야 마음이 편안하고 세상사는 맛이 났다.

　건축회사 여사장인 줄리엣(Juliet)은 자기가 잘 알고 지내는 솔리드 뱅크(Solid Bank)의 부사장을 소개해주어 공사비 융자를 승인받아 한결 자금 부담을 줄일 수 있었다. 택시 사업을 할 때부터 은행과 거래를 하면서 한국과 다른 점을 알게 되었다. 우선 은행 문턱이 낮아서 좋다. 지점장을 위시해 모든 지점 직원들은 고객에 대해 형식적인 친절보다는 봉사정신에 입각해 서비스를 제공한다. 한국처럼 지점장의 권위 의식이라는 것은 있을 수도 없고 세일즈 입장에서 고객을 찾아다니고 일단 거래가 되면 사업 정보나 기타 여러 가지 편의를 제공하려고 온갖 정성을 기울이는 편이었다.

지점장은 보통 거래가 많은 회사를 정기적으로 방문해 회사 사정을 파악하고 있어 대출 시 담보도 중요하지만 사업 내용과 기반 및 사업자의 신용을 우선으로 융자 승인을 하는 편이다. 필리핀은 보증인을 거의 요구하지 않으며 이혼 시에 부부가 동일하게 재산이 양분되므로 배우자의 보증을 요구한다.

나는 자동차 판매 사업으로 은행과 긴밀한 관계를 유지해야만 했다. 사업 규모에 비해 자본금이 부실해 철저한 신용을 바탕으로 은행 융자에 의존할 수밖에 없어 은행을 드나드는 일이 많았고 자연히 은행 대출 업무를 철저히 익히게 되었다.

공사는 예정보다 느리게 진행되는 편이었지만 중단 없이 6개월의 우기 동안 골조 공사를 마쳤다. 이천운수에서 차량을 구입할 때 같은 은행으로 내 땅을 담보로 대출을 보증했다. 그랬는데 할부금을 몇 달 연체해 공사비 줄 돈마저 이천운수에 차용해 주어도 부족했다. 불량 고객으로 넘어가기 이틀 전에 극적으로 한국에서 1억 원이 들어와 부도 위기를 가까스로 넘기는 피 말리는 순간도 있었다.

인테리어 공사까지 10개월을 예정한 공사는 1년이 지나도 끝날 기미가 보이지 않았다. 한국 같으면 벌써 끝날 공사이다. 건축 회사는 물론 적자를 보고 있었고 건물 완공이 지연되자 수입은 없이 생각지도 못한 비용이 은행 이자와 함께 자꾸만 늘어났다. 매일 공사 현장에서 인부들을 독려해도 항상 그대로인 것 같아 애만 태우고 담배만 하루에 두 갑으로 늘었다.

아침에 눈만 뜨면 돈 걱정으로 오전까지 수표를 막을 일이 까마득했다. 아침도 거르고 입이 바싹 타오르며 간신히 수표를 막고 나면 입안에 닭똥 냄새가 나는 것을 몇 번 느꼈다. 그리고 현장에 나가면 청구서가 한 다발 책상 위에 놓여 있다. 한숨만 나와 담배를 물고 밖을 내다보다 건너편 식당에서 시시덕거리며 일하는 종업원들이 보이면 그렇게 부러울 수가 없었다. 최소한 저 사람들은 매일 아침마다 수표 막을 일이 없을 테니까.

오후 내내 지하층부터 4층 옥상까지 몇 번이고 오르락내리락하고 직원들과 저녁을 먹고 나서는 건축 회사 사무실로 갔다. 밤늦게까지 공사의 진척 사항과 자재

코리안 비즈니스 센터 건물 준공식에서

현황을 사장과 일일이 체크하고 택시회사 차고에 들렀다 집으로 가서 잠시 눈만 붙이고 나오는 생활을 계속해야만 했다.

 그래도 주위에 지각 있는 교민들이 누군가가 꼭 해야 할 일을 한다고 격려해 줄 때는 크나큰 용기를 얻어 모든 시름을 잊고 일에 매진했다. 또한 라모스 대통령이 외국인 투자가들을 적극적으로 유치하고 효율적인 경제 정책을 펼치는 데 힘입어 부동산 가치가 하루가 다르게 뛰어올라 걱정을 줄일 수 있었다.

 처음 택시를 수입해 세관에서 통관을 못하고 있을 때는 노란 영업용 번호판을 단 택시만 보면 부럽더니 이때는 완공된 건물만 보면 부럽다 못해 탄식이 절로 나왔다. 드디어 건물의 뚜렷한 윤곽이 서서히 나타나기 시작하면서 평소에 생각을 해두었던 입주 대상 업체들을 물색하고 섭외를 시작했다.

 1층은 현대자동차의 쇼룸 및 영업소로 직영하고 복도가 끝나는 사무실은 현대전자의 컴퓨터를 판매하고 SK디스켓 대리점과 교민 정보 잡지를 편집하는 회사를 첫 번째로 입주시켰다. 2층은 커피숍 겸 간단한 식사를 할 수 있는 스낵바를 갖춘 구내식당을 만들었다. 내가 처음에 필리핀에 와서 먹는 것 때문에 고생을 했던 경험과 먹는 것이 중요한 만큼 가장 신경을 많이 썼다.

아시아나항공, 대한항공의 티켓팅과 비자 연장, 렌터카 등의 종합적인 교민 서비스를 제공하는 여행사와 한국에서 화학 원료를 수입하는 무역회사에 임대를 주었다. 우리가 자칫 소홀하기 쉬운 법적 자문을 쉽게 받기 위해 믿을 만한 변호사로 구성된 합동 변호사 사무실을 섭외해 입주시키고 자동차 판매에 부속되는 현지인 보험회사도 입주시켰다. 내 경험상 보험을 들어도 자동차 손상에 따른 보험 처리를 하려면 몇 주씩 기다려야 했다. 우리 고객에게는 신속한 처리로 이 같은 불편을 덜어주기 위해 가까이 보험회사를 둔 것이다.

또한 건물 관리를 위해서 교민들에게 필요한 소규모 공사를 수행할 수 있는 건축회사를 입주시켰고 한국에서 중고 중장비를 수입해 판매하는 회사도 합류하게 했다. 한국 사람이 필리핀에 와서 유일하게 선물로 관심을 많이 가지는 것이 진주이다. 그래서 선물 코너로 전문 진주 숍(Pearl Shop)을 계단 입구에 고급스럽게 치장해 입주시켰다.

그리고 가장 중요한 위치에 비즈니스 센터를 만들어 최신 사무기기 및 컴퓨터를 갖췄다. 임시 사무실이 필요한 외부인이나 비즈니스 호텔 손님을 위해 업무를 볼 수 있는 공간을 둔 것이다. 3층은 비즈니스맨의 보다 경제적인 체류를 위한 비즈니스호텔로, 방을 18개 만들었다. 고급스럽지는 않지만 깔끔하게 꾸며 사업을 위해 온 사람들이 저렴한 숙박비로 편리하게 이용할 수 있게 만들었다. 지하는 정비센터로 만들 계획이었으나 자금 사정이 여의치 않아 교민의 편의용품점으로 임대 분양을 해 한국 식품점, 비디오점과 의류점들이 입주를 하게 되었다.

이제 취지대로 필리핀에 사업을 개척코자 온 한국인들이 마음 놓고 사업을 추진할 수 있는 전진 기지로서 사업에 기본적으로 필요한 제반 시설을 갖춘 코리안 비즈니스 센터가 탄생하게 된 것이다. 한국 사람으로 필리핀에 세운 최초의 건물이라는 기록적인 의미 부여보다는 한국인의 정신이 살아있는 개척자들의 포근한 보금자리와 암초에 부닥치지 않게 순항을 도와줄 수 있는 등대로서의 역할을 기대하는 뜻이 컸다. 결국 내 손으로 마닐라 한복판에 태극기를 게양하면서 한국인이 부끄럽지 않은 기업의 위상을 세우리라 다짐했다.

　마침 인터내셔널 스쿨 마닐라 정문을 나오면 코리안 비즈니스 센터가 정면으로 보이고 그 옥상에서 태극기가 펄럭이는 모습을 볼 수 있었다. 갓 입학한 내 아들을 비롯해 몇 백 명 되는 한국 학생이 다른 나라 학생들과 하교길에 나오면서 태극기를 바라보며 조국에 대한 자부심을 갖기를 바랐다.

　내가 밟고 있는 이 땅이 한국인의 영역인 것이다. 필리핀에 정착하며 억울한 일을 당한 사람들에게 마음의 안식처가 되고 좌절에 빠진 사람들에게 용기와 희망을 주고 뜻을 세울 수 있는 터전이 되길 바랐다. 나는 개인적으로 필리핀 사람에게 확고한 기반을 가진 외국인으로서 신뢰를 얻으려 했다. 언제든지 쉽게 떠날 수 있는 이방인이 아니라는 인상을 주고 싶었다. 내가 하루에 돌아다니며 만날 수 있는 사람은 제한되어 있지만 이제는 만나고자 하는 사람을 초대할 수 있어 더 많은 사람을 만날 수 있기에 보다 많은 정보를 확보할 수 있을 것이다.

　많은 교민이 바쁜 이민생활 가운데도 개관식에 참석해 주었고 교민 사회에 여러 가지 보탬이 될 수 있는 장소로 거듭나길 축복해 주었다. 그동안 피를 말리며 애간장을 녹이고 심장이 타 들어가던 고통의 순간들이 떠올라 눈물이 나올 것 같았다. 앞으로 가야 할 길이 더 험악할 수도 있다는 생각도 들었다. 건물이 입주 업체들로 꽉 차자마자 코리언 비즈니스 센터는 제 구실을 하기 시작했다. 환전소가 새로 입주하면서 더욱 사람 발길이 늘어갔다.

　한국에서는 환전이 외환 관리법상 불법이다. 하지만 은행보다 수수료와 환차에 따른 송금 비용이 저렴한 데다 촌각을 다투며 수표를 막아야 할 때는 환전소를 이용하지 않을 수 없다. 커피숍을 겸한 간이식당을 중국집으로 바꿔서 임대를 줬는데 필리핀에서 처음으로 한국에서 온 요리사가 제대로 된 중화요리를 선보여 대박이 터졌다. 점심이나 저녁때면 중국집을 찾는 사람들로 건물 안이 꽉 찼다. 특히 점심때는 일부 손님들을 내 방으로 모셔 회의용 탁자에서 식사를 하게 해야 할 판이었다.

하루에 코리안 비즈니스 센터를 이용하는 사람이 현지인과 한국인을 포함해 1천 명가량에 이르렀다. 필리핀이 오랜 경기 침체에서 벗어나 건설 붐이 일자 한국의 건설 관련 업체나 자재 또는 중장비를 취급하는 회사에서 시장 개척을 위한 지사 설립 등으로 많은 사람들이 필리핀을 방문하고 정착하기 시작했다.

또한 태국이나 인도네시아, 홍콩 등으로 다니던 한국 관광객들이 갑자기 필리핀으로 몰려들었다. 필리핀 정부에서도 라모스 대통령이 한국전쟁에 참전한 잊을 수 없는 인연도 있고 필리핀에서 제3의 투자국이며 외국 관광객 중 3위를 차지한 한국에 자연히 신경을 쓸 수밖에 없었다.

이런 분위기에서 한국 자동차가 물밀듯이 쏟아져 들어왔다. 한국산 전자 제품도 일본산을 서서히 밀어내고 필리핀 가정에 침투해 들어가기 시작했다. 나도 코리안비즈니스센터 완공 후 마련된 쇼룸에 현대자동차를 전시해 놓고 본격적인 판매에 들어갔다.

예상한 대로 현대자동차에 익숙한 한국 사람들의 주문이 쇄도했다. 첫 주문을 받아 현지 공장에서 현대 엑셀차를 내가 직접 몰고 나오는 데 11년 전 무전여행 왔을 때 가졌던 꿈을 이제 이뤘구나 하는 생각이 들자 울컥 눈물이 나왔다. 지금 이 순간이 오기까지 너무도 험난하고 긴 여정이었다는 생각이 불현듯 들었기 때문이었다.

나는 전생에 자동차를 팔지 못해 한을 품고 죽은 사람처럼 열심히 차를 팔았다. 외제 좋아하는 한국 사람이 일제차를 타고 싶어 할 텐데 현대차를 사겠다고 하면 얼마나 고마운지 몰랐다. 차 가격도 일본 차에 비해 그렇게 싸지도 않았기 때문에 사겠다고 말만 꺼내면 당장에 차를 배달해 주었다. 주위 사람들이 걱정할 정도로 파격적인 할부조건으로 과감하게 판매했다.

필리핀에서 일본 차를 이기는 위해서는 별도의 방법을 써야 했다. 첫째로 신속한 배달이다. 다른 딜러는 주문하면 최소한 3~4일이고 할부일 경우는 한 달가량 걸리므로 성질 급한 한국 사람에게는 참기 어려운 일인 것을 나는 잘 알고 있었다.

둘째는 누구에게나 쉽게 자동차 융자(Car Loan)를 제공하는 것이다. 한국 사람은 보통 필리핀 은행에서 융자를 받으려면 ACR(Alien Certificate of Registration)이 있어야 하는데 관광 비자로 체류하는 사람이 많아 현지 은행에서 융자를 받을 수 없다. 그래서 나는 싱가포르의 금융회사와 바이 백(Buy Back) 약정을 체결해 우리 고객은 내 보증으로 무조건 융자를 받을 수 있었다. 이것은 우리 고객이 할부금을 못 갚을 때 내가 대신 갚는 보증서 같은 계약이었다.

셋째는 고객이 원하면 정기 점검 시 우리 직원이 차를 픽업하는 서비스를 제공하고 여유 차를 확보해 고객의 차를 정비하는 동안 무료로 회사 차를 대여해 주었다. 넷째로는 필요한 부품을 신속하게 한국에서 공수해 와서 부품 조달로 지체되는 시간을 최대한 단축하는 것이었다. 그 덕에 필리핀 사람들이 한국 사람으로 유일한 딜러인 우리에게 구매를 많이 해 주었다. 현대자동차가 한국 차이므로 우선 부품을 신속하게 공수해 와서 서비스를 해주기 때문이었다.

이런 판매 전략에 따라 소수 정예의 판매사원으로 프랜시스코사에서 깜짝 놀랄 정도로 차를 팔았다. 나는 그 덕에 더 좋은 조건으로 차량을 받아 상승세를 탔다. 가정생활을 거의 돌보지 못한 채 회사 일에 깊이 빠져 지냈다. 무조건 나를 이해해 주는 아내와 건강하게 성장하는 아들에게 고마울 뿐이었다. 거의 가족끼리 외식도 해보지 못했으니 형편없는 가장임에 틀림없었다. 지금 생각해보면 정말 인생을 잘못 산 것이다. 사업 실패하고 후회스러웠던 것들 중에 가정생활에 소홀했던 것이 가장 한이 맺힌다.

모든 일이 순탄하지만은 않았다. 코리안 비즈니스 센터가 생기므로 주위에 유사한 업종을 하는 교민들이 고객을 빼앗기니 나를 가만둘 리 없었다. 주위의 질시가 대단했다. 나는 주위 사람들의 단순한 논리가 안타까울 뿐이었다.

아무튼 코리안 비즈니스 센터는 원래 취지에 맞게 한국 사람을 위한 One Stop Service로 교민들에게 큰 호응을 얻었다. 입주업체들 모두는 한 가족처럼 지내며 서로 상부상조하여 짧은 기간 내에 사업을 안정화 시킬 수 있었다. 나 역시 현대 자동차와 LG전자 제품의 판매 호조 및 예약이 넘쳐나는 비즈니스 호텔로 짭짤한 수익을 안겨 주었다. 이제 도약의 발판이 마련되어 더 큰 항해를 할 비전을 갖게 되었다.

아파트(Condominium) 개발 사업에 참여하다

1년 전부터 거래를 해오던 대림요업의 부사장님과 무역 부장님이 필리핀을 방문했다. 우리의 주고객인 SM 백화점을 둘러보고 남은 시간에 마침 한인 타운이 형성되고 있는 마카티 애비뉴의 아파트 단지를 개발하는 오프닝 세레머니(Opening Ceremony)에 위생도기를 소개할 계획으로 참석하게 되었다. 행사가 진행되는 중에 틈을 내어 이 사업을 주도하는 사장을 소개받고 다음 날 현장 사무실에서 만나기로 일단 약속을 했다.

이튿날 현장 사무실에 가서 생각지도 못한 부동산 개발 사업을 하는 안텔 그룹(Antel Group)의 회장도 만나게 되었다. 준비해 간 카탈로그를 세심하게 훑어보시고 특히 SM 백화점에 공급을 한다고 하니 더욱 더 관심 있게 제품 설명을 들으셨다. 그리고 안텔 그룹에서 진행하는 프로젝트에 대해 간략한 소개를 직접 해주셨다.

며칠 후 의뢰한 아이템에 대한 견적서를 주기 위해 방문하니 반갑게 맞아 주셨다. 내가 하고 있는 사업에 대해 이것저것 물어 보시기에 열심히 성의 있게 대답을 해주었다. 나는 우리 제품을 팔러 간 이상 공사 일정을 알아보고 지나가는 말로 시공 회사에 대해 조심스럽게 여쭤보았다. 그랬더니 의외로 아직 확정이 안 되었고 곧 공사 입찰이 있을 예정이라고 했다. 나는 순간적으로 의자를 당기며 한국에 유수한 건설 회사가 많은데 소개해도 되겠냐고 물었다. 밑져야 본전이라는 식으로 말씀을 드렸는데 흔쾌히 그러라고 하시는 것이 아닌가.

이렇게 해서 나는 공사에 관한 자료를 가지고 대림요업의 부사장님께서 소개해 주신 대림산업을 방문해 해외공사 담당이사를 만나 브리핑을 하게 되었다. 53층

1동과 48층 2동이 6층의 포디움(Podium)으로 이어진 대형 아파트의 미화 2억 달러 정도 되는 공사규모이다 보니 관심을 가질 수 밖에 없었다.

특히 한국에서 필리핀 경제나 건설 경기 붐이라는 신문 기사가 여러 번 난 적이 있어 필리핀 사업이 전무한 대림산업에서는 더욱 관심을 보였다. 단지 내가 교민이라는 것이 찜찜했겠지만 대림요업과 거래를 하는 관계였고 나를 잘 아는 대림요업 부장님까지 동행해주셔 일단은 신뢰를 하는 느낌이 들었다. 우리나라 건설회사는 세계 각국에서 공사건을 가지고 문의하는 교민이 많고 엉터리 같은 프로젝트를 소개하는 경우도 비일비재하다. 그러다보니 어느 정도 확신이 안서면 바쁜 업무를 제치고 현지 출장까지 가야 하는 번거로운 일에 쉽게 나서지 않는다.

나는 먼저 필리핀에 돌아왔고 며칠 지나서 본사 기술 부장과 인도네시아 현장 소장과 영업 부장이 팀을 짜서 필리핀을 방문했다. 막상 이분들이 도착하니 일의 성사는 둘째고 대림요업 부사장님까지 나서서 주선해준 방문인데 안텔사에서 상담이나 제대로 응해줄지 내심 걱정이 되었다. 다행히 생각보다 훨씬 진지하게 안텔사 회장님은 우리 일행을 맞아주었다. 저녁에는 마닐라에서 가장 중국 요리를 잘하는 뉴월드호텔의 중국 식당에 초대하는 등 정성껏 예우해 주셨다.

첫 미팅은 업무에 관한 대화보다는 안텔사 회장님의 개인적인 이야기가 대부분이었다. 다른 중국인 회사와 마찬가지로 안텔사는 패밀리가 운영하는 회사이고 처음에 보석상으로 사업을 일궈 부동산에 투자해 엄청난 부를 축적한 배경을 알게 되었다. 보석상을 해서 그런지 상당히 섬세한 성격과 온화하고 자상하면서도 카리스마적인 성품을 엿볼 수 있었다.

대림산업에서는 최종 결정권자가 직접 업무를 주관하고 실무자로서 상대해주시니 무엇보다 신뢰와 확신을 가지고 일을 추진할 수 있었다. 안텔사 회장님은 세계 각국을 다니며 사업을 해온 경력 덕분인지 내가 만난 필리핀 사람과는 다른 면모를 볼 수 있었다.

그는 성공적으로 살아온 자신에 대한 모든 것을 보여주려 했고 사업 이전에 인간적인 교류를 통해 서로 친밀한 관계를 만들려고 최선을 다하는 듯했다. 세계적

KOICA 소장과 Cebu지역의 도지사와 안텔 회장님 내외분과 함께 Cebu시를 방문해서

으로 인정받는 한국 건설 회사에 대해 평소 관심을 가지고 있었던 데다 한국의 대표적 건설 회사라 할 수 있는 대림산업과 본사에서 최고 실력을 갖춘 실무진이 파견된 만큼 동양적인 사고방식을 가지고 있는 안텔사 회장님은 쉽게 친숙해졌다. 따라서 서로가 원하는 바를 충족시켜 줄 수 있는 범위에서 상담은 원만하게 진행되었다.

 단순히 건설만 해주는 것이 아니고 투자에 참여하는 것으로 원칙을 정했다. 필리핀은 보통 개발 회사와 건설 회사가 분리되어 있듯이 안텔사도 자체 내 건축 시공을 하는 조직이 없었다. 따라서 건축 시공 경험과 기술을 가진 파트너를 원했던 것 같다. 대림산업 처지에서도 토목 공사와는 달리 건축 공사는 비용 산출이 공식화되어 있어 큰 이익을 내기 어려운 까닭에 공사 이윤보다는 투자 사업을 해 이익을 늘릴 수 있고 필리핀에 교두보를 마련한다는 의미에서 이 방법을 택한 것 같았다.

 아무튼 파트너에 대한 상당한 신뢰가 없으면 불가능한 어려운 결정을 했다. 안텔사는 금융비용의 부담을 줄일 수 있고 외국 기업과 합작한다는 대외 공신력과 홍보 효과, 그리고 건축 시공에 대한 신뢰를 높이는 일석 삼조의 이득이 있었다. 안텔사 회장님은 한국의 건설 회사와 손잡고 필리핀에서 제일군의 개발 회사로 발돋움하겠다는 야망과 꿈을 품고 있었다.

그런 계기를 만드는 데 기여한 나에게 보답을 하는 차원에서인지 매일 거의 모든 시간을 같이하면서 인생과 사업에 대해 교육을 해주셨다. 그때 때로 잔소리처럼 들리던 안텔사 회장님의 말씀들이 몇 년이 지나면서 그 깊은 의미를 새삼 가슴 깊숙이 느끼곤 했다. 특히 중요한 사안을 결정해야 할 때면 안텔사 회장님이면 이럴 때 어떻게 하셨을까 꼭 한 번 더 생각하는 버릇이 생겼다.

나는 이때 필리핀 부동산 개발 사업의 실무를 익히는 기회도 되었지만 인생 자체의 가치관이나 생활 습관과 사고방식의 전환을 갖는 계기가 되었다. 우리와는 다른 식으로 인생을 살아가는 사람과 깊은 인연을 맺으며 내 실체에 대해 냉정하고 객관적으로 자성해보며 과감하게 나 자신의 변화를 시도했다. 필리핀에서 확고한 기반을 잡기 위해 현지화를 해야만 했고 나 자신의 철저한 현지화를 위해 꼭 만나야 할 스승을 만난 것이었다.

안텔사와 오너에 대한 신뢰와 믿음이 깊어지고 이 분 정도면 한국 기업과 사업적 대화가 충분히 통할 수 있다는 확신이 생기면서, 대림산업에서 진행하는 부지와 붙어 있는 나머지 반쪽 부지 3천 평을 개발할 파트너로 현대건설도 소개했다. 필리핀에서 여러 현지 기업과 거래해본 경험에 비추어 한국 기업이 안텔사와 함께 사업을 하면 충분히 성공할 수 있다는 판단을 했기 때문이다.

안텔사 회장님과 개인적인 자리가 생길 때 마다 꼭 필리핀에서 한국 기업의 성공 사례를 만들어 달라고 부탁했고 그분은 어느 정도 내 말 뜻을 이해하는 듯했다. 사실 그때까지 한국에서 온 대기업, 중소기업, 개인 사업이나 장사하는 사람들이 망하는 모습을 너무도 많이 봐왔다. 쏟아 부은 돈도 문제지만 이제 한국인의 위상은 봉으로 타락할 지경에 빠지고 사상누각의 형태만 보존하는 기업체가 허다했다. 현대건설은 아시아 개발은행 신축공사에서 많은 손해를 본 것을 모르는 현지 건설 업체가 없을 정도였고 더욱이 법적 소송으로 기업의 대외 공신력을 더욱 떨어뜨리는 결과가 되었다.

　나는 안텔사에 출근해 본격적으로 부동산 개발 사업에 참여하게 되면서 내 운명이 크게 바뀌었다. 그날 이후로 안텔사 회장님과 나는 잠자는 시간만 빼고 거의 모든 시간을 같이 하게 됐다. 따라서 크게 성공한 화교의 노하우를 배울 천재일우의 기회를 가지게 된 것이었다.

　오전 7시에 가지는 조찬 미팅은 호텔에서, 점심과 저녁은 마닐라에 있는 최고급 중국 식당을 다니며 거의 매일 중국 음식으로 거의 4년 반 이상을 보냈다. 남들은 부러워 할지 몰라도 나에게는 가장 큰 고통이었다. 이때 나온 뱃살을 지금까지 빼지 못하고 있다. 안텔사 회장님은 크게 돈 번 사람이 다 그렇듯이 상당히 자상하지만 업무에는 칼날처럼 엄격해 시간 약속에서는 초를 따지며 세밀한 일 처리와 치밀한 계획과 정열적인 추진력 등을 겸비했다.

　돈 버는 것에 관해서는 신과 인간 중간에 있는 사람처럼 보였고 사업 운영은 예술 경지에 이른 듯했다. 내 사생활은 거의 없었다. 주중에는 호텔에서 조찬 미팅으로 시작해 안텔 본사 사무실로 출근하고 저녁 먹고 나면 밤 11시가 넘어 퇴근하곤 했다. 주말에는 새벽 5시부터 마닐라 근교의 땅을 보러 다닌다든지 개발 현장을 점검하러 다녔다. 언제 호출할지 모르니 어느 누구와도 약속을 잡을 수 없었.

　아침에 안텔 본사 사무실이나 회장님 자택으로 출근을 하면 꼭 소림사에 들어가는 기분이었다. 한시도 긴장을 풀 수가 없고 분 단위의 빽빽한 회장님의 하루 일정을 내 선택권은 전혀 없이 무조건 따라야만 했기 때문이다. 대화 중간에 질문 내용이 논리상 몇 단계를 넘어가 그 내용의 의미를 간파해야 했다. 따라서 정신과 자세를 한시도 흐트러뜨릴 수가 없었다. 안텔사 회장님은 노골적으로 나에게 10년 이상 필리핀에 와서 한 게 뭐가 있냐는 식이었다. 그러면서 나에게 5년만 따라 다니면서 배우라고 했다. 난 그분께 내 모든 시간을 바치고 대사부로 모셨기에 죽으라면 죽는 시늉까지 할 각오로 정직하게 성심성의껏 이 분의 모든 것을 배우려고 했다. 필리핀에서 사업으로 성공하기가 정말 어렵다는 것을 체험했기 때문이었다.

　가까이에서 지켜보면서 이분은 생활 습관이나 사고방식이 돈을 벌 수 밖에 없는 체질과 습관을 가지고 계셨다. 그 중 하나가 철저한 유비무환의 자세였다. 한 예가 자동차에 기름이 반 정도 남았을 때 꼭 주유를 하는 습관이었다. 완벽한 자기 관리와 사전에 여러 상황들을 미리 예측해 대비해두어 어떠한 일이 닥쳐도 신속하고 완벽하게 대처하는 모습을 지켜볼 수 있었다. 하루는 회장님 부인께서 걱정스러운 듯이 자기 사업을 전폐하고 이렇게 따라다녀도 괜찮으냐는 식의 물음에 껄껄 웃으시던 의미를 이제야 알 것 같다.

　그 당시 월급은커녕 아무런 보상이나 조건 없이 무조건 배운다는 생각밖에 없었다. 물론 내 사업이 잘 굴러가고 있었기 때문에 이것도 투자라고 생각했다. 어떡하든 필리핀에서 현지화하기 위해 나 자신을 철저히 바꾸기로 작정했기 때문이었다.

　나는 이분과 독대할 기회가 있으면 사업으로 성공하는 데 비법 한 가지만 말씀해 달라고 간청하곤 했다. 사업을 하면 누구나 기회가 오는데 돈이 들어올 때 이것을 지키면 부자가 될 수 있다고 일러주셨다. 그리고 은행 돈을 가급적 쓰지 말라고 수백 번 당부하셨지만 나는 이미 내 사업 규모에 비해 한국식으로 많은 돈을 쓰고 있었다. 다른 방도가 없었다.

그런데 이 충고가 아시아에 금융 위기가 오기 전에 건물을 과감하게 팔아 위기를 모면하는 데 결정적인 도움이 되었다. 은행은 해가 쬐면 우산을 주고 비가 오면 우산을 빼앗아간다는 비유를 하시면서 은행 돈을 빌려 사업하는 것보다 서로 보완이 될 수 있는 사업 파트너를 만나 위험 부담을 줄이는 방법이 현명하다는 지론이었다.

한국 사람들은 동업이 잘 되지 않지만 필리핀에서는 그렇지 않다. 나는 한국 건설 회사들을 열심히 안텔사에 소개했다. 왜냐하면 안텔사와 관계가 깊어질수록 더욱 더 한국 기업이 이 회사와 손잡으면 최소한 실패는 하지 않겠다는 확신이 들었기 때문이었다.

안텔사가 은행 빚이 거의 없는 건실한 재무구조를 바탕으로 여러 프로젝트를 벌일 구상을 하고 있어 여러 한국 기업을 소개했다. 안텔사의 모든 중요한 사안을 최종적으로 결정하는 회장님이 일단 합리적인 사고방식을 가지고 있고 실무적인 업무를 직접 총괄하고 있기 때문에 무엇보다 믿을 수 있었다. 외국 기업의 성공 여부는 어떤 현지인을 만나느냐에 달려 있다고 해도 지나치지 않다.

한창 합작 사업이 진행되던 중에 방문한 대림산업 부사장님이 나에게 정말 괜찮은 회사를 소개해주어 고맙다는 인사와 함께 동남아시아에서 이런 회사와 합작 사업을 하지 않으면 투자 사업을 더 이상 할 곳이 없다며 안텔사에 대한 확고한 신뢰감을 나타냈다. 공사 규모가 2억 달러가 넘고 사업 규모가 4억 달러나 되는 프로젝트인 만큼 회사 신용 조사 및 시장 조사를 전문적으로 하는 SGV 사에 용역을 주어 투자 조사를 마쳤고 실제 회사 내 최고 실력 있는 직원을 파견해 자체 조사한 바 사업성 결과가 긍정적으로 나왔던 것이다.

결국 합작 사업의 합의를 문서화한 양해각서를 작성해 서명을 함으로써 본격적으로 터 파기 공사부터 시작하게 되었다. 이런 과정에서 안텔사 회장님은 대림산업에서 투자하기로 한 만큼 화교 방식대로 나에게 커미션을 주겠다고 하며 공사 입찰 대신 수의계약을 하기 때문에 대림산업에서 공사에 대한 커미션을 받으라고 조언해 주셨다. 그리고 처음 거래하는 한국 업체 사이에 지속적인 보조 역할을 요구하며 내 존재에 비중을 두려고 애쓰셨다.

 상황이 이렇게 된 만큼 내가 한 일에 대한 응당한 보상을 수차례 대림산업의 담당 부장과 상의하려고 했다. 내 입장을 알겠다고 기다려 보라는 성의 없는 태도로 일관하더니 결국에는 몇 개월이 지나 처음 일이 시작될 당시 본사에 내 역할을 보고하지 않아 결재를 받을 수 없다는 확답을 듣고 더 이상 할 말을 잃었다.

 나는 솔직히 그 당시 내가 여러 사업을 하고 있었고 한국식의 단순한 브로커 취급을 받고 싶지 않았다. 다만 내가 한 일에 대해 정식으로 인정받고 내가 공헌하거나 노력한 만큼 최소한의 대가라도 받고 싶었다. 분명히 내가 처음 본사에 들어가 정식으로 이 프로젝트를 소개했고 실제로 이 일을 위해 내 돈을 쓰고 있었다.

 게다가 안텔사에서 정식으로 공사 커미션을 받으라고 했는데 안 된다고 하니 도저히 이해할 수가 없었다. 내가 필리핀에서 현지인에게 인정받기까지 숱한 고초를 치른 대가를 한국 업체로부터 인정받고 보상을 받고 싶었다. 그리고 해외 사업을 하는 대기업이 이런 돈 정도는 쓸 줄 알아야 한다고 생각했다.

 필리핀에 정착하면서 온갖 고통을 감수하며 살아보겠다는 젊은 사람을 대기업이 도와주고 격려는 못할망정 기만한다는 사실이 한심스러웠다. 한국이라는 사회가 급성장의 명분 아래 물질적인 풍요로움을 누리지만 반면에 가장 중요한 인륜을 상실해간다는 사실을 필리핀에 살면서 느꼈다. 치열한 경쟁에서 권력과 부와 명예를 얻기 위해 남의 것을 빼앗고 짓밟고 일단 올라서 쟁취를 하면 잘못된 과정은 합리화되는 모순된 면이 아직 한국사회에 남아 있는 것 같다. 도덕성은 점점 상실되어가고 체면도 없이 나쁜 짓을 해도 무감각해지는 악습이 사회 전체에 만연되어 있는 것 같다.

 필리핀에서 오래 살다가 한국을 방문해 보면 이전에는 못 느꼈던 것 중 하나가 한국 사람들은 원하는 것을 얻기 위해서는 무슨 일이라도 할 수 있는 것을 적극적인 삶이라고 생각하는 사람이 많은 것 같다. 우리가 지금 진통을 겪고 있는 여러 사회문제들이 이런 도덕성 상실에서 비롯되지 않았나 생각한다.

 우리는 보편적으로 커미션에 관해 상당히 부정적이고 인색한 편이다. 또한 브로커라는 부정적인 인식을 가지는 경향이 다분한 편이나 필리핀에서는 소개한 사람에 대한 사례금 지불이 확실하고 철저히 상도덕을 지키는 편이다. 그러기 때문에 거래상의 불화가 적은지도 모른다.

나도 처음에는 내 사업상 도움을 준 사람들에게 현금으로 사례하는 것이 부자연스럽거나 아깝다는 생각도 했다. 하지만 이제는 과감하게 이런 돈을 쓸 줄 알아야 사업이 된다는 사실을 깨달았다. 대우건설은 이런 면에서는 확실했다. 한국에 있는 본사에 찾아가 상담을 하는 자리에서 내게 커미션부터 거론을 해서 내가 오히려 당황했다.

하지만 나중에 필리핀 사업 담당 임원이 안텔사를 방문해 구체적인 사업을 논의하는 과정에서 안텔사 회장님의 말을 가로막으며 필리핀을 다 아는 것처럼 일방적인 대화를 주도해 안텔사에 안 좋은 인상을 주고 말았다. 한국 기업과 일본 기업을 거래해본 현지 화교 친구에 따르면 일본 사람들은 대개가 질문을 많이 하여 상대의 말을 주로 듣고 정보를 얻으려는 자세를 가진 반면에 한국 사람들은 자신의 입장에서 말을 많이 하고 가르치려는 식의 자세라고 비교한 기억이 난다. 우리가 한번 새겨들어야 할 말이다.

나는 이때 차를 타고 다니면서 고층 건물만 보면 유심히 관찰하는 습관을 가지게 되었다. 주말마다 몇 년 동안 안텔사 회장님을 따라 마닐라 근교에 땅을 보러 다니다 보니 서당개 3년이면 풍월을 읊는다는 말이 실감날 정도로 부동산에 대한 안목이 생겨났다. 거의 주택 단지와 골프장 용도로 땅을 알아보러 다니다 보니 수십만 평의 땅이 등기(Title)가 보통 수백 개가 되어 매입하는 일이 보통 골치 아프고 위험 부담이 큰 일이 아닐 수 없었다. 외국인은 엄두조차 낼 수 없는 일이었다.

더구나 필리핀은 가짜 등기가 많이 나돌기 때문에 관할 시청에 있는 등기소에서 확실히 확인해야 한다. 구 마닐라의 뀌아뽀(Quapo)에 가면 가짜 등기(Fake Title)를 만들어 준다는 말을 몇 번 들었다. 그래서 처음에 외환은행이 정식 은행으로 승격해 융자 업무를 시작할 때 가짜 등기로 사기를 당했다는 소문을 들었다.

내가 마카티 땅을 구입할 때 현지 은행 융자를 신청을 해 등기의 진짜 여부를 확인했다. 모든 등기는 시청이나 도청에 가면 누구나 열람해 볼 수 있으므로 본인이 직접 찾아가 확인하는 것이 가장 좋다.

아마 2년 전쯤 이런 일도 있었다. 다니던 교회 목사님이 한국에 가셨다가 지인 소개로 필리핀에서 주택 개발 목적으로 부동산을 매입한 사람을 만났다고 전화가 왔다. 이분이 계약금으로 약 30억 원을 이미 지불했고 일주일 후에 중도금 20억 원 정도를 지불해야 하는데 등기 여부를 확인해보고 싶다고 해서 나를 소개한 것이다. 그분이 샀다는 땅은 마침 내가 잘 아는 곳이었다. 마닐라 남부의 알라방에서 까비떼 가는 길목에 있는 주택 용지로 인근 지역을 현지 유수의 개발 회사들이 개발 중이어서 땅값이 많이 오르고 있었다.

나는 속으로 그 좋은 땅을 한국 사람이 매입했다고 하는데 쉽게 믿을 수가 없었으나 30억 원까지 계약금을 주면서 사기당할 리가 없을 것으로 생각해서 그 사람이 달리 보였다. 내가 역시 우물 안 개구리구나 하고 생각하면서 한국에서 온 사람들이 대단해 보였다. 전에 자주 갔던 곳이라 관할 도청에 부지를 확인하려고 바로 달려갔다. 등기소에 가서 이분이 한국에서 가져온 등기 사본을 보여주고 등기 원본을 열람하겠다고 하니 바로 원본을 보여주었는데 가져온 등기가 가짜였다. 등기소 직원이 그전에도 이런 일이 있었다고 했다. 그 땅 소유자는 지난 대통령 선거에 출마한 마니 빌라(Mr. Manny Villar)로 국회 의장이었다. 너무나 끔찍한 일이 벌어져 눈앞이 아찔해지고 다리에 힘이 풀려 쓰러질 뻔했다. 너무 큰 사고로 이 사람이 받을 충격에 내가 먼저 걱정이 된 것이었다. 나는 사기꾼들과 대치하며 위험을 무릅쓰고 도왔고 우여곡절 끝에 이 사람은 계약금을 돌려받았다. 내게 사례한다는 말만 하고 이제까지 약속을 지키지 않았지만 남을 도와준 보람은 있었다.

마닐라 근교의 주택지 개발 사업은 보통 m^2당 약 5백~1천 페소에 사서 주택용지로 용도 변경을 한 뒤 전기와 급수 및 하수구 공사를 하고 구획 정리를 하면 5천~8천 페소에 팔 수 있는 수익 좋은 사업이다. 콘도미니엄(한국의 아파트)은 보통

30층 건물을 지을 때 50%만 분양이 되면 땅값과 건축 비용이 나온다. 마카티 지역의 요지는 3.3㎡(평)당 한화로 1천만 원에서 2천만 원 정도 했고 아파트 분양가가 평당 한화로 6백만 원에서 1천만 원까지 한다.

또한 땅을 파기도 전에 카탈로그만 가지고 프리세일이 가능했기 때문에 대형 건물 공사가 줄을 이어 마카티 시나 파식 등지에 생겨졌다. 요즘 들어선 여러 시행사의 약속 불이행으로 과거와 같이 선분양이 쉽지 않고 건물 완공 후에 분양이 용이하다.

그래서 많은 한국 건설 회사들이 현지에서 개발 사업을 했지만 거의 실패했다. 이유는 간단하다. 건축비가 일단 높을 수밖에 없다. 현지 하청 시공업체를 제대로 관리를 못하며 모든 자재 구매가가 현지인보다 높다. 우리나라 건설 업체의 구매 담당자들 관행이 있기 때문이다. 현지에 파견 나온 직원들이 현지 사정에 밝지 못하고 한국에서와 같이 관리해서는 원가 절감에 한계가 있다. 현지 굴지의 회사들은 크고 작은 문제를 오너가 직접 챙기기 때문에 공사 진행은 늦지만 거의 새는 돈이 없다.

개발도상국에 임대료나 부동산 값이 비싼 것은 개발된 지역이 한정되어 있기 때문이다. 부동산 개발 사업은 탄탄한 현지 기반이 없으면 실패할 확률이 높고 위험 부담이 많지만 그만큼 수익도 크다. 따라서 필리핀의 부동산 시장은 수요자 마켓이 아니고 공급자 마켓이다. 세계적으로 비싼 임대료가 선진국의 도시뿐만 아니고 개발도상국에도 많은 이유가 거기에 있다.

외환위기 전 한때 라모스 대통령의 서민 주택 보급 정책으로 저가 임대 주택 붐이 한창 일어 많은 한국 사람들이 투자 사업을 벌였지만 분양이나 수금이 안 돼 거의 실패했다. 분양 가격이 1천만 원도 안 되는 저가 아파트를 물량만 보고 덤볐다가 줄줄이 실패한 것이다. 우리는 뭐가 된다면 물불을 안 가리고 뛰어드는 습성 때문에 많은 피해를 본다. 일단 사업 진행 결정 이전에 현지 공신력 있는 컨설팅 회사에 사업 타당성 조사를 의뢰한다든지 보다 신중해야 한다. 일단 필리핀이라는 지역 특성상 우리가 예측할 수 없는 변수가 반드시 있을 수밖에 없기 때문이다. 그래서 단지 지인 말만 믿고 서둘러 일을 저지르다 잘못되는 경우가 많다. 한국 업체들이 보통 필리핀에서 대박을 터뜨리는 특혜 사업의 유혹에 빠지곤 하는데 조금만 깊이 생각하면 답이 나온다. 자본력과 현지 기반이 탄탄한 현지인 업체를 제치고 한국 사람에게 차례가 갈 리 만무하다는 사실이다.

그 당시 필리핀 경제가 유례없이 부상하더니 결국 태국에서 부동산 침체가 시작되며 급격한 환율 변동이 생기면서 발생한 경제 파동이 곧바로 필리핀으로 상륙한 것이다. 확인된 사실은 아니지만 미국이 중국을 견제하기 위해 동남아시아의 화교권을 겨냥하여 금융 위기를 일으켰다는 설이 있다. 필리핀의 중견 부동산 개발 회사인 메가월드의 부도설이 나돌기 시작하면서 1997년 7월부터 본격적인 경제 위기가 닥쳤다. 대림산업도 결국 본사 기획실의 판단으로 사업을 포기하고 철수했다. 결국 옳은 판단이긴 했지만 거의 1년간을 같이 추진해 온 안텔사와 사전 상의도 없이 일방적으로 도피하다시피 철수해 한국 기업의 이미지에 먹칠을 했고 이 회사를 소개한 내 입장이 엉망이 되었다.

난 그래도 큰 걸 얻었다. 무슨 영문인지 모르지만 대림건설이 계약 직전에 포기하면서 뭔가 거대한 먹구름이 몰려오는 것을 직감할 수 있었다. 그래서 벌여놓은 사업을 축소하기 시작했고 운 좋게 은행 부채부담이 컸던 건물을 매각할 수 있었다. 그 당시 한국 사람들은 이런 동향을 감지 못한 상황이라 건물 매각을 의아하게 생각했지만 몇 달이 지나서야 알아챘다. 나는 한국에 갔을 때 주위의 가까운 사람들에게 한국에 곧 외환위기가 닥칠 것이라고 예견했는데 내 말을 믿는 사람이 거의 없었다. 결국 한국은 11월경에 필리핀보다 심한 외환위기를 맞이했다.

나는 외환위기를 맞이하며 코리안비즈니스센터와 현대자동차 및 LG전자, 비즈니스 호텔 사업을 정리했고 한 가지 커다란 사실을 깨달았다. 한국 교민만을 상대로 한 비즈니스는 한계가 있다는 생각을 하게 된 것이다. 즉 한국에 경제 위기가 닥치면 한순간에 무너질 수 있다는 경험을 했고 사업 기반을 보다 탄탄하게 하기 위해 전격적으로 현지화의 전환을 결심하는 계기가 됐다. 그리하여 현지인 고객을 대상으로 한 한국 종합 물류 센터가 탄생하게 된 것이다.

Chapter 6

필리핀에 가면
필리피노가 되라

어느 나라나 마찬가지로 외국인은 내국민보다 불리할 수 밖에 없다. 특히 이해관계가 걸린 사업관계에서는 말할것도 없다.
외국인은 어느정도 불이익을 감수할 수 밖에 없다는걸 무조건 인정해야 한다.

한국종합물류센터
(Korean Products Shopping Center) 설립

 급격한 환율 인상으로 한국 제품의 가격 경쟁력이 다른 어느 나라 제품보다 앞섰다. 제품의 우수성 또한 현지인들에게 인정받기 시작하면서 한국 제품에 대한 선호도가 높아졌다. 마케팅만 잘하면 한국에서 들여와 성공할 수 있는 제품이 많을 수밖에 없었다.

 단순히 현지인들이 운영하는 도매상에 판매하는 방식에만 의지할 것이 아니라 장기적인 면에서 소매 체인망을 구축해야 우리나라 제품이 이 시장에서 영구히 살아남을 수 있다는 판단이 들었다. 필리핀은 거의 화교들이 유통 상권을 잡고 있고 그들은 제품의 낮은 가격과 언어 소통 면에서 중국이나 대만 기업과의 거래를 선호할 수밖에 없다. 그래서 한국 제품이 크게 경쟁력을 가지고 있지 않는 한 결국 중국산이나 대만산 제품에 밀려날 수밖에는 없는 것이다. 따라서 보다 많은 한국 제품이 들어오고 상품 가치를 제대로 인정받아 제 값을 받고 팔기 위해서는 소비자를 직접 상대할 수 있는 소매망을 개발해야 했다.

 건국 이래 최대의 경제 위기를 극복하기 위해 국가적인 차원에서 한 푼의 외화라도 벌기 위해 한국에 쌓여 있는 재고품들을 수출하기 위해 총력을 기울이는 때 국익을 위해 조금이나마 일익을 담당한다는 명분도 생겼다. 한국 제품이 필리핀 시장을 파고드는 절호의 기회로 여기고 한국종합물류센터를 오픈할 본격적인 계획을 수립했다.

 대림산업과 개발 계획을 가지고 있던 안텔사는 사업 부지가 강남의 테헤란로와 같은 대로변에 있었고 그 곳에 커다란 빈 건물을 소유하고 있었다. 그 건물은 전에 마닐라에서 제일 유명한 시푸드 레스토랑으로 현지인뿐만 아니라 한국 관광객에도 잘 알려진 명소였다. 회장님께 사업취지를 설명했더니 내가 제시한 조건에 흔쾌히 승낙해줘 한국 사람이 차지하기 쉽지 않은 상권의 중심부에 진출하는 기회를 확보했다.

필리핀은 유통 시스템이 우리보다는 앞선 편이다. 서방 국가의 통상압력을 견제하지 못하고 일찌감치 문호를 개방해 수입을 자율화한 탓에 자국의 산업을 융성시킬 수 있는 기회를 놓쳐 자국에서 생산한 공산품이 별로 없는 실정이다. 세계적으로 유명하다는 브랜드는 거의 들어와 소비문화를 주도하고 미국식으로 위락 시설이나 편의 시설을 갖춘 대형 쇼핑몰들이 소매시장을 거의 선점하고 있었다.

필리핀이 단지 가난한 나라라는 선입관을 가진 한국 사람들이 마닐라 곳곳에 있는 대형 백화점에 들어가 보면 소비문화가 서구화되어 있고 국민 소득에 비해 소비 수준이 높은 편이라는 사실을 한눈에 알 수 있다. 또한 빈부 차가 엄청나 필리핀의 부호들의 재산 규모는 우리의 상상을 초월하고 사회적 제약이 없기 때문에 상류층의 생활 수준이 우리나라 상류층보다 앞서 있다고도 볼 수 있다.

우리나라 박정희 전 대통령이 근대화 과정에서 서방 국가들의 수입 문호 개방 압력에도 불구하고 수입을 제한하며 국내 산업을 보호하고 육성한 정책이 얼마나 잘한 일인지를 필리핀에서 절실히 느낄 수 있었다. 한 시대의 국가 정책이 한 나라의 운명을 좌우할 수 있다는 사실을 정치하는 사람들은 항상 경각심을 가지고 명심해야 한다는 것을 필리핀에 와 보면 가슴 깊이 느낄 수 있다.

우리나라가 선진국에 진입하는 문턱에서 주저앉은 것도 결국은 국가의 이익보다는 사리사욕에 빠진 무능한 정치 지도자들이 잘못된 국가 정책을 수행했기 때문일 것이다. 일부 정치 지도자 때문에 국민들이 엄청난 고통과 수모를 당하고 후손에까지 고난을 대물림하는 상황을 한때 우리보다 잘살았던 필리핀에 와보면 실감할 수 있다.

안텔사와 임대 계약을 하고 건물 열쇠를 받아 안에 들어가니 500평 되는 실내 공간이 더욱 넓어 보였다. 이제 마닐라 중심대로변에 진출해 대형 간판을 내걸고 자랑스러운 우리 제품만을 진열해놓고 마음껏 장사할 장소가 생긴 것이다. 항상 일본 제품에 밀려 구석진 자리를 메우던 한을 풀 기회를 마련한 것이었다. 그동안 필리핀에서 우리나라 제품의 우수성을 알릴 기회가 적었기 때문에 필리핀 시장을 개척하려는 많은 한국 사람들과 이 기회를 공유하고자 했다.

외환위기 전 몇 년 동안 한국 관광객이 급격히 불어나 호황을 누리던 서비스업들이 해외 관광이 뚝 끊어지면서 큰 타격을 입었다. 한인 업소들이 줄줄이 문을 닫아 교민 사회에서는 한국 제품을 수입해 판매하는 이외에 다른 사업은 생각할 것이 없을 정도였다. 한국 제품들이 순식간에 물밀듯이 들어왔기 때문에 타이밍을 놓치지 않기 위해 신속하게 사업을 추진할 수밖에 없었다.

마닐라에서 이미 오래전부터 여러 한국 제품들을 들여와 유통업에 종사하는 한국 사람에게 자문을 했다. 그리고 필리핀에게 제일 큰 백화점인 SM의 건축사를 평소에 알고 지낸 덕에 현지인 특성에 맞는 매장 설계를 부탁했다.

종합물류센터에 걸맞게 유치하고자 입주 업체들의 업종을 크게 식품, 의류, 신발, 가방, 액세서리, 문구, 침구, 가구, 전기 제품, 플라스틱 제품 등으로 분류하고 한국의 백화점 입주 계약서를 참조해 분양 계획을 세웠다. 기본 운영 방식은 임대 매장과 수수료 매장을 혼합해 월 임대료로 평당(3.3㎡당) 3만5천 원에 판매 수수료는 부가가치세와 각종 세금을 포함해 14%로 정했다.

입주 업체는 그동안 필리핀 사람 이름을 빌려 회사를 설립하고 시장 허가 및 세무 신고를 해왔던 번거로운 행정상의 업무에서 해방될 수 있었다. 단지 물건을 들여와 진열하고 제품 전문성을 가진 직원만 채용하면 수금 등 모든 업무를 회사에서 처리해 주는 편리한 제도를 만들었다. 판매대금 결제는 매주 하도록 해 최대한 편익을 제공해주려 했다.

하지만 내가 입주 업체들에게 잘해주려는 순진한 발상 자체가 잘못된 것이라는 사실을 소름이 끼칠 정도로 입주 업체들에게 시달리면서 깨달았다.

필리핀에서 일류급 광고회사와 계약을 해 매장 인테리어나 간판이나 로고 등을

현지인의 감각에 맞게 준비했다. 그리고 현지인 유통 전문가를 소개 받아 광고뿐만 아니라 프로모션 할 수 있는 모든 방안을 연구하고 세세한 것까지 일체 자문을 해 실행했다. 시험적인 이번 매장이 어느 정도 실효를 거두면 전국적으로 한국 상품 전문 매장으로 체인을 형성하도록 장기 계획을 세웠다.

난 필리핀 소비자들의 취향과 구매 잠재력을 어느 정도 파악하고 있었다. 그리고 한국을 드나들면서 소비자의 구매를 자극하는 현대적인 감각의 매장들을 보면서 이 정도 수준을 필리핀에 도입하면 충분한 가능성이 있다는 확신이 들었다.

우리나라 매장에서 판매되는 상품 질은 디자인이나 소재 면에서 세계적인 유명 상품에 비해 손색이 없다. 제품의 질이 낮고 조잡한 필리핀 산 제품에 익숙한 현지인들에게 비슷한 가격 수준에 제품을 팔면 대박이 터질 것이라는 생각을 누구나 했다.

매장의 위치가 코리아타운 내로 우선 최상이었고 주차장이 넓으며 수입물품만 취급하는 전문매장으로 수입상품을 선호하는 현지인의 욕구를 충족시키기에 충분하다는 판단을 했다. 따라서 서둘러 허가 절차를 진행하고 매장 공사도 동시에 시작했다.

초기 투자비 부담을 줄이기 위해 임대 분양을 서둘러야만 했다. 예상대로 교민

수빅(Subic)에서 APEC 개최 기념 한비 복싱 대회를 스폰서하고 수빅청장인 Mr. Gondon에게 감사패 전달

 신문에 전면 광고가 나가기 무섭게 문의가 빗발치더니 일주일 만에 점포 40개의 임대 분양을 마쳤다. 그럴 수밖에 없는 것이 현지인에게 큰 인기를 끈 몇몇 한국 제품을 취급하는 한국 사람들이 그동안 장사 실적이 없어 백화점에 입주하기가 상당히 어렵고 좋은 자리를 차지할 수 없었기 때문이었다.
 이 사업은 가뭄에 단비를 만난 것처럼 많은 사람들의 관심을 끌었다. 더욱이 한국사람 누구도 엄두도 낼 수 없는 장소를 파격적인 조건으로 얻었기에 초단기에 임대 분양이 가능했다. 좋은 조건으로 한국 사람들에게 안정되게 장사를 할 수 있는 장소를 제공해주게 되어 큰 보람을 얻을 수 있었다.
 난 매장에서 임대료나 수수료로 큰 수익을 남길 욕심이 없었다. 다만 매장 운영에 필요한 경비나 충당하려 했고 코리안 커멀셜 센터(Korean Commercial Center)의 별도 법인을 만들어 현지의 굵직한 도매상들과 접촉할 수 있는 기반을 만들고자 했다. 나아가서는 전국적으로 체인점을 만들어 현지 소매시장을 파고들 수 있는 확고부동한 유통망 조직을 만들 계획을 가졌다.

그래서 코리안 비즈니스 센터를 운영할 때처럼 입주한 업체들에게 세심한 배려로 누구나 돈을 벌 수 있게 만들어주고 싶었다. 그러나 내 깊은 생각을 헤아리거나 이해하려고 노력하는 입주자가 불행히도 거의 없었다. 서둘러 검증 없이 입주 업체를 선정한 미숙함의 대가로 상당한 곤욕을 치러야만 했다.

나는 한국 사람들을 그동안 겪어온 사람들 수준으로만 생각했다. 한국의 백화점 수준은 기대도 할 수 없지만 일반 아파트 단지 내 매장 정도 수준의 상품과 구색을 맞출 것이라고 막연히 기대했다. 입주 전에 유수한 백화점 계약서를 참고해 계약을 했지만 철저한 입주 기준을 시행하지 않은 결정적인 실책을 범하고 말았다.

처음에는 매장 운영 경험이 있는 전문가를 고용하려고 했지만 한국에서 갓 온 사람은 필리핀을 모르고 보수와 체재비 등 비용이 만만치 않아 쉽게 결정할 수 없었다. 누가 적격자인지 쉽게 판단이 서지 않아 결국 내가 업무를 총괄해 초고속으로 일을 진행했다.

드디어 사업을 추진한 지 45일 만에 여기저기 거미줄 쳐진 창고가 번듯한 매장으로 변신해 오픈식(Soft Opening)을 하게 되었다. 최소한 6개월 이상 걸릴 일을 단기간에 말끔히 끝냈지만 서두른 만큼 실수도 많았다. 오랜 경험 있는 전문가를 채용해서 전적으로 맡겨 진행하지 않은 것이 잘못이었고, 중간 관리자를 통하지 않고 입주 업체와 내가 직접 상대한 것도 큰 실책이었다.

막상 오픈을 하고 보니 기가 막힐 정도로 각 매장에 진열된 제품의 질이 형편없었다. 구색도 맞지 않아 내가 처음에 연출코자 했던 매장 분위기와는 달리 과거 시골 읍에서나 볼 수 있는 상점 수준이었다. 예상치 못한 심각한 상황에 여러 광고 기획 및 프로모션 계획들을 미룰 수밖에 없었다. 매장의 품질 낮은 제품 문제로 판매 전략을 짜기 위한 운신의 폭이 확 줄어버렸기 때문이다. 우선 내가 할 수 있는 일은 입주자 회의를 소집하는 일이었다.

필리핀 소비자의 취향과 다른 현지인이 운영하는 장사가 잘 되는 매장들과 비교 분석한 자료를 가지고 현지인 전문가에게 들은 조언들을 전해주며 대폭적인 변신의 필요성을 강조했다. 내 순수한 사업 취지와 우리 매장의 상품 질과 가격 등의 고객들 반응을 근거로 조심스럽게 여러 의견들을 개진했지만 이상할 정도로 반응이 냉담했다.

대부분의 입주 업체들은 매장의 여러 외관적인 시설보완 문제만 지적하며 노골적으로 불만을 나타냈다. 그리고 요구사항만 집중적으로 추궁할 뿐 정확한 문제점을 논의하지 못한 비효율적인 모임으로 끝났다.

그래도 기대치에는 못 미치지만 외제 물품을 좋아하는 현지인들의 욕구를 어느 정도 만족시킬 수 있는 품목들이 있어 매장을 찾는 사람들이 늘어나기 시작했다. 오히려 가격이 높아 팔릴 수 있을까 싶은 물건들이 의외로 빨리 나가고 한국에서 유행에 밀려 거의 줍다시피 한 싸구려 물건들은 아무리 싸게 팔아도 팔리지 않는다는 사실을 알게 되었다.

대부분 필리핀에서 장사한 경험이 없는 입주자들이 필리핀을 못 사는 나라로 간단하게 생각해 한국에서 덤핑 물건만 주로 구매해 왔다. 그러나 의외로 단가가 높은 제품이라도 한국에서 유행하는 신제품들이 잘 팔렸다.

이처럼 필리핀 소비자들의 성향을 배우면서 장사를 하다 보니 돈을 벌 수가 없었다. 또한 입주한 업체들 간의 현격한 수준 차이도 걸림돌이 되었다. 영세한 입주 업체들은 제품의 질을 높여달라는 주문에는 아랑곳 않고 자신의 주장만 고집하니 대화의 한계를 느꼈다.

교민 사회는 항상 그래왔듯이 내가 하는 일마다 질시를 하고 부정적인 반응만 보이며 방해공작을 해왔다. 아무런 근거 없이 내 개인적인 비방과 험담을 하고, 건물이 곧 헐린다는 소문을 퍼트리는 등 뭔가 해보려는 사람을 괴롭혀 이중 삼중의 고통을 겪게 만들었다.

나는 20년 넘게 필리핀에 거주하면서 한국에서처럼 차량 충돌 사고나 운전 방해 등으로 시비가 붙어 차도에서 욕설을 퍼붓고 주먹질을 하는 광경을 한 번도 본 적이 없다. 일단 경미한 접촉 사고가 나면 잘못한 측이 과실을 순순히 인정하고 서로 명함을 주고받으며 나중에 연락해 해결한다.

실제로 나는 실수로 다른 차량을 들이받은 사고를 몇 번 냈지만 상대방 운전자가 무례한 행동을 보이거나 부당한 피해보상을 요구한 적은 거의 없었다. 나는 그 그동안 남을 우선 배려하는 매너를 가진 필리핀 사람에게서 전혀 겪어보지 못한 어이없는 일들을 한국 사람에게서 호되게 겪어야 했다.

  한국에서 해외로 진출하려는 사람들이 필리핀에 처음 생긴 한국 물류 센터의 소문을 듣고 찾아와 입주 신청을 하고 이곳에 정착을 시도한 사람들도 있었다. 우리 입주 업체들은 매장을 거의 직원에게 맡기고 문 닫을 때만 얼굴을 비치는 경우가 대부분이었다. 반면 성실히 매장에 나와 고객들을 직접 상대하는 입주 업체는 눈에 띄게 매출이 늘어갔다.

  나는 한국 물류 센터를 필리핀 전역에 알리기 위해 밤낮으로 역량 있는 대형 광고회사의 전문가들과 머리를 맞대고 매장을 활성화시킬 궁리를 했다. 그러나 입주할 때부터 무리한 요구조건을 내걸고 나를 괴롭히던 가장 큰 평수를 차지한 입주업자가 주동이 되어 상조회가 결성됐다. 상조회는 상품의 질과 구색을 제대로 갖추고 판매가를 낮추어야 한다는 내 의견을 항상 묵살했다 그리고는 TV 광고 같은 현실성 없는 요구만을 주장했다. 결국 일간 신문에 정기적으로 매장 광고를 내고 개업식을 하기로 합의했다. 필리핀은 유통 마진이 우리나라에 비해 상당히 낮은 편이다. 100페소가 수입가면 도매상을 거친 소매가가 보통 200페소 정도가 된다. 내가 조사한 결과 우리 매장과 비슷한 성격의 현지 소매상들의 마진이 30~40% 정도인데 비해 입주 업체들은 모두 100% 혹은 200%까지 높여 판매하고 있었다.

  말 그대로 한국 물류 센터는 필리핀 현지인들에게 도매를 위주로 하고 소매도 할 목적이었다. 그러나 충분히 공급할 물량 확보도 안 되었고 판매 가격이 너무 높아 단순 소매에 그친 정도였다. 그래서 자금력이 있는 평소에 잘 알던 분께 부탁해 좋은 입주 조건으로 대량 수입해 매장 분위기를 쇄신하고자 했다. 그러나 공급업자의 농간으로 생각만큼 품질이 우수하고 구색이 다양하지는 못했지만 늘어난 신상품만큼 매장을 찾는 손님이 현저하게 늘었다.

  필리핀에서 발행 부수가 가장 많은 마닐라 불레틴(Manila Bulletin)과 인콰이어(Inquirer) 지에 반면 광고를 내고 광고회사에서 기획한 전단을 돌리는 등 본격적인 판촉 활동을 전개하고 성대한 개업식도 거행했다. 한국에서 준비한 행사 장식물로 단장을 하고 대대적으로 홍보해 그날 낮부터 매장 주변 일대 교통이 마비될 정도로 인파가 몰려들었다. 하루 판매량이 평소의 4배 정도로 노력하면 될 수 있다는 가능성을 확인한 것이 가장 큰 수확이었다. 무엇보다 (내가 수입한 제품들도 예상과는 달리) 매출이 부진하다 보니 매장이 활력을 잃어 내 자신이 상당히 어려운 입장에 처해 있던 차였다.

이제는 돈을 떠나 이 사업이 될 수 있다는 가능성을 입주 업체에게 꼭 입증하고 싶은 오기가 생겼다. 지인을 통해 한국에서 크게 의류 도매를 한 경험이 있는 사람을 만났다. 이 사업을 하게 된 취지와 목적 그리고 앞으로 전개해 나갈 청사진을 내보이며 진심으로 도움을 청했다.

그들은 내 뜻을 받아들여 입주를 결정했다. 그들은 전문가답게 일주일 정도 현지 시장을 전체적으로 둘러보더니 어떤 물건을 가지고 들어와야 하는지 답을 가지고 제품 구매를 위해 한국으로 돌아갔다. 그리고 필리핀 사람이 선호할 수 있는 신상품을 들여와 첫 판매를 하게 됐다.

나는 그때 계속된 적자로 누적된 자금 부담과 입주업체와의 대립으로 위축 될 때로 위축되어 있었고 무엇보다 내가 한 일에 대해 확신을 얻고 싶었다. 내가 원했던 상품의 질과 가격 그리고 구색을 어느 정도 갖춘 그들의 매장이 오픈하기 전날 밤 나는 간절히 기도했다. 이것이 나의 마지막 희망이었기 때문이었다. 이 매장이 필리핀 소비자들로부터 별 반응을 얻지 못하면 내 프로젝트는 근본적으로 잘못된 셈이었다. 이틀 밤을 꼬박 새우고 한국에서 유행하는 신제품 의류를 수입한, 구색을 제대로 갖춘 매장이 드디어 오픈했다. 바로 오픈한 그날부터 그야말로 대박이 터졌다. 나는 말할 수 없이 기뻤다. 좁은 매장이 발 디딜 틈이 없을 정도로 젊은 현지인들로 꽉 차서 매장 직원이 정신을 차리지 못할 정도였다.

의류 매장 성공에 자신을 얻은 한국에서 갓 온 입주업자는 남대문 시장에서 크게 액세서리와 팬시 제품을 도매하는 ELF업체를 끌어들여 매장 가장 좋은 자리를 내주었다. 한국에서 제품 진열대에서 조명기구까지 모든 매장에 필요한 시설

물을 수입해서 인테리어까지 한국 전문가 손을 거쳐, 한국 수준의 매장다운 매장을 오픈했다. 기대했던 대로 의류 매장보다 더 많은 현지인이 몰려들었다.

난 이제 항상 불만만 토로하던 다른 입주업자들에게 할 말이 있었다. 그러나 처음에 입주했던 업체들은 새로 입주한 업체에게 한 수 배워 제대로 팔릴 수 있는 제품을 들여올 생각은 안 하고 텃세를 부리며 서로 담합해 나를 여러 방법으로 괴롭혔다.

결국 새로운 매장 입주자들과 초기 입주자들의 갈등으로 하루도 편할 날이 없었다. 처음부터 남대문 시장에서 온 새로운 입주자와 이 사업을 진행했으면 큰돈을 벌 수도 있었을 것이다. 내가 사업을 주먹구구식으로 서둘러 진행하다 일을 그르친 것이다.

그동안 이 사업을 위해 내가 가지고 있던 자금을 모두 넣고도 모자라 골프장 회원권 4개와 자동차 3대를 모두 팔고 가족도 한국으로 보내고 집세도 줄여야만 했다. 매장에서 수 킬로미터 떨어진 슬럼가에 집을 구했다. 무슨 수를 써서라도 이 한국 물류 센터를 살리고 싶었다. 그리고 한 푼이라도 경비를 아끼기 위해 혼신의 노력을 다했다. 집에서 매장까지 걸어 다녔고 집에는 전기세를 아끼기 위해 에어컨도 달지 않고 사업과 무관한 사람들과는 교제도 끊었다.

사업 실패에 대한 대가를 처절하게 마음과 육신의 고통으로 감수해야만 했다. 집 앞에 있는 술집에서 나오는 음악 소리 때문에 잠을 설치고 더위에 지쳐 숨쉬기도 힘들었다. 자살하고 싶은 충동을 억제하는 것이 가장 힘들었다. 하지만 꼭 살아야만 했다. 자신감을 회복하기 위해 나 자신한테 두 가지를 약속했다. 하나는 담배를 끊는 것이고 다른 한 가지는 반성문을 하루에 한 장씩 쓰는 것이다. 이 글은 이렇게 해서 쓰기 시작한 것이다. 난 이 약속을 지독하게 지켰다. 가족이 그립고 힘들면 글 쓰는 데 집중했다.

아무튼 이제 필리핀 소비자들이 무엇을 원하는지 해답을 얻었으니 더 이상 망설일 게 없었다. 매장의 활력을 되찾기 위해서는 한국에서 히트를 친 상품으로 구색을 맞춰 새로운 고객을 유치하는 데 총력을 기울일 뿐이었다. 온갖 정성을 다해 기획한 이벤트의 성공으로 그동안 참기 힘들었던 고통으로 지친 마음에 조금은 위안을 얻고 보람을 느끼면서 자신감도 붙었다. 새로이 의욕을 가지고 입주 업체를 독려하면서 재정비하는 가운데 뜻하지 않은 일이 발생했다.

　점포 면적을 제법 차지한 식품점이 의욕만 앞서고 자금력이나 관리 능력이 뒷받침되지 못해 큰 매장 안이 썰렁했다. 유효 기간이 지난 라면을 팔아 반품 소동을 겪었으니 장사가 잘될 수가 없었다. 결국 부담되는 임대료를 깎기 위해 그동안 입은 손실을 나에게 떠넘기는 식으로 별의별 트집을 잡고 끝내는 난동까지 부리다 문을 닫고 말았다.

　입주자들과의 싸움은 여기서 끝나지 않았다. 입주자가 채용한 종업원의 불찰로 영업시간 내에 발생한 도난 사고에 대해서도 내게 책임을 전가하고 관철이 안 되면 인신공격을 하는 입주자도 있었다. 물론 계약서상에 분실 사고에 대한 책임이 없다는 조항이 있음에도 불구하고 떼를 써보는 것이었다.

　매장 문이 닫은 시간에 도둑이 들어 물건을 분실할 경우는 전적으로 내 책임으로 손실된 금액을 보상해 주어야만 했다. 그러니 이래저래 밤마다 두 발을 뻗고 잘 수가 없었다. 내게 책임이 있고 없건 간에 입주 업체의 손실이 결국 내 손실로 이어졌기 때문이다. 드디어 입주업체간의 임대 계약기간이 끝났다.

　한국 사람들이 필리핀에서 본격적으로 소매 등의 유통 사업을 시작하는데 뭔가 일조했다는 위안을 가지고 한국 물류 센터의 사업장을 접었다. 매장을 문 닫는 마지막 날 우기라 아침부터 비가 내리고 있었다. 임대하기 전 깨끗한 상태로 만들기 위한 정문 페인트 작업을 다른 사람에게 시켜도 되지만 보슬비를 맞으며 내가 직접 했다. 그 이유는 앞으로 이 실패를 죽을 때까지 잊지 않기 위해 마음을 다지고 싶어서였다.

　이때쯤에 안텔그룹 회장님이 구입한 40층 건물에 기계식 주차 설비가 들어가게 설계가 되어 있었다. 마침 지인을 통해 소개받아 알고 지내던 한국에서 주차 기계 설비 제작 사업을 하는 선배에게 의뢰해 필리핀에서 최대 규모의 기계식 주차설비를 공급하게 되어 재기의 발판을 만들수 있었다.

기계식 주차설비 사업을 시작하다

 매장 문을 닫기로 결정되어 마음이 뒤숭숭하던 어느 날 안텔그룹 회장님이 사모님과 함께 매장 사무실로 찾아오셨다. 아마도 심기가 불편한 나를 위로도 할 겸해서 방문하신 것 같았다. 내가 입주자들에게 곤욕을 치르며 경제적 손실을 감수하고 버티는 모습을 측은하게 생각하면서도 월세는 절대 내려주지 않으셨다.

 결국 내 잘못이기 때문에 내가 책임을 져야 했고 월세를 내려달라는 부탁도 안 했다. 솔직히 사정 얘기를 하고 부탁드리고 싶은 마음은 간절했지만 회사와 계약을 했고 내가 부탁을 하면 회장님 입장이 난처해질 수밖에 없어 몇 번을 망설이다가 포기한 것이다.

 외환 위기로 대림산업이 더 이상의 사업 진행을 포기하면서 아파트 개발 사업이 흐지부지되는 듯했지만 결국 회장님은 전체 설계를 변경해 단계적으로 개발하기로 결정했다. 이에 따라 나도 포기하지 않고 새로운 한국 건설업체를 소개했다. 그동안 여러 한국 업체를 겪은 경험을 살려 이번에는 확실한 업체를 선정해야만 했다. 그래서 동남아 여러 국가와 특히 싱가포르에서 여러 대형 건물 시공 및 투자 사업을 하고 있던 쌍용건설을 소개했다. 예상은 정확히 들어맞았다. 해외 사업에 경험이 풍부한 임원단은 안텔사에서 필요로 하는 핵심을 파악하고 안텔그룹 회장님을 만족시키는 데 오랜 시간이 필요 없이 일사천리로 협상이 진행됐다.

 회장님이 매장 사무실을 방문하던 그날 여느 때와 같이 점심을 중국 식당에서 하고 일정에도 없던 메트로 마닐라의 신개발 도시인 파식(Pasig) 시내 올티가스 센터(Ortigas Center)로 나를 데려갔다. 그러고는 그 중심지에 자리 잡은 약 40

층짜리 신축건물 앞에 내렸다. 회장님은 내 등을 치면서 내 친구가 배짱이 대단하지 않으냐면서 엄지손가락을 치켜세웠다. 이분은 항상 다른 사람에게 나를 소개할 때 본인 친구라고 소개를 해서 한국 정서상 항상 부담을 느끼곤 했다. 외환 위기로 경제가 파탄 지경으로 빠져들고 있는 와중인데 이틀 전에 이 상업용 건물을 구입해 자랑 삼아 나에게 보여주기 위해 데려온 것이다. 건물 외벽을 거의 유리로 감싼 최신식 빌딩이었다.

며칠 후에 회장님 비서실에서 급한 전화가 왔다. 이 빌딩은 주차장에 기계식 주차설비가 들어가도록 설계되어 있는데 나보고 한국 업체를 물색해 견적을 내보라는 것이었다. 마침 대학 선배가 한국 당진에서 기계식 주차설비 공장을 운영하고 있어 바로 연락을 했다. 총 273대의 2단 기계식 주차기로 한국에서는 별거 아니지만 필리핀에서는 큰 물량이고 거의 최초였다. 대학 선배에게 도면을 보내주니까 바로 견적이 들어왔다. 턴키 베이스(Turn Key Base) 조건으로 대당 미화 2350달러로 견적이 왔고 난 안텔사 회장님께 대당 미화 2750달러에 견적을 냈다.

선배가 보내준 가격은 내 이익금을 포함했지만 안텔사에서 가격 네고 요청을 하게 되면 회장님의 입장을 봐서 어느 정도 가격을 깎아줘야 하기 때문에 약간 오퍼 가격을 올렸다. 내 예측은 정확했다. 회장님으로부터 직접 전화가 와서 안텔사에서 이탈리아 기계 가격이 들어왔는데 우리와 같은 조건으로 미화 2450달러이므로 미화 2400달러에 가격을 맞출 수 있는지 확인해 보라는 것이었다.

회장님은 내가 매장에서 적자를 보고 있는 걸 알고 있었기 때문에 날 도와주고 싶었던 것이었다. 이미 가격 조건은 맞춰졌고 기타 지불 조건 등 현장 답사를 위해 선배는 마닐라를 일주일 일정으로 방문했다. 이 정도 물량의 주문을 받기 위해서는 기본적으로 6개월 이상의 시간과 적지 않은 비용이 발생하는 것을 잘 아는 선배는 별 기대 없이 출장을 왔다. 마닐라에서 호텔 체크인을 하자마자 안텔사 회장님과의 미팅 일정이 잡혀 일단 자택 방문을 하게됐다.

그런데 주차 설비에 관한 언급은 전혀 없고 안텔사에서 진행 중인 아파트 공사 현장과 새로 추진 중인 프로젝트에 관해 설명하고 의견을 묻는 식으로 거의 일주일 일정이 끝나가고 있었다. 선배는 건축학과를 나와 대우에서 근무하다가 미국으로 건너가 로스앤젤레스의 미국 회사에서 일하기도 하고 개인 설계 사무실을 운영한 경력도 있었다. 이 사실을 알게 된 안텔사 회장님은 주차 설비에 관해서는 안중에 없고 선배를 통해 세계적인 수준에 이른 한국 건축 기술을 한 수 배우려는 의도를 가지고 있었던 것이다.

선배는 한국으로 돌아가기 마지막 날 저녁까지 안텔사 회장님이 주차 설비에 관해 일절 말이 없자 나한테 푸념을 하기 시작했다. 나도 불안한 마음이 들어 회장님께 선배가 내일 한국으로 돌아가는데 주차 설비에 관해 어떻게 진행하면 되겠느냐고 조심스레 여쭤봤더니 바로 안텔사 현 회장을 불러들였다. 이분은 1년 전에 실무 일에서 떠난 명예 회장이고 큰 며느리가 현직 회장이었다. 10분도 안 되어 주문을 결정되었고 회장님 방을 나오면서 선배는 고개를 갸우뚱거리며 주문이 확정된 것이냐고 몇 번을 물었다. 나는 한국에 돌아가는 즉시 제작 준비를 하라고 말했다.

안텔사에서 주문한 물량은 273대로 총금액이 미화 65만 5200달러이고 지불 조건은 당연히 신용장으로 한 'At sight(선적과 동시에 지불하는 조건)' 였다. 선배가 한국으로 돌아간 일주일 후에 신용장은 개설됐고 은행으로 통보를 받은 선배는 그제야 주문받은 사실을 실감한 것 같았다. 그런데 한 가지 문제가 생겼다.

선배는 그 당시 현찰로 자재를 구매할 여력이 없었다. 안텔사에서는 첫 거래인 만큼 일반적으로 취소불능신용장 대신 취소가능신용장을 개설했는데 그로인해 선배가 거래 은행으로부터 대출을 받을 수 없는 상황이 되었다.

선배의 간곡한 부탁에 할 수 없이 안텔사 회장님께 사정 얘기를 하고 내가 보증할 테니까 취소불능신용장으로 바꿔달라고 요청했다. 회장님은 껄껄 웃으시며 아무 말 없이 바로 신용장을 선배가 대출을 받을 수 있도록 정정(Amendment)을 해주었다. 나에 대한 깊은 배려였다.

나는 선배한테 무역 수수료 5%를 받는 대신 최대한 협조해야 했고 안텔사에게는 나를 믿고 공급 업체 검증 없이 주문을 한 만큼 계약 기간 안에 정상적인 제품을 공급하고 설치까지 이행해야만 했다. 만에 하나 주차 문제가 발생이 되면 건물 전체가 마비되는 사태가 발생하므로 안텔사에서는 신중할 수밖에 없었다. 나를 전적으로 믿고 취소불능신용장을 개설한 상태이기 때문에 일이 잘못되면 4년간의 안텔사에 대한 신용이 한순간에 깨질 수밖에 없는 상황이었다.

마닐라에서 매장 관리로 눈코 뜰 새 없이 바쁜 일정에도 한국을 방문해 선배가 제작하는 제품을 확인(Inspection)하지 않을 수가 없었다. 공장에 도착했는데 깜짝 놀랄 만한 광경이 목격됐다. 그 넓은 공장에 우리 제품만 제작되고 있고 정상적으로 운영되는 생산 공장이 아니었다. 이런 상황에서 제대로 된 제품이 나올까 불안한 마음이 들었지만 내색할 수도 없고 무조건 믿을 수밖에 없었다.

어쨌든 제품은 완성되었고 분해된 제품은 선적되어 우여곡절 끝에 마닐라 항에 입항했다. 선배는 첫 수출이어서 여러 가지로 미숙했기 때문에 무역 업무는 내가 도움을 주었다. 벌크선에 철판과 H빔 등 철강 제품을 싣고 모터, 체인 등 모든 부품을 박스 제작해 팔레트로 선적했다. 통관은 주차 기계로 신고해 3%의 낮은 관세를 지불해 최소 비용으로 수입을 완료했다. 이 과정에서 생각지도 못한 1억 원의 비용을 절감할 수 있는 일이 생겼다.

필리핀은 신용장을 개설할 때 부가세를 포함한 해당 관세를 관세청에 미리 지불해야 한다. 원래는 턴키 베이스로 선배가 하역비, 부두 사용료, 관세 및 내륙 운송비를 지불해야 하는데 안텔사 회장님과 업무 진행을 하다 보니 실무자들이 거래 조건을 잘 모르고 신용장 개설시 관세 및 통관비를 모두 지불한 것이다. 나중에 이 사실을 안 안텔사 회장님께서 어떻게 처리하면 되는지 내 의견을 물어보셨다.

　나는 그 당시 선배가 선적을 하고 은행에서 물품 대금을 지급받고는 나에게 무역 수수료를 줘야 하는데 내 전화를 일주일 동안 피해서 따졌더니 단가 계산을 잘 못해서 손해를 봐야한다는 것이었다. 기가 막혔지만 다른 방도는 없고 고통 분담을 같이 할 수밖에 없었다. 그런 사실을 있는 그대로 안텔사 회장님께 말씀드렸더니 나보고 수수료를 꼭 받으라고 하시며 안텔사에서 선배에게 비용 부담을 안 시키고 그대로 넘어갔는데 그 총 비용이 약 1억 원이 되었다. 그런데도 선배는 고마워하는 태도는 커녕 당연하다는 듯이 내 역할을 인정하지 않으려는 기색이 역력했다.

　어쨌든 선배는 안텔사 건물에 가장 적합한 기계식 주차 설비를 추천했고 제품 기능도 뛰어났기 때문에 안텔사에 기여한 사실은 틀림없었다. 그때까지 필리핀에는 이탈리아 산 유압식 주차기가 수입되어 왔다. 그러나 이 주차기는 유압 조절을 위해 애프터서비스 비용이 많이 발생하고 유압이 셀 경우 작동이 안 되고 소음이 큰 단점이 있었다. 거기에 반해 우리 제품은 체인 와이어식으로 애프터서비스가 거의 필요 없고 반영구적이며 소음이 거의 없는 큰 장점을 가지고 있었다.

　안텔사 덕에 우리는 필리핀에서 기계식 주차기를 가장 많이 공급한 회사로 알려졌다. 기계 성능이 탁월해 마닐라 남부 지역인 알라방의 비베레 콘도 호텔(Vivere Condo Hotel)에 25대 주문을 받고 세부 시에 처음으로 WT빠기빅(Pagibig)라는 공기업 건물에 20대 주차기를 공급한 실적을 갖게 되어 짧은 시간 내에 필리핀에서 주차기 전문회사로 널리 알려졌다.

　그러나 신규 프로젝트로 어렵게 가진 기반을 살리지 못했다. 이 사업의 큰 단점이 주차기 설치를 설계에 반영토록 영업을 하고 주차기 시공까지 몇 년 시간이 걸리므로 수입이 일정치 않았다. 그래서 매일 현찰이 들어오는 사업과 병행하려고 했으나 두 마리 토끼를 잡을 수 없었다.

Chapter 7

골프사업 도전기

어느 나라나 마찬가지로 외국인은 내국민보다 불리할 수 밖에 없다. 특히 이해관계가 걸린 사업관계에서는 말할것도 없다.
외국인은 어느정도 불이익을 감수할 수 밖에 없다는걸 무조건 인정해야 한다.

마카티 골프 클럽 설립

한국에 다녀온 선배가 새로운 사업 구상안에 대한 내 의견을 물어왔다. 내가 한국 물류 센터를 운영하던 부지가 개발 추진이 결정이 되지 않고 있어 그 부지를 이용해서 실외 골프 연습장을 만들면 크게 성공할 거라며 약간 흥분된 목소리로 사업성에 대한 내 견해를 물어본 것이다.

나는 누구보다 이 지역들의 교민 생활 습관이나 수준, 그리고 소비패턴을 10년 이상 겪고 지켜보았다. 또한 한국 물류 센터를 통해 현지인 소비성까지 파악을 하고 있던 터라 내 대답은 쉽게 나왔다. 선배가 막연히 기대하는 것처럼 사업성이 좋은 것은 아니라고 말했으나 그는 내 의견을 귀담아듣지 않았다. 한국에서 처음 온 사람들은 일반적으로 여기에 오래 거주한 사람 말을 잘 듣지 않는다.

그 이유는 현지에서 크게 성공한 교민이 별로 없고 필리핀을 일단 무시하기 때문에 필리핀 사람처럼 교민까지 덤으로 깔보는 경향이 많다. 한국에서 올 때부터 한국 사람을 조심하라는 교육을 많이 받고 오기 때문이다. 당연히 선배는 한국물류센터에서 고전하는 내 모습을 봤고 필리핀 교민을 무시하는 성향을 가지고 있기 때문에 내 의견을 전적으로 신뢰하지 않았다.

내가 반대했던 가장 큰 이유는 교민만을 대상으로 한 사업은 한계가 있으며 현지인에게 크게 관심을 끌 수 있는 사업이어야 성공 가능성이 높기 때문이다. 현지인 골퍼들의 특성은 우리와 완전히 대조된다. 우리는 핸디캡을 낮추기 위해 목숨 걸다시피 연습을 하지만 현지인들은 사교적인 목적이 더 크기 때문에 골프 스코어에 크게 관심이 없다. 내기를 좋아하고 남에게 지면 다음에는 꼭 이기려고 애쓰는 우리와는 사뭇 다르다.

그 다음 문제는 한국에서는 주말에 골프 부킹이 어려워 골프 연습장에라도 가서 몸을 풀려고 하지만 필리핀은 언제든지 부킹 없이 갈 수 있는 골프장이 사방에 널려 있다. 더구나 회원은 월 회비(골프장마다 차이가 있지만 약 7~12만 원)만 내면 그린피가 없기 때문에 연습장과 골프장 가는 비용이 비슷하다.

그렇기 때문에 골프 연습장이 한국처럼 잘될 수 없고 안텔사의 개발 부지는 임대료가 높을 수밖에 없어 사업 타당성 조사가 필요 없을 정도로 뻔히 예상되었다. 하지만 선배는 내 의견을 묵살하다시피 하며 사업을 무리하게 진행해 나갔다. 선배의 형 친구가 필리핀에 15억 원 정도 투자 의사를 내비쳤기 때문에 무슨 사업이든 빨리 벌여야만 했기 때문이었다. 선배는 대우건설 설계 부문에서 근무한 경험이 있는 설계사였기 때문에 한국에 명성 높은 설계사무소를 통해 부지 임대 계약도 없이 기본 도면을 만들어 왔다.

2층과 3층은 골프 연습장이고 1층은 사우나 시설이 들어있었기 때문에 나도 관심을 갖게 되었다. 그 당시만 해도 교민들이 사우나 시설을 갖춘 한국식 목욕탕이 없어 아쉬워했고 인근에 현지인이 운영하는 고급 스파가 성황리에 장사가 잘되고 있어 시설을 제대로 갖추고 안마사 교육만 잘 시키면 수익을 크게 올릴 수 있는 사업이었다.

더구나 한국 사람은 목욕탕에 다니는 습관이 생활화되어 있고 인근 지역에 한국 사람이 10년 전에 만든 허름한 목욕탕 하나밖에 없었다. 늘어나는 교민과 일본인의 목욕 습성을 따라 뜨거운 탕에 입수를 즐기는 현지인도 늘어나고 있어 시설을 제대로 갖춘 한국식 목욕탕을 만들면 승산이 충분히 있다는 감이 들었다.

교민 상권에서 벗어나지 않고 임대료가 낮은 땅을 확보할 수 있으면 해볼 만한 사업이었다. 물론 치밀한 계획과 엄청난 노력을 들인다는 전제 하에서 성공 가능성이 있는 것이었다. 더구나 한국물류센터를 통해 현지인 소비 성향을 꿰뚫고 있었고 안텔 회장님으로부터 4년 반의 고되고 힘든 사업 수련 과정을 마쳤던 터라 현지화의 첫 작품을 만들어볼 기회로 여겼다.

그 어느 때보다 의욕과 자신이 넘쳤다. 안텔사 개발 부지는 포기를 하고 새로운 장소를 물색해 나갔다. 서울의 강남 같은 곳인 마카티 시내에 약 2천 평 대지를 구하기가 예상대로 쉽지 않을뿐더러 임대료 낮은 곳은 더욱 쉽지 않았다. 마카티 시내 거의 모든 땅이 개발 예정지로 되어 있어 누구도 장기 임대를 해줄리 없었다.

그러나 언제나 그랬듯이 뜻이 있는 곳에 길이 있었다. 생각지도 않게 평소에 알고 지내던 우리 주차기 판매 에이전트가 우리 용도에 가장 적합한 대지를 소개해 주었다. 위치도 서울의 테헤란로 같은 요지에다 대로변 바로 뒤편이라 조용하고 공동묘지가 옆에 있어 아파트 개발 사업이 거의 불가능해 보이는 땅이었다.

꼭 우리를 위해 맞춰놓은 땅 같았다. 게다가 바로 옆에는 일본의 대표적 고급 골프 클럽인 혼마(Honma) 골프 용품점이 있었다. 부지 안에는 창고를 부순 흔적이 보이며 주차장으로 사용되고 있고 공동묘지와 경계에는 개천이 흐르고 있었다.

이제 땅 주인과 협상하는 일만 남았다. 다행히 땅 주인은 필리핀에서 가장 대표적인 부동산 개발 회사인 아얄라(Ayala) 그룹의 계열 회사로 인슐라 라이프(Insular Life)라는 필리핀의 4대 보험회사 중 하나였다. 주차기 판매 에이전트와 찾아간 보험회사의 본사는 마닐라 신도시인 알라방의 최고층이며 최고 현대식 건물로 알려진 트윈타워에 있었다. 담당자는 보험회사의 모든 부동산을 관리하는 부사장으로 인상이 부드럽고 온유한 성격임을 한눈에 알 수 있었다.

내가 건물을 소유하고 임대해본 경험이 있어 상세한 사항까지 확인하고 협상하느라 5시간으로도 부족해서 다음 날까지 협상은 연장됐다. 15억 원 이상이 투자

Makati Golf Club 전경

돼야 하고 수익률을 예측하기 힘들어 월 임대료부터 임대 기간 등 여러 중요한 사항 및 세세한 사항까지 최대한 우리에게 유리한 조건을 제시하다 보니 건건이 팽팽하게 맞설 수밖에 없었다. 다음 날까지 수십 차례 밀고 당기던 장시간의 협상을 8시간 만에 끝냈다.

　마침내 현지화에 성공한 대표적인 기업을 만들 꿈을 이룰 첫발을 내딛게 되었다. 선배와 그의 형 그리고 형 친구 윤 회장님은 첫날 임대 조건 협상 테이블에 동석하고는 그 다음 날부터 나에게 모든 협상 권한을 위임했다. 총 임대 면적은 6111㎡였고 월 임대료는 ㎡당 120페소로 파격적이었고 원화로는 약 1400만 원 정도였다. 공사 기간에는 임대료는 안 내는 조건을 관철시키기가 가장 어려웠고 계약기간은 15년으로 했다.

　실제로 필리핀에서는 땅을 빌려 건물을 지어서 계약 기간이 되더라도 임대인이 마음대로 임차인을 내쫓을 수 없다. 재판을 할 경우 임차인이 투자한 만큼 이득을 못보고 손해 본 사실을 증명할 수 있으면 계약 연장을 법적으로 보장받을 수 있다. 그래서 필리핀에서는 임대할 때 임차인을 신중하게 선별하는 이유가 여기에 있다.

　현지인들은 임차인으로 외국인을 선호하는 경향이 있다. 외국인과의 재판에서 유리하다는 생각과 이민국에 사법권이 있기 때문에 외국인이 범법 행위를 해서 고발 조치하면 비자가 취소되어 강제 출국시킬 수도 있기 때문이다. 외국인으로서는 각별히 조심해야 한다. 어떠한 경우에나 이민국에 고발 조치되면 정당한 사유가 있더라도 경비가 제법 든다. 한국 사람들이 이렇게 만들어 놓았다. 필리핀 이민국 법은 미국에서 왔고 필리핀 현실에 맞지 않는 이민국 법을 이용해서 한국 사람들이 악용하는 경우도 정말 많다.

　임대 계약과 동시에 본격적으로 프로젝트가 착수됐다. 기본 도면에 따라 기본 예산이 책정됐다. 신규 법인을 설립하기 위해 필리핀 법에 따라 지분은 40대 60으로 내가 잘 알고 지내는 현지인 이름을 빌리고 한 달에 5천 페소씩 지급하는 조건으로 주주 양도 양수 계약서 난에 사인도 받아두었다.

　주주는 대주주이신 윤 회장님을 비롯해서 한국인 4명과 현지인 명의를 빌린 3명으로 총 7명에 5명의 이사로 임대 계약 이전에 법인 설립을 마쳤다. 필리핀에는 우리가 만들고자 하는 실외 골프 연습장이 없기 때문에 한국에서 모든 설계를 했고 허가 문제로 현지인 설계사와 별도로 계약해 건축 허가를 받았다.

　공사 업체는 현지인 설계사 주도 하에 공개 입찰 방식으로 5개 선별된 현지인 업체 중에 시(Mr. Sy)라는 현지 화교인 소유의 중견 건축 업체에게 돌아갔다. 시(Mr. Sy)는 외모로 보면 건축 업체 오너라는 것이 믿어지지 않을 정도로 대학 교수와 같은 인상을 가지고 있고 성격도 온유했다. 건축비 입찰은 골조와 인테리어로 나누어 일단 골조 공사만 계약했다.

인테리어는 선배가 한국에 아는 많은 건축 자재 회사에서 무료로 공급받을 수 있다고 해서 자재 구입 예산에서 뺐다. 건축 자재 회사들이 필리핀에 진출하고자 샘플로 자재를 제공해 준다는 말만 믿고 자금 계획을 세웠는데 골조 미장도 끝나기도 전에 확보해 둔 15억 원의 자금이 바닥났다.

선배가 모든 자금을 집행했고 15억 원이면 모두 마감시킬 수 있다고 해서 투자했던 윤 회장님은 선배에게 공사 및 사업 일체의 진행을 일임했는데 황당한 일이 벌어진 것이었다. 선배의 부모님께서 작지 않은 사업체를 운영하셨고 그 회사에 임원으로서 경영 경험도 있고 해서 알아서 잘할 줄 알고 믿고 맡겼는데 큰 착오가 생긴 것이다. 난 당시 선배의 모호한 태도에 회의를 품고 다른 개인 사업을 진행하고 있었다. 지인 소개로 한국에서 밸브 공장을 운영하는 사람을 통해 필리핀 판매회사를 설립하고 영업을 시작할 쯤에 이런 문제가 발생되었다.

사실 난 이 프로젝트에서 투자할 여력도 없고 선배가 윤 회장님으로 받은 공로주를 나누기로 했다. 그런데 선배는 임대 계약 이후 공사 입찰 업무에서부터 나를 의도적으로 배제시켜 내가 이 프로젝트에서 빠진다고 윤 회장님께도 개인 면담을 통해 내 생각을 밝혔고 깨끗하게 정리를 했다. 그때 선배와는 성격이나 회사 운영 스타일이 맞지 않아 엄청나게 스트레스를 받았다.

내가 빠지자마자 일은 터지고 말았다. 15억 원이 투입되었지만 골조만 끝나고 미장도 안 된 상태에서 공사 기성 지불이 늦어지자 시공업체가 공사를 중단한 것이었다. 결국 윤 회장님은 그동안 투입됐던 자금 집행 장부를 직접 조사하고 부적절하게 집행됐던 지출 내역들을 지적하며 선배의 회사 운영 능력에 의아심을 갖게 됐다.

그날 밤에 나까지 참석한 자리에서 윤 회장님은 처음으로 감정이 격앙된 목소리로 선배를 나무랐고 나는 무안해서 가만히 앉아만 있을 수가 없었다. 잠시 고민을 했다. 내가 나서서 곤경에 빠진 선배를 구하는 일이 급선무였다. 그렇지 않으면 프로젝트 자체가 시작도 해보기 전에 박살이 날 판이었다.

실패로 끝난 골프연습장

 가뜩이나 현지인에게 한국 사람은 무책임하게 사업 진행을 해오다 문제가 생기면 내팽개치고 사라진다고 알려져 있는데 그 꼴이 우리에게 벌어질 상황이었다. 누구도 이런 상황에서 무작정 자금만 투여할 수 없기에 일단 내가 자리에서 일어나 윤 회장님께 지나간 일은 되돌릴 수 없는 것이고 앞으로 내가 선배와 같이 힘을 모아 해결을 하겠다고 자신감을 보이며 나섰다.

 순간적으로 지금 모험을 해야 한다는 직감이 들었다. 선배를 구하고 사업을 살릴 수 있는 절호의 기회라는 판단이 선 것이었다. 그동안 선배 때문에 나서지 못했지만 난 이 사업이 성공하기 위한 방안을 치밀하게 짜놓고 있었다. 기회가 없다고 포기했는데 회사의 위기가 나에게는 그동안 안텔사 회장님으로부터 힘들게 배운 경영 노하우를 써먹을 찬스라는 생각이 순간적으로 들었던 것이었다. 그리고 당장 이 문제를 풀 수 있는 사람은 나밖에는 없었다.

 내가 뜻밖에 나서자 감정이 극에 달한 윤 회장님은 나에게 큰소리로 당신이 어떻게 해결을 하겠다고 나서냐는 식으로 따지듯이 역정부터 내셨다. 화살이 이제 나에게 날아온 것이었다.

 난 일단 자신감 있게 차근차근 내 대안 3가지를 설명했다. 처음부터 이 사업은 문제가 있었다는 말부터 시작했다. 잘못된 것부터 까발려야 해결 방안을 낼 수 있기 때문이었다. 실제로 이 사업은 사업성 타당성 조사도 없이 시작한 것부터 잘못이고 골프 연습장 건물의 설계사가 현장 답사나 현지 조사도 없이 설계를 한 것도 크게 잘못한 것이라고 지적했다. 실제 시장성 조사도 없이 한국 기준으로 대궐 같은 연습장 건물을 설계한 것이었다. 즉 경제성보다는 보기 좋은 그림을 그렸을 뿐이다.

　이미 골조까지 마쳤고 변경할 수 없는 상황이므로 난 해결 방안을 명확히 제시했다. 이 연습장이 호화판으로 설계된 이상 내방객 수입만으로는 답이 나올 수가 없었다. 그래서 필리핀의 특수성을 살려 상류층을 겨냥한 비즈니스맨 사교 클럽으로 컨셉을 바꿔 회원권을 분양하고 공사 마감 자금을 마련하는 대안을 제시했다. 이는 회원들이 월 회비를 내기 때문에 운영 수입에도 큰 보탬이 될 수 있는 꿩 먹고 알 먹는 방안이었다.

　나는 안텔사 건물에 주차기를 설치할 때 그 건물이 사무실용이어서 회장님께서 비즈니스맨 전용 클럽을 만들 계획을 갖고 있어 옆에서 지켜보면서 어떻게 하는지 습득한 바 있었다. 세계적으로 체인망을 가진 시티 클럽과 협의하는 과정도 지켜봤고 회장님과 함께 한국에서 이미 운영 중인 시티 클럽을 방문한 적도 있었다. 그리고 필리핀 골프장 회원권과 시티 클럽을 겸한 형태로 기획할 생각을 가지게 되었다.

　필리핀 골프장의 회원권은 땅 지분을 가진 주주 회원권으로 우리나라의 대중적인 회원권과는 다르다. 철저한 회원 관리체계로 회원 없이는 라운딩이 안 되며 클럽 하우스에서 음료수도 사먹을 수도 없는 정도다. 난 여기서 아이디어를 착안했다. 현지인들은 회원권을 소유할 정도면 한곳이 아닌 여러 골프장 회원권을 소유하고 있어 골프장을 자주 찾지도 않으면서 월 회비만 낸다. 그러니 골프장에서는 당연히 월 회비 수입이 주 수입원이다. 한국 골프 관광객들은 특별히 회원을 우대하는 제도에 불만을 나타내지만 이런 연유로 골프장에서는 회원 대우를 철저히 안 할 수가 없다.

　따라서 연습장을 비즈니스맨을 위한 회원 전용 사교 클럽으로 만들어서 회원권 분양으로 목돈을 만들어 공사를 마감하겠다는 대안과 설계상의 휴게실 공간을 모두 없애고 필리핀 최초로 골프 백화점을 만들겠다는 대안을 제시했다. 그러면 휴게실 만들 공간의 인테리어 및 가구 구입 비용을 줄일 수 있고 보증금이 들어와 공사비에 충당하고 골프 용품점들은 영업에도 큰 도움을 될 수 있는 일석삼조의

마카티 골프 클럽 내 아라 레스토랑

방안이었다. 그리고 골프에 관련된 골프장 협회나 주니어 협회를 유치해 필리핀 최초로 골프에 관한 원스톱 센터를 만들겠다는 마스터플랜을 펼쳐 보였다.

내 계획과 설명을 다 들은 윤 회장님은 그런 게 되겠느냐는 식의 미덥지 않은 반응을 보였지만 다른 대안도 없는 터라 한번 해보라는 승낙을 겨우 받아냈다. 난 코리아비즈니스센터 이후 외환위기를 겪으면서 현지화를 해야 내가 클 수 있다는 사실을 이미 깨달았다. 그래서 결심했고 한국물류센터를 통해 시행착오의 수업료를 내면서 현지인 소비 성향을 공부했다.

그리고 안텔사 회장님을 4년 이상 따라다니면서 현지화 노하우를 도 닦듯 쌓은 결과 현지화의 첫 작품을 출시할 기회가 온 것이었다. 다행히 윤 회장님께서 내가 현지화를 강조할 때마다 한국 사람을 상대로 할 것 같으면 굳이 이곳까지 와서 할 필요가 없다며 동조해 주셨다.

그리고 마지막 대안은 현지에서 약 5억 원 정도를 빌려 운영 자금을 마련하겠다는 거였다. 코리안 비즈니스 센터를 운영할 때 현지 은행에서 약 15억 정도를 대

라모스 전 대통령이 마카티 골프 클럽을 방문하여

출받고 원금을 한 번도 연체 없이 상환해 은행 대출을 쉽게 받을 수 있는 신용이 있었기 때문이다. 그러나 당장 공사를 재개하기 위해서는 2억 원 정도가 필요했기 때문에 윤 회장님께 지원을 요청했다. 이제 내 손에 회사 운명이 달렸고 내 인생에 큰 모험을 시작하는 것이기도 했다.

선배를 구명하기 위해 큰소리는 쳤지만 어느 대안 하나 쉬운 것은 없었다. 어떻게 문제를 풀지 하루 내내 고심했다. 답은 사람이었다. 필리핀 골프계의 대부를 찾는 일이 급선무라는 판단이 섰다. 나를 전적으로 도와줄 은인이 필요한 것이었다. 현지 상류층들은 극히 보수적이라 처음 본 사람을 절대 믿지 않는다.

특히 외국 사람, 그중 한국 사람에 대해 깊이 신뢰하지 않기 때문에 이 문제를 극복하기 위해서는 현지인 조력자가 꼭 필요했다. 골프 잡지의 편집인이 그럴 수 있는 사람이라는 생각이 들어 전화 연락을 취했지만 만나주지 않았다. 비서를 통해 번호를 알아낸 휴대전화에 문자 메시지로 장문의 편지를 보냈다. 내가 누구며 무슨 일을 하려는지 진솔한 내용을 담았다. 드디어 문자 메시지로 답이 왔다.

그래서 점심 약속을 제안했고 그가 흔쾌히 승낙해 마카티 시내 만다린 호텔 1층에 있는 근사한 식당에서 만났다. 나중에 안 사실이지만 내 생각은 정확히 한 치의 오차도 없이 과녁을 맞힌 것이었다. 이 편집장은 필리핀 골프계에서 대부 정도는 아니어도 누구에게나 존망 받는 인물이었다. 만나자마자 난 야심에 찬 계획을 펼쳐 보이고 도움을 청했다. 머리가 뛰어난 편집장은 금방 이해를 하고 내가 필리핀 골프계에 입문하는 데 결정적인 도움을 주었다.

이제 구체적인 실행 계획을 짜서 신속하고 정확하게 진행해 나가야는 일만 남았다. 하루하루가 돈이었다. 회원권 판매를 위한 멤버쉽 키트(Membership Kit)는 내가 직접 짰다. 회원권 가격, 회원 유효 기간, 회원 특혜 그리고 회원 시설 이용에 관한 규정 등을 필리핀 골프장 회원권 제도를 참고로 초안을 만들었다. 회원권을 판매해서 공사 자금을 충당하는 자금 계획을 짠 이상 머뭇거릴 시간이 없었다.

추가 예산으로 공사 재개를 위해 마련한 2억 원은 인테리어 공사 계약금 주기에도 부족한 자금이었다. 공사 재개와 회원권 판매 그리고 임대 분양, 운영 조직 구성과 관리 및 영업 계획 등의 업무를 동시에 입체적으로 시작해야만 했다. 골조 공사를 진행했던 건축 업체 사장인 시(Mr. Sy)부터 만났다. 내 자금 조달 계획을 설명하고 공사 재개를 설득해 미장공사에 들어갔다. 그리고 주위 지인들을 동원해 인테리어 업체 사장들과 수차례 미팅 끝에 최소한의 계약금을 지불하고 본격적인 인테리어 공사를 시작했다.

이제 자금 조달을 위해 본격적으로 회원권 판매를 시작해야만 했다. 회원권 판매가 실패하면 전체 프로젝트 진행에 큰 타격을 입을 수밖에 없어 신중에 신중을 기했다. 반대로 성공하면 원활한 공사 진행을 위한 자금 확보와 영업에 일단 큰 도움이 되고 월 회비 수금으로 운영자금까지 큰 보탬이 되기 때문에 승부수를 던져야만 했다.

그래서 보수적인 성향이 강한 현지인에게 어떻게 하면 결정적인 임팩트(Impact)를 줄 수 있는지 깊은 고민에 빠져들었다. 안텔사 회장님이면 어떻게 했을까 생각하며 이런 저런 고심 끝에 기본 골격을 짜냈다. 물론 골프 잡지 편집장,

마카티 골프 클럽 내 마부하이 스파 입구.

오래 전부터 알고 지내던 컨설팅 전문가, 나와 10년 이상 생사고락을 같이 했던 회계사가 큰 몫을 해주었다. 광고나 대외적인 홍보를 위해 일단 상호(Business Name)가 중요했다. 그래서 머리를 쥐어짜서 나온 것이 마카티 골프 클럽이다.

우선 마카티는 한국의 강남과 같은 곳으로 현지인들에게는 비즈니스의 중심지로서 지역적 브랜드 가치가 높다. 그리고 필리핀에서 가장 회원권 값이 높은 마닐라 골프 클럽(회원권이 약 7억 원)이 이곳에 있는데 필리핀의 대표적인 부자들이 회원으로 있다. 이 골프장과 유사한 이름으로 일단 고급 이미지를 줄 수 있었다. 마카티에는 이밖에 마닐라 폴로 클럽(회원권이 약 1억5천만 원)이 회원 전용 클럽으로 마닐라 골프 클럽과 마찬가지로 필리핀의 대표적인 비즈니스 사교 클럽이다.

난 이 두 곳을 자주 다녔고 평소에 이런 클럽을 만들고 싶은 꿈을 가지고 있었기에 벤치마킹할 수 있었던 것이다. 필리핀의 상류 사회를 이해하려면 이곳에 꼭 가봐야 한다. 가장 큰 고민거리가 해결된 것 같아 자신감이 생기며 확신이 들기 시작했다. 일단 고문 회계사를 통해 상공부(Department of Trade and Industry)에 상호를 등록했다.

그 다음 필리핀에서 가장 사립 명문대인 아테네오 대학을 갓 졸업하고 컨설팅 회사를 차린 생기 넘치는 젊은 엘리트들에게 내 사업 컨셉(Business Concept)를 설명하고 카탈로그 제작을 의뢰했다. 골프 연습장과 최고급 스파와 격조 높은 레스토랑을 주 시설로 갖춘 비즈니스 사교 클럽으로 테마를 잡았다. 부대시설로는 골프 몰, 피트니스 센터, 비즈니스 센터, 회의실을 갖췄다.

이에 맞는 현지 수준 높은 인테리어 시공 회사를 선정했다. 공사 금액은 일반 시공업체보다 높았지만 그만한 값어치를 했다. 한국 사람이 운영하는 여러 인테리어 시공 업체가 있지만 오너의 감각과 철저한 프로 정신이나 신용 위주의 비즈니스 마인드 혹은 현지인 관리 능력이 부족해선지 마땅한 업체를 찾기가 어려웠다. 그리고 현지인 고객을 대상으로 한 비즈니스 컨셉을 이해하기가 어렵기 때문에 현지인 회사 선정이 옳았다고 판단했다.

이 시공 업체는 일일이 모든 공정을 진행하기 전에 도면(Shop Drawing)을 그려내 승인을 받고 작업 전에 관리자가 해당 인부에게 작업 설명을 하는 등 공정들이 아주 체계적이었다. 또한 공사를 관리 감독하는 관리자(Supervisor)들이 현장에서 인부들이 작업하는 공정을 항상 확인하기 때문에 공사의 질이 높을 수밖에 없다.

이에 반해 한국인 시공 업체들은 주먹구구식으로 상세 도면도 안 만들고 체계적인 관리 시스템 없이 인부에게만 맡기고는 잘못되면 짜증내고 큰 소리만 지르기 일쑤다. 그러니 좋은 결과가 나올 수 없어 건축주인 같은 한국 사람과 다투는 경우를 많이 봐왔다.

젊은 엘리트로 구성된 컨설팅 회사는 독특한 아이디어와 개성으로 내가 원하는 수준의 로고(logo)와 레터링(lettering) 그리고 짜임새 있는 카탈로그를 만들어냈다. 이제 가장 중요한 일이 남았다. 바로 판매 회사를 선정하는 일이다. 역시 골프 잡지 편집장은 결정적인 도움을 주었다. 필리핀에서 골프장 회원권을 가장 많이 판매하는 GG&A의 사장을 소개해주었다.

골프계에서 권위 있는 사람이 소개해주다 보니 바쁜 일정에도 상당한 관심과 노력 이외에 여러 가지 유익한 조언도 해주었다. 보수적인 현지인 골퍼들에게 큰 관심을 끌려면 운영하는 회사가 중요하다는 점을 나에게 인식시켰다. 개발 회사가 한국인 업체기 때문에 더욱 중요하다는 것이었다. 따라서 많이 생각할 것도 없이 필리핀에서 가장 좋은 골프장인 산타 엘레나 골프 클럽(Sta. Elena Golf Club)의 부사장을 만나 1년간 위탁 운영 계약을 했다. 이때만 해도 이 계약이 회원권 판매에 결정적인 역할을 해주리라는 생각은 크게 안 했다.

산타 엘레나 골프장은 필리핀에서 페어웨이 및 그린이 최고 수준이고 특히 레스토랑의 음식과 서비스가 최고로 정평이 나 있었다. 따라서 이 클럽 매니지먼트 팀이 우리 클럽 운영을 맡았으니 필리핀 골프계에 우리 존재는 혜성처럼 나타나 삽시간에 알려진 셈이다. 그리고 산타 엘레나의 부사장이 클럽 운영의 총책임자로 되었고 그는 필리핀 골프계에서는 골프장 운영의 1인자로 명성이 자자했다.

그는 새로운 클럽을 단기간 내 정상 궤도에 올려놓을 만한 기반과 능력을 가지고 있었다. 먼저 산타 엘레나 골프장에서 우수한 직원을 파견해 전통 있는 골프클럽의 연장선상에 우리를 놓아주었다. 그 덕에 마카티 골프 클럽의 운영 조직은 짜임새 있고 탄탄했다. 클럽 매니저부터 서비스에 종사하는 스태프진이 품격 있는 수준의 서비스를 제공할 수 있었다.

이제 자신이 생긴 회원권 판매 회사 사장은 최고 전문가답게 우리 특성에 맞춘 회원권 판매에 관한 기획안을 내게 제출했다. 기본 내용은 기존 판매 직원을 배제하고 우리 클럽 회원권만을 판매할 직원을 새로 채용하고 판매 교육 및 이 회사에서 가지고 있는 현지인 골퍼의 데이터베이스를 활용하는 콜센터 판매 방식이었다.

이 직원들에게 우리가 고정급을 지불하고 회원권이 판매 되는대로 이 판매회사에 일정 수수료를 지불하는 형식으로 계약했다. 이 회사의 베테랑급 판매 직원을 활용하지 않는 방법에 대해 찜찜하게 생각은 했지만 전문가의 의견을 최대한 존중할 수밖에 없었다. 나중에 알았지만 이 방법이 옳았다. 기존 베테랑 판매직원들이 관심을 가지고 최선을 다하기에는 우리 회원권 상품 가치가 다른 골프장 회원권 보다 떨어졌다.

반면에 새로 채용한 새내기들은 회사에서 제공하는 매뉴얼에 따라 최선을 다해 기대 이상의 실적을 올려주었다. 물론 골프 잡지의 편집장이 광고를 잘 해준 덕도 크지만 아무튼 판매 사원들의 눈부신 활약은 내게 된다는 확신과 용기를 힘껏 안겨주었다.

처음 해본 일로 불안감이 많아서 그랬는지 매일 회원권이 판매되는 게 신기했다. 또한 내가 우리 실정에 맞게 회원권의 세세한 부분까지 모두 챙겨 기획하고 운영 및 판매하는 회사를 선정했는데 좋은 결과가 나타나니 뛸 듯이 기뻤다. 중간에 포기할 뻔한 사업이 살아날 수 있는 희망이 생긴 것이다.

하지만 모든 과정이 순탄하지만은 않았다. 필리핀 법인청 규정상 골프 회원권 판매에 관한 규정이 명백히 있는데 우리 경우는 모호했다. 실제로 모든 회원권 판매는 사전에 법인청 허가를 받아야 하나 난 6개월 이상 걸리는 허가 절차를 기다릴 여유가 없었다. 그래서 해당 공무원이 회원으로부터 고소만 없으면 진행을 해도 좋다고 한 말만 믿고 밀어붙였다.

내심 불안한 마음은 떨칠 수가 없었다. 회원권을 산 현지인들은 예상대로 산타 엘레나 회원이 많았다. 정부 요직에 있는 최고 공무원부터 현지인 대기업 총수나 CEO 그리고 자영업자, 부동산 개발업자, 일본 자동차 딜러, 외국인 업체 CEO 등 각양각색의 현지인과 일본 사람도 제법 있었다. 주로 일본 대기업에서 파견 나온 지상사 직원들과 일본 교민들이었다.

한국사람에게는 가급적 알리지 않아 어디선가 소문 듣고 찾아 온 몇 사람에게만 회원권을 판매했다. 한국 사람들이 많으면 현지인이나 일본인들이 회피하기 때문이었다. 우리는 어디를 가나 위축받지 않고 용감하게 다니는데 현지인이나 일본인들은 한국사람들의 와일드(Wild)한 매너에 위축이 되어서인지 한국사람이 많은 곳을 피한다. 그래서 현지인들로 자리를 잡은 뒤 한국인 교민 사회에 단계적으로 프로모션 할 계획이었다.

산타 엘레나의 부사장은 명성에 걸맞게 사업의 중요한 포인트를 정확히 짚어가며 체계를 잡아갔다. 다름 아닌 골프 티칭 프로(Golf Teaching Pro)로 필리핀 최고 드림팀을 만든 것이다. 먼저 필리핀 여자와 결혼해 필리핀에 정착한 영국 PGA 소속의 셰인(Mr. Shane)을 영입했다. 그리고 산타 엘레나의 골프 이사이며 프로인 준 세도(Mr. Jun Cedo)와 미국 PGA에서 티칭 프로 자격증을 딴 루비 치코(Ms. Ruby Chico), 미국에서 USGTF 자격증을 딴 아리엣(Ms. Arriet) 등은 필리핀 골퍼들에게 널리 알려진 티칭 프로들이다.

그리고 나중에 일본 PGA 소속의 토모(Mr. Tomo)도 합류를 했다. 한국인 프로는 PGA 출신 1명과 여자 프로 1명 그리고 현지에서 오래 티칭 프로 생활을 한 1명 그리고 한국에서 연습장을 운영하다 이민 온 나이가 좀 든 프로 1명 등 모두 4명을 배정했다. 이 정도면 필리핀 최고의 골프 티칭 프로의 막강한 조직을 갖춘 셈이다.

이제 도면상에 휴게실로 되어 있는 공간들을 꾸밀 예산도 없고 해서 필리핀 최초로 골프 몰(Golf Mall)을 만들 계획을 수립했다. 하지만 필리핀에서 골프 용품 독점 계약을 가지고 있는 회사들은 중견 기업체들인 데다 오너들이 개성이 강하고 서로 견제하며 이해관계가 엇갈려 이들을 한곳에 모아 놓기가 결코 쉬운 일이 아니었다. 하지만 해야 할 일이기에 작전을 짰다.

골프 용품 업계에서 전체 매출액이 가장 높고 탄탄한 자금력을 갖춘 일본 미즈노의 에이전트 회사부터 접근을 했다. 젊은 사장은 앳된 얼굴에 한눈에 봐도 귀공자 스타일로 외모와 매너가 출중했다. 이때만 하더라도 우리는 회원권 판매를 위해 적절한 언론 플레이로 골프계에 이미 잘 알려져 있었다. 그래서 유리한 입장에서 계약 조건을 제시했고 비즈니스 감각이 뛰어난 젊은 사장이 기회를 놓칠 리 없었다.

2층 연습장은 1층 건물 위에 초록 매트를 깔아 일단 보기가 좋았다. 또한 전면에는 고층 건물이 네트 밖에 자리하고 있어 야경이 일품이었다. 그리고 엘리베이터에서 내리자마자 바(Bar)가 있고 복도 옆으로 휴식할 수 있는 테이블이 놓여 장사가 잘될 수밖에 없는 여건을 갖추었다. 이 젊은 사장은 내가 제시한 임대 조건을 거의 받아들이며 여러 브랜드를 같이 판매할 생각에서인지 120㎡의 적지 않은 공간을 쉽게 계약했다.

난 공사비를 한 푼이라도 줄여야 할 처지여서 미장도 안 끝난 골조 상태에서 임차인이 나머지 공사를 떠맡는 조건으로 계약을 해 공사비 예산을 많이 줄일 수 있었다. 미즈노가 마카티 골프 클럽에 입주한다는 소식은 골프 용품 업계에 삽시간에 소문이 났다. 그러더니 캘러웨이가 찾아와서 계약을 서둘렀고 미즈노와 똑같은 조건으로 계약을 했다.

 필리핀에서 건물주가 외국인이면 보수적인 현지인들이 상당히 망설이는데 골프 업계에서 존망을 받는 미즈노가 입주함으로써 현지인으로부터 일시에 신뢰를 받을 수 있었다. 다음 타켓은 테일러 메이드였다. 마침 아디다스 사가 테일러 메이드 회사를 사들이고 필리핀에 첫 지점(Branch Shop)을 낸다는 소문을 듣고는 적극 유치에 나섰고 성공했다. 테일러 메이드는 브랜드 가치를 더욱 높이기 위해 전문 매장을 고급스럽게 꾸밀 계획을 가지고 있어 마카티 시 요지에 새로 오픈하는 최신식 골프 연습장인 마카티 골프 클럽과 잘 맞아떨어졌다.

 그 다음은 클럽 피팅을 전문적으로 취급하는 커스텀 클럽 메이커와 핑의 에이전트인 골프 데포, 젝시오 이외 여러 일본 제품 브랜드를 취급하는 골프 킹과, 한국에도 지사가 있고 미즈노 다음으로 규모가 큰 팍 스포츠 등이 대거 입주했다. 이 과정에서 여러 입주 업체가 여러 브랜드를 취급하고 있고 겹치는 브랜드가 있을 수밖에 없어 이를 조율하는 것이 제일 어려웠다. 아무튼 우여곡절 끝에 필리핀 최초의 골프 몰이 탄생했다.

 한국 물류 센터의 임대 경험이 큰 도움이 됐다. 처음부터 세세한 사항까지 계약서에 명기를 하고 이를 위반하면 철저히 준수토록 하고 처음부터 입주자들에게 틈을 안 주었다. 입주자들이 요구하는 한두 가지 사정을 봐주다가 나중에는 감당 못하는 상황을 한국 물류 센터에서 경험한 데다 입주자에게 끌려 다닌 것이 실패의 원인이었기 때문에 처음부터 입주자 관리에 만전을 기했다.

 그러나 현지인 입주자들은 한국인 입주자들과 달랐다. 그들도 계약상에 없는 모호한 상황에 관해 본인들 유리한 쪽으로 요구하지만 무조건 도와달라고 하면 잠시 머뭇거리다 그만둔다. 반면에 한국 사람은 옆에 있는 입주자까지 부추기고 그래도 안 되면 비방하고 해코지까지 서슴지 않는다. 한국 사람이 다 그렇다는 것을 아니지만 우리는 남을 배려하고 다수의 이익을 위해 본인의 이익을 좀 덜 챙기며 남을 위해 양보하는 미덕이 부족한 게 사실이다.

 입주한 골프 용품 업체들은 경쟁적으로 각 브랜드의 특성에 맞춰 현대식 인테리어로 최대한 잘 꾸몄다. 최신 시설의 자동화 골프 연습장과 골프 몰과는 매치가 잘 되었고 조화를 이룬 만큼 현지인 골퍼들에게 명소가 되었다. 실제로 필리핀의 대표적인 백화점인 SM(Shoe Mart)에 입주하기 위해서는 복잡한 절차와 까다로운 심사를 거쳐야 한다.

일단 백화점이나 상가에서 매장을 운영한 실적이 있어야 하며 심사에 통과되더라도 적합한 장소에 자리가 날 때까지 상당 기간 기다려야 한다. 더구나 인테리어도 입주자 마음대로 할 수 없고 백화점에서 지정하는 업체에 맡겨야 한다. 높은 월세(sq.m당 1천~2천 페소)와 수수료를 떼어가기 때문에 웬만큼 장사를 잘하지 않으면 1년도 안 돼서 쫓겨날 수 있다.

SM 백화점은 아시아에서 두 번째로 큰 '몰 오브 아시아(Mall of Asia)' 지점을 비롯해 1986년 몰 규모의 SM City 1호점 탄생으로부터 시작해 현재까지 약 50여개 점이 오픈되어 있고 매년 약 3개점씩을 오픈하는 필리핀 최고 규모의 백화점이다. 이 외에 SM 백화점의 경쟁업체였던 로빈슨스 백화점(Robinsons Department Store) 체인이 있다. 고급 백화점으로는 전통적으로 루스탄스(Rustan's) 백화점을 손꼽는다.

최근에는 필리핀 최고의 부동산 개발 회사인 아얄라 그룹(Ayala Group)이 만든 글로리에따 몰(Glorietta Mall)이 루스탄, SM, 랜드마크(Landmark) 백화점 그리고 그린벨트(Greenbelt)상가와 연계되어 필리핀 최고의 상권으로 자리 잡고 있다. 하루 내방객이 6만 명에 이른다. 이 백화점 내에 세계적인 명품 체인점들이 몰려 있으며 한국보다 가격이 조금 싼 편이다. 또한 마카티 시내에 있는 파워 플랜트(Power Plant) 백화점이 고급 아파트촌 안에 위치해 고가 수입제품을 주로 판매하는 편이다. 신도시 파식에는 SM 메가몰(Mega Mall), 로빈슨스 갤러리아(Robinsons Galleria), 샹그릴라 플라자 몰(Shangri-La Plaza Mall) 루스탄스 이외에 좀 더 고급스러운 SM 계열사에서 운영하는 포디움(Podium) 백화점이 있다.

아무튼 골프 몰의 성공적인 탄생은 교민은 물론 현지인 골퍼들에게 골프 연습장을 크게 알려 크나큰 홍보 효과를 보게 되었고 빠른 시간 내에 자리 잡는 결정적인 역할을 해주었다. 필리핀의 사교 클럽에서는 레스토랑이 가장 중요한 부대시설이다. 필리핀에서는 전통적으로 현지인들이 비즈니스 목적으로 식사 접대를 할 때에는 보통 본인이 가입되어 있는 사교 클럽에 초대하는 편이다. 회원 자격으로 격조 있는 분위기에서 품격 있는 서비스를 제공 받아 귀한 손님을 대접하기 위해서다.

나는 필리핀에서 현지 음식으로 가장 대표적인 비아 마레(Via Mare) 레스토랑 오너와 어렵게 미팅을 가져 1층에 가장 중요한 자리를 내주려고 했다. 그런데 파트너 격인 선배가 식당 겸 바를 운영하겠다고 해서 임대 계약을 했는데 결정적인 악수가 되었다. 비아 마레 식당은 안텔사 회장님이 항상 입이 마르도록 칭찬을 해서 염두에 두고 있었다. 이 식당은 전속으로 필리핀 대통령 궁 행사 때마다 케이터링(Catering ; 연회 등의 음식 공급)을 맡고 있어 더욱 유명하다.

마카티 골프 클럽의 대외 공신력을 높이기 위해서는 1층 정문 옆에 현지인에게 널리 알려진 푸드 체인점을 유치하고자 물색하던 중 안텔사 회장님이 음식을 잘한다며 데려갔던 노스 파크(North Park)라는 중국 국수 전문 체인점이 생각이 났다. 주 메뉴가 국수와 만두여서 운동 후 출출할 때 간단하게 허기를 때울 수 있는 골퍼들에게는 안성맞춤이었다.

그래서 그 오너를 전화로 약속해서 만났는데 전형적인 화교 사업가였다. 유명한 음식 체인점이고 인근에 이미 여러 분점이 영업을 하고 있는 데다 백화점이 아닌 골프연습장이라는, 특수층을 상대해야 하는 위험부담으로 오랜 줄다리기를 해야 했다. 결국 현지인에게 인지도가 높은 체인점을 유치해야 하기 때문에 임대 조건을 좀 더 양보하는 수준에서 끝내 임대 계약을 마쳤다.

그 다음에 처음부터 계획했던 필리핀 골프장 협회(Federation of Golf Clubs)와 필리핀 주니어 골프 협회는 임대 조건상 특혜를 주고 유치했다. 이 덕에 나는 이때 생각지도 못한 한국인 대상으로 한 골프장 마케팅 사업을 나중에 할 수 있는 계기가 되었다. 그리고 나와 15년간 생사고락을 같이 한 회계사가 소개했고 나와도 같은 로터리 클럽에서 알고 지내던 치과의사협회의 부회장을 지낸 닥터 말리가야가 3층에 치과 클리닉(Dental Clinic)을 오픈했다.

4층에는 필리핀 골프장 협회와 그 옆에 회원들을 위한 회의실(Conference Room)을 꾸미고 관리 사무소와 숙소 방 2개를 만들었다. 이제 1층에 스파를 빼고는 골프 연습장을 메인 시설로 한 사교 클럽이 완성되어 필리핀 골프계 명사들과 여러 관련자 및 회원들과 일반 손님 그리고 시청 간부 공무원들을 초대한 임시 개업식(Soft Opening) 행사를 단출하게 치렀다.

시청의 영업 허가는 생각보다 쉽게 받았다. 회계사를 통해 시청 간부를 소개 받았고 평소에 존경하던 비나이(Mr. Binay) 시장을 만나게 됐다. 그의 방에서 초록색 네트가 쳐진 마카티 골프 클럽이 내려다 보였다. 그는 외국 사람이 마카티 시에 이런 좋은 시설을 세우는 데 투자해 줘서 무엇보다 고맙고 도와줄 일이 없느냐고 물었다. 빠른 시일 내에 허가를 받아 영업을 하고 싶다고 했더니 담당자를 그의 방으로 불러 도움을 주라고 지시했다.

그 다음 날 영업 허가 담당자들이 찾아와서 하루 만에 허가를 내주어 상당한 비용을 줄일 수 있었다. 그렇지 않으면 비용도 비용이지만 거의 3주 동안 손 놓고 기다릴 판이었다. 그 이후에도 시청 직원 어느 누구도 찾아와 허가 상 문제가 되는 시설을 트집 잡아 돈을 요구하는 일이 전혀 없었다. 마카티 시는 비나이의 공화국이라고 할 만큼 그의 영향력이 절대적이다.

그와 그의 부인이 돌아가면서 시장을 역임했고 2010년 치러진 선거에서 그의 아들은 시장에, 그는 부대통령에 당선됐다. 그는 차기 대통령으로 가장 유력한 정치적 거물이다. 키는 조그맣고 까무잡잡한 얼굴에 강인해 보이는 인상을 가진, 필리핀에 흔하지 않은 자수성가형 인물이다.

그가 마카티를 필리핀 최고의 금융 중심지이며 외국 공관이 몰려 있고 초대형 상권이 갖춰진 치안 문제가 없는 신도시로 만들었으며, 도시 전체가 금연일 정도로 강력한 통치력을 가지고 있다. 마카티 시의 가장 중심지인 살세도 빌리지(Salcedo Village)와 레가스피 빌리지(Legaspi Village)에 우리나라 대기업 지사 사무실들은 주로 몰려있고, 한국인 소유의 조그만 호텔과 식당, 식품점, 어학원,

여행사, 술집들이 마카티 애비뉴(Makati Avenue)를 중심으로 코리안 타운을 형성하고 있다.

이제 마카티 골프 클럽은 한국인 소유 사업장 중에 현지인에게 가장 알려진 업체로 자리매김했다. 더구나 약 300명에 이르는 회원이 고급 공무원부터 대기업 오너 등의 현지인 기득권층으로 구성되어 있었다. 따라서 필리핀의 상류층 사이에 새로운 마카티 시의 새로운 명소로 알려졌다.

결국 내가 꿈꿔온 현지화는 성공했지만 내부 갈등으로 재정적 어려움을 매일 겪어야만 했다. 회원들에게 약정한 주요 부대시설인 스파를 오픈해야 하는데 투자가 간에 합의가 이루어지지 않았다. 결국 윤 회장님이 단독으로 투자를 감행해 제한된 예산으로 남자 스파만 오픈하게 되었다. 반쪽이 되다 보니 영업에 한계가 생겨 회원들 간에 호응을 받지 못했다. 연습장을 오픈하고 1년 이상을 끌다 공사를 시작하다 보니 대외적으로 신용을 잃어 회원권이 더 이상 팔리지 않았다.

아마 그때 공사만 바로 시작했으면 1천 명 정도는 회원을 모집을 할 수 있었다. 그 당시 월회비가 1200페소였으므로 1천 명이면 120만 페소(약 3600만 원)의 월회비 수입만으로도 기본 경비를 모두 충당할 수 있었다. 더구나 골프 연습장은 일반 요금이 시간당 250페소(약 7500원)로 회원은 50% 할인 혜택을 주었다. 식음료는 20% 할인 혜택을 주어 회원이 많을수록 클럽을 이용하든 이용하지 않든 월 수입이 늘어날 수 있는 수익구조를 만들었다. 또한 회원권은 10년 기간제였으므로 운영만 잘 하면 10년 후에 또 판매해서 목돈을 걷어 들이도록 계획을 세웠다.

스파 공사를 늦게 시작한 것이 여러 가지 면에서 수익을 내는 데 큰 차질을 빚었다. 회원과 여러 현지인들에게 신뢰를 회복하는 길은 최고 수준의 스파를 만드는 것이었다. 그래서 필리핀 스파 업계에서 가장 신망 받는 말져리 루핑코(Ms. Marjery Lupingco)와 컨설턴트 계약을 해서 스파 로고, 이름, 내부 설계부터 안마사(Therapist) 교육, 홍보 및 영업 전략까지 모든 사항을 자문해가며 집행했다. 그녀는 자신이 운영하는 스파는 직원들에게 맡기고 필리핀 최고의 스파를 만들기 위해 미국에서 배운 모든 노하우를 동원해 헌신적으로 도와주었다.

내가 구상한 스파 컨셉은 필리핀 전통 스파였다. 따라서 그녀가 추천한 필리핀 전통가옥 설계 전문가를 소개받았다. UP(필리핀 국립대학) 건축학과를 졸업한 나와는 동창으로 첫인상부터 예술적 끼가 가득한 유망한 설계사였다. 긴 설명도 필요 없이 내가 연출하려는 바를 눈치 챈 건축 설계사 조지프(Arch. Joseph)는 한 달 만에 세상 어디에도 없는 독특한 인테리어 설계를 끝냈다.

문제는 시공이었다. 예산이 문제가 될 수밖에 없었다. 필리핀 전통 스파답게 천연적인 자재로 설계가 되어 있었다. 흙, 자연석, 천연 나무, 대나무, 천 그리고 현대적 감각을 가미한 유리와 아이빔을 주 소재로 한 그 어느 곳에 가도 보기 힘든 디자인이었다.

제한된 예산으로 공사비 50%만 지불하고 공사를 끝내고 1년간 50%를 지불하는 조건으로 입찰을 했는데 세 번이나 유찰되었다. 어느 누구도 이런 지불 조건을 받아들이는 현지인 회사는 없었다. 결국 지불 조건을 일반 형식인 공사 기성으로 바꾸고 최저 공사 금액을 제시한 회사로 낙찰되었으나 이것이 잘못된 선택이었다.

이 회사는 이행 보증서 없이 계약금을 지불했는데 그 다음 날로 사장이 연락이 안 되었다. 수소문 끝에 집으로 찾아가서 잡았으나 이미 계약금의 반 정도를 다른 목적으로 사용한 후였다. 귀신 달래듯이 해서 나머지 돈을 받아냈지만 쓸데없는 시간 낭비를 한 뒤 결국 직영으로 공사를 하다 보니 공사 비용도 늘어났고 고생만 엄청나게 했다.

공사가 다 끝나기 전까지 설계사를 얼마나 원망했는지 모른다. 괴상망측한 디자인으로 작업도면(Shop Drawing)을 일일이 그려서 작업 지시를 철저히 해야 설계사가 원하는 작품이 나오는 것이었다. 예를 들어 파우더룸(Powder Room)의 경우도 대형 거울을 나무로 틀을 짜서 스테인리스 와이어로 양쪽 벽에 매단 다음 물에 가라앉지 않는 나무로 세면대를 만들어 공중에 떠 있게 만든 디자인이었다. 전기선을 모두 감추는 것만 해도 보통 공정이 아니었다.

가장 힘든 작업은 탕 공사로 천연석 바닥 공사도 힘들었지만 탕 안에 방수가 안 되어 직경 1인치 타일을 붙였다 뜯었다 몇 번을 반복했다. 목욕탕 공사가 그렇게 힘든 줄은 처음 알았다. 그리고 천장에 아치형 디자인과 와이어를 벽면에 연결해 호롱불을 걸어놓니 탕 안 분위기가 묘했다.

사우나 공사는 사우나 원조인 핀란드에서 진출한 사우나 시공 전문업체에 맡기니 아무 문제없이 습식과 건식을 만들었다. 복잡 미묘한 공사로 스트레스와 과로로 혈압이 올라가 코피를 밤마다 흘리며 죽을 고생을 했다. 결국 공사는 끝났고 필리핀에 최고 수준의 스파는 탄생했다.

스파 상호는 마부하이 스파(Mabuhay Spa)로 영어로 'Welcome(환영한다)' 이라는 의미를 가진 타갈로그어(Tagalog ; 필리핀어)다. 첫날 회원들만 초대해 오픈식을 했는데 온 사람 모두 예술적인 인테리어에 감탄을 하며 찬사를 아끼지 않았다.

스파를 다녀간 사람들 입으로 소문이 퍼져 인테리어 잡지나 스파 잡지 및 스포츠, 골프, 레저, 라이프스타일 등의 잡지에 기사화되곤 했다. 스파는 남의 스트레스를 풀어주는 곳이고 오감의 만족감을 극대화하는 과정에서 그 스트레스가 나한테 전부 오는 듯했다. 고급 스파는 보는 것, 맡는 것, 만지는 것, 듣는 것, 마시는 것 등의 오감을 조화롭게 연출해야 하는 섬세하고 뛰어난 감각을 가진 전문가가 꼭 필요했다. 그래서 스파 매니저를 물색하는 데 상당히 애먹고 자주 사람을 바꿀 수밖에 없었다.

안마사들은 필리핀 전통 의상을 개량한 디자인으로 맞춤 유니폼을 입혔다. 공사만큼이나 어려운 일이 안마사 교육이었다. 다행히 필리핀에는 일부 대학에 안마사 학과가 있고 의료학을 일부 이수하고 마사지 교육을 받기 때문에 몸의 구조를 알고 안마를 한다.

그런데 한국 손님들이 꼭 불만이 많았다. 한국에서 시각장애인으로부터 강한 마사지만 받던 습관에 현지인 마사지가 성에 차지 않았던 것이다. 오일은 천연 오일을 쓰고 철저히 임금 떠받들듯 시중을 들게 했다. 남자 탕만 있으니 남자 회원 부인과 여자 회원의 불만이 거셌다. 그래서 남자 손님이 없을 때 여자 손님을 받았는데 카운터에 직원이 딴전을 피우는 사이 남자 손님이 들어가 탕에서 서로 맞닥뜨린 경우가 몇 번 있었다.

스파 매출 올리기 작전

영업은 별도로 영업 매니저를 두어 인근 살세도와 레가스피 빌리지 내에 있는 대기업을 찾아다니며 판촉활동을 시켰고 마카티 시내에서 가장 부촌인 포베스 파크(Forbes Park), 다스 마리니아스 빌리지(Dasmarinas Village), 산 안토니오 빌리지(San Antonio Village)와 인근 상가에 광고 전단(Leaflet)을 배포하기도 했다. 그리고 벨 에어 빌리지(Bel Air Village)에서 발행하는 빌리지 보이스(Village Voice)에도 광고를 냈다.

마카티 골프 클럽 내에 여러 매장과 식당이 하나씩 오픈하면서 내방객도 늘어갔다. 마지막으로 반쪽이지만 스파까지 오픈하고 나니 골프 연습장부터 빠(Bar)의 식음료 그리고 스파의 매출이 조금씩 늘어났다. 입주자들도 대놓고는 말하지 않았지만 매상이 나날이 올라가는 편인지라 어느 정도 만족해하는 눈치였다.

필리핀은 소비자의 특성상 한국처럼 처음 오픈하면서 대박이 터지는 경우가 극히 드물다. 거의 완만한 상승곡선을 그리며 매출이 올라가지만 한국처럼 주위에 더 큰 매장이 들어서 갑자기 매출이 떨어지는 경우도 드문 특성을 가지고 있다.

하지만 워낙 투자액이 예상보다 초과되었고 초기에 적자를 본 탓으로 투자 원금을 회수하는 데 상당 기간 걸릴 수밖에 없었다. 따라서 매출을 한 푼이라도 늘리기 위해 고심하느라 하루도 마음 편할 날이 없었다. 골프 연습장의 매출을 늘리기 위해 가격을 올리기도 하고 내리기도 몇 달씩 해봤지만 별 효과가 없었다.

부가가치가 비교적 높은 스파 매출을 올리기 위해 매달려야만 했다. 현지인을 우선 대상으로 마케팅을 집중하려 했으나 갑자기 마사지 붐이 일어나면서 인근 지역에 낮은 요금으로 경쟁력을 갖춘 소규모 마사지 숍들이 생겨나면서 현지인들의 발길을 가로챘다. 더구나 파격적인 요금을 내세운 홈 마사지 서비스가 고급 빌리지마다 생겨나 더욱 더 우리를 위협했다.

그러나 다행히 빠른 시일 내에 스파 매출을 올릴 방법을 생각해냈다. 바로 한국에서 온 관광객을 끌어오면 단시간 내에 매출을 몇 배로 올릴 수 있었다. 그래서 구 마닐라 시 인근에 주로 사무실이 있는 여행사를 찾아다녔는데 영업이 생각만큼 쉽지 않았다.

그래서 생각해낸 복안이 하나 있었다. 여행사들이 가장 애를 먹는 어려운 일 중에 하나가 골프장 부킹이었다. 마침 내 사무실 옆에 골프장 협회가 있어 골프장 오너나 임원들과 친밀한 관계를 쌓은 탓에 골프장 부킹은 누구보다 자신 있었다. 그래서 여행사에서 골치 아파하는 골프장 부킹 문제를 풀어주고 그 대신 여행사에서는 관광객들을 우리 스파에 보내주는 딜(Deal)을 성사시켰다.

더구나 관광객을 받지 않던 회원 전용 골프장도 부킹을 쉽게 해주자 점차로 여행사들 사이에 마카티 골프 클럽은 골프장 부킹의 메카로 알려졌다. 이렇게 시작한 골프장 부킹이 필리핀 골프장 인맥을 최대한 활용하며 제법 짭짤한 수익을 안겨주는 사업이 되었다. 생각지도 못한 일이었다. 또한 필리핀 골프계에서는 내가 한국 사람으로 가장 대표적인 골프 관광객 공급원으로 알려지게 되었다.

필리핀 골프장은 1997년 8월부터 외환위기를 맞으며 현지인 골퍼 수가 급격히 줄어들었다. 골프 회원권 값이 폭락하고 내방객 수도 급격히 줄어드니 대부분의 골프장들이 재정 적자로 고전을 면치 못하고 있었다. 그러던 중에 한국 관광객들이 몰아닥쳐 적지 않은 수입을 올려주니 구세주나 다름없었다. 만약 한국 관광객들이 없었다면 필리핀의 많은 골프장이 문을 닫는 사태가 분명 벌어졌을 것이다.

아무튼 마카티 골프 클럽은 규모나 시설 면에서 필리핀에서 가장 대표적인 골프 연습장이며 최고급 스파와 더불어 마닐라의 가장 중심 금융가에 위치한 고급 비즈니스 사교클럽으로 해를 거듭할수록 현지인에게 알려졌다. 또한 필리핀 최초의 골프 몰로 현지인 골퍼들에게는 한 번 이상 다녀가지 않은 사람이 없을 정도로 인기가 좋았다.

그러다 보니 골프광인 전 라모스 대통령이 자주 방문했고 1년에 4~5번씩 같이 라운딩을 하는데 꼭 진실 게임(본인 핸디캡을 정해 그 점수가 이하이거나 이상인 만큼 타점당 페널티를 정하는 돈내기 게임)을 해서 승자가 저녁 식사를 초대한다. 같이 라운딩 할 때마다 필리핀 국기를 꽂아놓은 카트에 동승하곤 했는데 한국 정세에 관한 질문을 자주 던지고 농담을 즐겼다. 그리고 홀이 밀려 대기할 때마다 간단한 체조를 하면서 철저히 건강을 챙기는 모습이 인상적이었다. 그의 오래된 차안에는 서류와 책들이 가득 차 있어 한순간도 쉬는 시간이 없어 보였다.

아로요 대통령과 가족들도 자주 방문해 골프 레슨을 받곤 했다. 그리고 국무총리나 장차관들과 국회의원 같은 고위급 정치인들과 대기업 오너 등이 회원이거나 내방객으로 방문해 무엇보다 필리핀 국가를 이끌어가는 현지인 인맥을 넓히는 데 큰 도움이 되었다.

그렇게 해서 현지화에 성공한 케이스가 되었고 이를 기반으로 무역업도 시작했다. 첫 수입 제품이 크라운 제과에서 생산한 초코파이를 비롯한 과자류였다. 필리핀 항공의 오너 집안사람을 소개받아 필리핀 항공 기내식으로 3년간 두 달에 한 컨테이너씩 무관세 혜택을 받으며 공급했다.

현지화 기반을 마련하다

 마카티 골프 클럽을 운영하면서 오래전부터 해보고 싶었던 현지화의 기반도 마련했지만 개인적으로는 그동안 부족했던 기업 체계의 조직생활을 경험할 수 있었던 것이 가장 큰 수확이었다. 특히 대기업을 운영하셨던 윤 회장님께서 직접 인사나 경리에 관한 실무 업무를 가르쳐 주셔서 무엇보다 고마움을 가지고 있다.

 사업 규모가 적지 않은 만큼 평탄치만은 않았다. 이런 일도 겪었다. 2년간 임대료를 내지 않고 지불한 수표까지 여러 차례 부도를 낸 불성실한 입주 업체를 고소할 수밖에 없었다. 그러던 어느 날 한국에 마침 볼 일이 있어 공항에 체크인하고 휴대전화를 끄려는데 총무부장한테서 전화가 왔다.

 다급한 목소리로 불순해 보이는 괴한들이 나를 찾으며 우리 업장을 점거하려 한다는 뜻밖의 보고를 했다. 한국인 2명과 현지인 10명가량이 입주 업소에 모여 있다는 추가 보고도 들어왔다. 일단 변호사와 상의하고 대한항공에 사정 설명을 하고 탑승수속을 포기하고 체크인 했던 짐을 찾으려고 기다리면서 곰곰이 대책을 강구했다.

 사태가 심각한 만큼 대사관에 공권력을 요청하는 방법이 최상이라 결론내리고 외사과에서 파견 나온 경찰 영사에게 상황 설명을 하고 필리핀 경찰청에 협조 요청을 했다. 필리핀 경찰청에서는 한국 대사관에서 의뢰한 만큼 신속하게 마카티시 경찰청에 출동 요청을 해서 우리 사업장에 무장 경찰을 보내주었다.

 난 무심코 1층에 있는 입주 업소를 지나 사무실이 있는 4층에 올라갔는데 나중에 안 사실이었지만 1층 입주 업소에서는 내가 미리 알고 도망간 줄 알고 자축연을 벌이고 있었다.

그때 그 일당이 나를 봤으면 나는 NBI(필리핀 특별 수사대)에 끌려갈 뻔했다. 이들은 두 달 전부터 계획을 세워 가짜로 법인 서류를 위조하고 투자청(Board of Investment)에 매년 신고한 투자 증명서에 문제를 제기해 내 비자를 취소시키고 필리핀에서 추방해 사업을 가로챌 작전이었다. 엄청난 범법 행위를 감행했던 것이다. 내가 항상 사무실에 있는 금요일 오전 11시경에 덮쳤는데 내가 정말 운이 좋았던 것이었다.

이 사건으로 일당 1천 페소(약 2만5천 원)을 주고 보디가드를 고용해 8개월간 거의 집과 사무실만 오가는 생활을 했다. 이 보디가드는 내가 만약을 위해 10년 이상 가끔 용돈을 주며 관계를 맺어온 경찰로 무슬림이었다. 필리핀에서 무슬림들은 법보다는 그들 나름대로의 처벌 방식이 있다. 그래서 필리핀에서 무슬림과는 절대 적대관계를 만들면 안 된다. 매출이 크게 늘지는 않았지만 매년 조금씩 늘어나고 있어 안정된 궤도로 진입하고 있었다. 그런데 이 일이 있은 후에 윤 회장님은 필리핀에서 더 이상 사업할 의욕을 잃어 사업체 매각 결정을 내렸다. 그동안 공사 미지급금과 적자로 인해 부족한 자금을 사채와 은행 대출로 메워왔는데 모든 자금 지원이 끊겨 어떻게 하든 내가 현지에서 해결해야 했다. 그래서 결국 월 임대료가 밀리기 시작했고 내부적인 불협화음으로 내게 어려움이 가중되었다.

마침 땅 주인이 인슐라 보험회사였고 모기업이었던 아얄라 부동산 개발회사는 우리 클럽 앞에 소재한 대지에 아파트를 건립해 대박을 터트렸다. 그러니 당연히 2차 사업 용지로 우리가 임대한 땅을 확보하려는 계획이 인슐라 회사의 사장과 담당 임원과 내부적인 조율을 거쳐 실행단계로 옮겨지고 있었다. 임대료가 9억 이상 밀린 상황에서 쫓겨나는 건 불문가지였다.

그동안 임대 계약부터 클럽 건립과 운영까지 수십 차례 미팅을 가지며 관심과 아낌없는 지원을 해주던 인슐라 회사의 부사장도 이 문제만은 해결할 길이 없다며 은행 출신인 사장에게 권한이 있기 때문에 직접 만나서 담판을 지으라고 말하고는 슬며시 빠져나갔다. 온갖 지혜를 다 짜서 사장을 설득할 준비를 마치고 부사장의 소개로 만나게 되었다.

그러나 역시 사장은 금융권 출신답게 대화의 결론은 숫자였다. 밀린 임대료를 당장 해결하라는 것이었다. 그렇지 않으면 우리 클럽 안에 있는 입주 업체로부터 임대료를 직접 받고 계약이 끝나는 대로 해약을 해서 건물을 철거하고 아파트를 짓겠다는 것이었다. 사실 입주 업체에게 이런 내용의 공문이 발송되면 난 필리핀에서 더 이상 사업을 할 수 없을 정도로 치명타가 되는 것이었다.

날 믿고 입주해서 시설투자를 하고 건물을 지은 입주 업체들에게 큰 손실을 끼치게 되는 것이었다. 그중에 가장 걸리는 업체가 미즈노와 대학 후배가 운영하는 아라 식당이었다. 아라 식당은 필리핀 최고 수준의 한국 식당의 시설을 갖추다보니 약 7억원 가까이 투자되었고 이제 적자를 면하는 시점에서 건물이 철거된다면 난 그야말로 죽을 때까지 후배에게 원한을 사게 되는 것이었다.

내가 7억원 이상을 보상해줄 수도 없고 인슐라 사장으로부터 최종 통보받은 밀린 임대료 약 10억원의 지불 기한이 한 달밖에 남지 않았으니 밤마다 잠을 이룰 수가 없었다. 더구나 일주일 후에는 법적 절차를 밟겠다는 의도로 회사 고문 변호사를 통해 지불 청구서(Demand Letter)를 보내오니 사태는 더욱 심각했다.

밤마다 입주 업체 오너들의 얼굴이 떠올라 고통은 더해졌고 말 많은 교민 사회에서 조롱거리가 될 걸 생각하니 끔찍했다. 또한 평생 입주자들에게 물질적 피해를 준 죄책감을 죽을 때까지 안고 살 생각을 하니 더욱 몸서리쳐졌다.

출구 없는 전쟁

누가 봐도 이 상황을 극복할 길은 전혀 보이지 않았다. 돈을 빌려 밀린 임대료를 지불하는 방법도 불가능했다. 임대료가 매년 올라가다 보니 비용 때문에 수익을 낼 수 있는 구조가 되지 않았다. 스파도 남탕 반쪽 밖에는 안 되어 있기에 영업에 한계가 있고 여탕 시설 투자금과 회사 부채가 약 13억으로, 신규 투자금에 대한 원금 상환하기에도 남은 땅 임대 계약 기간 10년은 너무 벅찬 게 자명한 사실이었다. 더구나 내가 회사를 위해 개인적으로 빌린 사채까지 있었으니 아무리 생각해도 해결 방안이 안 보였다.

그러던 어느 날 한국에서 호텔업을 하시던 임 회장님으로 전화가 왔다. 간단한 인사말을 마치자마자 대뜸 필리핀에 투자할 사업이 없느냐는 것이었다. 그 전에 마닐라에 출장 오신 차에 하루 시간이 있으셔서 마닐라 인근 산타 엘레나 골프장에서 같이 골프를 하고 저녁에 마카티 골프 클럽을 둘러본 적이 있었다.

그때는 마침 하나투어를 통해 필리핀에서 거의 최초로 깔리라야 골프장(Caliraya Golf Club) 무제한 라운드 상품을 만들어서 한국으로부터 골프 관광객이 밀려들 때였다. 숙소문제로 한참 애를 먹고 있었다. 그래서 골프장에 숙소를 지으면 좋은 사업이 될 것 같다고 했더니 그렇지 않아도 호텔업을 하고 계셔서 바로 관심을 보이고 그 주에 마닐라를 방문하셨다.

깔리라야 골프장에는 필리핀 골프장 협회 회장이 어느 날 라모스 전 대통령이 개최하는 골프 토너먼트에 참가하자는 제안을 해 처음 가보게 되었다. 현지 정치인들과 골프장 오너를 비롯해 여러 기업인 100여 명이 모여 친선 대회를 열었다. 새벽 일찍 마닐라에서 모두 모여 출발한 관계로 골프장 클럽 하우스에서 조찬을 하게 되었다.

라모스 전 대통령과 같은 식탁에 앉은 자리에서 골프장 오너를 소개받았고 한국인 관광객을 유치해 달라는 부탁을 받게 되어 관심을 가지고 본격적인 골프 투어 상품을 기획하게 되었다. 골프장 오너는 라모스 대통령 도움으로 한국 등 여러 나라로부터 군수 물자를 수입해 국방부에 공급하고 있었으며 필리핀 전체 플라스틱 파이프 시장의 80%를 차지하는 제조업과 부동산 개발업을 하고 있었다. 또한 마닐라 시내에 대형 건물을 몇 개 소유한 화교였다.

그해 겨울 시즌에 골프장 인근에 위치한 가장 대표적인 리조트인 라고스 델 솔(Lagos Del Sol)의 숙박 시설을 한국에 홍보해 하나투어 등 대형 여행사를 통해 골프 관광객을 유치하게 되었다. 라모스 전 대통령을 통해 소개를 받다보니 골프장 오너도 나를 절대적으로 신뢰하고 파격적인 조건으로 한국 시장 독점권을 줘서 필리핀에서 거의 최초로 무제한 골프 상품이 나온 것이다.

깔리라야 골프장은 필리핀에서 가장 유명한 관광지인 팍상한 폭포 인근의 해발 450m 구릉지대에 위치했으며 현지 상류층들이 소유한 고급 별장들이 모여 있어 잘 알려진 휴양지이다. 이곳은 일단 기온이 낮아 하절기에 피서객이 몰려들며, 마닐라 인근 지역에서는 유일하게 민물낚시 및 윈드서핑을 즐길 수 있는 바다와 같은 인공 호수가 있어 더욱 유명해졌다.

미국이 1943년에 만든 인공 호수와 나지막한 바나하우 산(Mt. Banahaw)이 어우러져 경치가 수려하고 호수 안에는 아메리칸 배스가 서식해 마닐라 낚시꾼들에게 특히 잘 알려져 있다. 현지인뿐만 아니라 일본인들도 낚시 대회를 주로 가지는 곳이다. 최근에는 한국인이 운영하는 낚시 리조트가 생겨 교민들이 더위를 피해 한적한 시간을 보내기에 최적의 휴양지 중 한 곳이다.

특히 라고스 델 솔 리조트는 호수를 끼고 약 8ha를 리조트로 개발해 코코넛나무 껍질로 건조한 방갈로(Cottage)식 숙박 시설과 수영장 및 수상 스포츠를 즐길 수 있는 스피드 보트를 비롯한 여러 장비가 구비되어 있다.

깔리라야 골프장은 1990년대 초에 400ha(약 120만 평)의 부지를 확보한 애틀랜타(Atlanta) 사와 필리핀에서 가장 대표적인 골프장 개발 회사인 산타루치아

(Sta. Lucia)와 필에스테이트(Fil Estate) 사가 공동으로 개발해 아놀드 파머가 설계한 18홀이 먼저 오픈한 총 36홀 골프장이다. 첫해에 한국 골프 관광객을 유치하면서 미국에서 티칭 프로 자격증을 가지고 있는 전욱휴 프로가 지도하는 주니어 국가 상비군의 25명 프로 지망생도 골프 연수생으로 합류했다.

필리핀이 외환 위기를 겪으면서 현지인 내방객이 현격하게 줄어들어 깔리라야 골프장은 한국 관광객이 독차지하게 되었다. 첫 시즌 두세 달 동안 약 1500명의 한국 골퍼가 다녀갔으니 일주일에 2~3명의 손님을 받던 캐디들이 매일 2라운드씩 돌아 깔리라야 골프장 인근 지역에 갑자기 돈이 넘쳐났다. 이곳 캐디들은 산간 지역에서 출생해 순박하고 때가 묻지 않아 인정 많은 한국 관광객들로부터 팁도 두둑이 받고 옷가지, 골프 액세서리들을 받아 한 시즌이 끝나고 나면 화장을 한 캐디도 있고 외모가 세련되어졌다.

난 졸지에 이 지역 경제 발전에 공을 세운 덕으로 유명 인사가 되었다. 기대 이상 갑자기 밀어닥친 한국 관광객으로 나도 놀랄 정도였으니 골프장은 물론 숙박을 했던 라고스 델 솔 오너는 말할 것도 없었다. 한국인 투숙객이 1년에 몇 명 있을까 말까 했는데 객실 60개가 부족해 밤마다 난리가 났다.

그러다 보니 생각지도 못한 문제가 발생했다. 오너가 화교였는데 갑자기 계약을 무시하고 숙박비를 두 배 가까이 인상하겠다고 일방적으로 리조트 지배인을 통해 통보해왔다. 사실 이 리조트가 골프장 인근에 가장 시설이 좋고 까다로운 한국 관광객을 투숙시킬 만한 다른 대안이 없었다.

인근 지역에 경쟁이 될 만한 고급 리조트가 없기 때문에 숙박료가 마닐라 시내 5성급 호텔 가격으로 한국 여행사가 원하는 숙박요금을 맞추는 데 계약할 당시 여간 애를 먹은 게 아니었다. 처음에 계약 조건을 협의했던 영업 부장에게 가격 인상에 대한 부당함을 따졌으나 그도 난감한 표정을 지으며 사장이 결정한 사항이므로 어쩔 수가 없다는 것이었다.

이미 여행사와 계약을 한 상태이고 인상된 가격으로는 엄청난 손해를 봐야 하기 때문에 나로서는 보통 심각한 문제가 아니었다. 며칠을 고민하던 끝에 리조트 카운터 벽에 걸려 있었던 리조트 오너와 라모스 전 대통령이 같이 찍은 기념사진이 떠올랐다. 직감적으로 해결할 수 있는 유일한 답은 여기에 있다는 생각이 스쳤다. 라모스 대통령이 한국 관광객을 유치해 달라는 부탁을 내게 했기 때문에 분명한 명분이 있었다.

  라모스 대통령과 친한 골프장 연합회 회장을 당장 찾아가서 어처구니없이 심각한 상황에 봉착한 사연을 하소연하니 바로 라모스 전 대통령에게 전화를 해주었다. 그 다음 날 라모스 전 대통령 비서실에서 전화가 왔다. 라고스 델 솔 사장과 점심 약속이 되어 있으니 참석하라는 것이었다. 이제 반 이상 해결되었다는 안도감이 들었다. 며칠 후에 라모스 전 대통령이 보내준 수석 수행비서와 약속 장소인 호텔 식당에 들어가니 영업 부장과 사장 내외가 이미 자리를 잡고 반갑게 우리를 맞아주었다.

  나중에 안 사실이었지만 사장은 나를 이때 처음 만났고 내가 참석하는 줄을 몰랐던 것이었다. 다만 라모스 전 대통령이 리조트 사장에게 전화를 해서 당신을 도와줄 친한 한국 사람을 소개해준다고 해서 만들어진 자리였다. 따라서 리조트 사장은 내가 나타나리라고는 상상도 못했고 나를 보자마자 놀라고 실망하는 눈치가 역력했다. 내가 라모스 전 대통령에게 도움을 요청한 것을 바로 알아챈 것이었다.

  호텔 식당은 리조트 사장이 운영하는 사천요리 전문 중국 식당으로 내가 한국인인 것을 고려해 이미 매운 음식으로 주문을 해두었다. 쓴웃음을 지으며 각종 고급 요리를 내 접시에 퍼주며 날 접대하는 사장을 보고 옆에 앉은 영업 부장은 야릇한 웃음을 내게 던졌다. 내가 이겼다는 표현이다. 영문도 모르는 사장 부인은 내게 특사 대접을 해주었다. 어색한 분위기에서 식사시간 내내 엉뚱한 화제로 겉도는 얘기만 하다가 식사를 마치고 돌아오는 길에 영업 부장한테 전화가 왔다. 한참을 큰소리로 웃더니 사장이 한 말을 그대로 전했다. "저 놈 보통이 아닌데." 태산과 같이 여겨졌던 문제가 한순간에 해결된 것이었다. 헤어질 때 손을 내밀며 나를 향한 사장의 일그러진 표정과 영업 부장이 몰래 엄지손가락을 치켜세운 장면을 되새기며 그날 밤 난 오랜만에 편히 잤다.

골프 투어 사업으로
돌파구를 찾았다

이런 일을 겪고 나니 더욱 더 골프장 안에 호텔이 간절히 필요했다. 리조트와 골프장을 차량으로 이동할 때마다 비용 부담에다 인솔자가 필요했고, 무엇보다 골프 투어객들이 불편함을 겪었다. 당장 내 손으로 해결할 수 없는 문제는 접어두고 주어진 여건에서 멀리 모국에서 찾아와준 골프 투어객의 편의를 위해 내가 할 수 있는 모든 방법을 동원했다.

한국에서 할 수 없는 3가지를 할 수 있게 했다. 첫째는 무제한 라운딩으로 하루에 54홀 돈 사람도 있었다. 둘째는 클럽 하우스에서 삼겹살을 구워먹으며 소주를 마실 수 있고, 셋째는 클럽 하우스 내 펑션 룸(Function Room)을 개조해 한국에서 가져온 가라오케 기계를 설치하고 여자 도우미도 있는 단란주점을 만들었다. 보수적인 성향이 아주 강한 회원제 필리핀 골프장에서 역사상 처음 있는 일이었다.

이렇게까지 배려와 지원을 해준 골프장 사장도 대단한 사람이었다. 왜냐하면 회원들이 이 사실을 알면 크게 문제 삼을 수 있기 때문이다. 필리핀에서 골프 칠 수준의 사람이면 여자 있는 술집에 가본 적이 없는 사람이 태반일 정도로 보수적이다.

나는 하느라고 했지만 한국에서 온 골프 투어객에 너무 미안한 마음이 들었다 그래서 반드시 내 손으로 골프장 페어웨이 내 발코니에 앉으면 그린을 볼 수 있는 호텔을 만들어 누구나 골프를 즐기면서 편히 쉴 수 있는 이상적인 쉼터를 꿈꾸었다. 결국 5년 만에 그 꿈은 이루어졌고 인생의 전환점이 될 기반을 마련했다. 그 과정은 죽음을 셀 수 없을 정도로 생각할 만큼의 말로 표현할 수 없는 피를 말리는 고통이었고 마침내 한 편의 드라마를 연출했다. 한 번 더 다시 하라면 죽음을

택할 것이다.

　골프장을 방문한 한국 투어객의 숙소 문제로 전전긍긍할 때 한국에서 호텔업을 하시는 임 회장님의 투자 물색 요청전화는 잘 짜 맞춘 각본과 같았다. 골프장 내 숙소를 짓는 사업을 말씀드렸더니 기다리셨다는 듯이 그 주말에 마닐라를 방문하시어 골프장을 보여드렸다. 한국에서 온 100여 명의 골프 투어객들이 해가 기울자 클럽 하우스로 몰려들더니 사방이 트인 스페인식 건축물이 삼겹살 굽는 연기로 자욱했다.

　해발 450m 정도라 쌀쌀한 기를 느낄 정도로 우리나라 초가을 날씨와 비슷하고 바다와 같은 호수에서 뿜어 나오는 신선한 공기로 골프를 겸한 휴양지로는 최적의 조건을 갖추었다. 더구나 클럽 하우스 옆으로 호텔 부지가 널찍해서 별도의 사업성 설명이 필요 없었다.

　일이 잘되려는지 골프장 오너인 로버트 찬(Mr. Robert Chan)이 때마침 전화가 와서 내가 깔리라야에 있다고 하니 다음 날 같이 골프를 하자고 했다. 동반 라운딩하면서 자연스럽게 두 사람을 서로 소개했다. 골프를 마치고 식사를 하면서 임 회장님은 전형적인 한국 사람답게 바로 비즈니스 본론으로 들어갔다.

화교인 오너는 한국인과 거래를 많이 해본 베테랑답게 질문 자체가 직선적이었다. 골프장 숙소를 만드는 데 관심이 있으면 얼마 정도 투자할 의사가 있느냐고 물어 내가 3억 원 정도라고 말하려는데 임 회장님으로부터 100만 달러 정도라는 답변이 바로 나왔다. 화교 성향을 잘 알고 있는 터에 큰 기대를 갖지 않도록 실제보다 낮은 금액을 말하려 했는데 한 발 늦었다. 역시 생각대로 골프장 오너는 달려드는 기색이 역력했다. 골프장 오너가 다음 주에 한국을 방문하겠다고 할 정도로 진도가 너무 빨랐다.

내가 보기에는 아직 갈 길이 먼데 임 회장님은 한국 기준으로 생각하시고 사업 추진을 이미 결정하신 것 같았다. 그러다보니 무엇보다 그 분은 내가 하고 있는 일을 진지하게 생각하게 되었다. 내 도움이 절대적으로 필요하다는 판단에서였다. 내가 겪고 있는 어려움을 사실 그대로 말씀드렸더니 당장 마카티 골프 클럽을 가보자고 서두르셨다.

마카티 골프 클럽을 구석구석 찬찬히 둘러보시더니 가능성이 있다며 회사 재무제표와 사업 정상화 방안을 내보라고 했다. 일주일에 걸쳐 준비한 자료를 검토해보시더니 인수 조건을 제시하셨다. 첫째, 밀린 임대료 10억 원을 5억 원으로 탕감받고, 둘째, 사업 정상화를 위해서는 지출에서 가장 큰 부담이 되는 임대료를 120만 페소(약 3600만 원)를 반으로 줄이고, 셋째, 10년 정도 남은 임대기간을 5년 연장하는 선행 조건을 내세우셨다.

일단 살아남을 희망이 생겨 날듯이 기뻤다. 하지만 냉정을 찾고 깊이 생각해보니 세 가지 조건 모두가 불가능해 보였다. 그렇다고 가만히 앉아서 쫓겨날 수 없는 노릇이고 밤낮으로 묘책을 생각했다. 임대인인 인슐라사 사장을 몇 차례 만나 실패했기 때문에 남은 방법은 단 한 가지였다. 회장을 만나 인간적으로 호소해서 3가지 무리한 조건을 관철하는 일이었다.

회장을 잘 아는 사람을 만나야 하는데 그것도 매우 친한 사이여야만 했다. 워낙 큰 회사 오너기 때문에 아는 사람은 많지만 이 정도 청탁을 들어줄 사람은 회장과 보통 가까운 사이가 아니면 안 되었다. 그것도 기회는 한 번뿐이었다. 어설픈 사람의 소개로 만나 설득에 실패하면 끝장인 것이다.

주위에 아는 몇 사람을 통해 회장을 안다는 사람을 만나보았지만 그 정도로는 안 된다는 판단이 섰다. 밥을 먹거나 누구를 만나거나 이 생각뿐이었다. 그런데 어느 날 갑자기 한 사람이 떠올랐다. 1년 전쯤 1층 카운터에서 스파 회원권을 구입한 한국 사람이 나를 만나고 싶다고 해서 사무실로 안내해 미팅을 한 적이 있었다.

한눈에 봐도 호감 가는 인상에다 세련된 말씨와 정중한 매너가 예사롭지 않았다. 자신은 한국에 대기업에 다닌 경력이 있고 현재 금융 펀드업을 하고 있으며 골프장 인수 관계로 최근에 마닐라에 사무실을 오픈했다는 것이었다. 내가 도심 한복판에서 규모 있는 골프 연습장을 운영하고 있으니 조언을 구하기 위해 카운터 직원에게 나와의 미팅을 요청한 것이었다. 일단 1년 스파 회원권을 구매한 고객으로 의례적인 인사만 나누고 헤어졌다.

그가 거의 매일 스파를 이용하며 꼭 카운터에서 인터폰으로 내 안부를 묻고는 해 고맙기도 해서 내가 저녁 식사를 제안했다. 그때 금융업 관계로 세계 여러 나라를 다니며 겪은 얘기를 들으며 내게 생소한 분야의 지식을 많이 접하게 되었다. 그 뒤 골프도 같이 하게 되고 친해져 내 속사정도 털어놓게 되었는데 골프장을 인수하기 전에 마카티 골프 클럽을 먼저 인수해야겠다며 의외로 적극적으로 달려들어 큰 기대를 갖게 되었다.

그 다음 날 그가 자신의 컨설턴트(Consultant)라고 소개한 사람이 필리핀 5대 시중 은행인 상업은행(Bank of Commerce)의 은행장을 역임한 벤 산토스(Mr. Ben Santos)였다. 그는 유창한 영어를 구사하며 많은 대화를 나누지는 않았지만 비즈니스에 통찰력을 가지고 있는 사람으로 판단되어 신뢰가 갔다. 더구나 땅 주인인 인슐라 회사의 회장과 막역한 사이라고 해서 기억에 남았다.

그러나 이 한국 사람은 전형적인 금융 사기꾼으로 상업은행에 가짜 신용장(Letter of Credit)을 개설하고 이를 담보로 대출을 받으려 했던 사기행각이 나중에 밝혀져 어느 날 갑자기 사라져 버렸다.

아무튼 난 상업은행의 은행장을 역임했던 벤 산토스가 땅 주인 회사의 회장과 친하다는 말을 기억해냈고 온종일 수소문해 며칠 후 그를 만날 수 있었다. 다행히 그도 날 기억하고 있었고 컨설턴트답게 내가 처한 상황을 적극적으로 도와주는 제스처를 취해주었다. 마지막 카드를 선택해야 하는 나로서는 모든 감각을 동원해서 이 사람이 적격인지를 판단하고 결정을 내려야 하는 순간 긍정적인 반응이 왔다.

우선 Insular의 회장과 대면할 수 있는 약속을 잡을 수 있는지를 통해 일단 그의 능력을 검증해 볼 수 있었다. 일차는 통과했다. 약 일주일 후로 약속 날짜와 시간은 그쪽에서 정했고 장소는 마카티 골프 클럽의 한국 식당인 아라 레스토랑으로 내가 잡았다. 매일 벤과 전략 회의를 가졌다. 그의 조언대로 난 어떻게 밀린 임대료를 지불하고 어떻게 마카티 골프 클럽을 살릴 것인지 마케팅 전략 및 예상 손익 계산서를 작성해 파워포인트(PowerPoint)로 프리젠테이션(Presentation) 자료를 만들기 위해 영업 부장, 경리 과장과 3일 밤샘 작업을 해서 완료했다.

그리고 인수 의사를 가지고 계신 임 회장님께도 말씀드려 당일 대한항공 오전 비행기로 도착하는 일정을 확정했다. 결전의 날은 마침내 밝았고 레스토랑 VIP룸에 프로젝터(Projector)까지 빌려놓고 한국에서 개발한 최첨단 스크린까지 설치해 준비를 완료했다. 불고기를 비롯한 최고급 한정식 요리를 준비한 것은 물론이고 디저트로 홍삼차와 한국산 사과와 배까지 준비했다.

미팅 시간이 다가오자 임 회장님께서 다리가 불편하신데도 불구하고 먼저 도착하셨고 인슐라 부사장이 나타났다. 부사장은 VIP룸에 도착하자마자 휴대전화로 문자 메시지를 보내는 것 같더니 조금 지나서 나에게 다가와 잠깐 나가서 얘기를 하자는 것이었다. 식당 밖으로 나가자마자 심각한 표정을 짓더니 회장님께서 못 온다는 것이었다.

이유는 미국 대사관에 비자를 받으러 가셨는데 인터뷰 시간이 지체되어 도저히 올 수가 없다는 설명이었다. 하늘이 무너져 내리는 듯 갑자기 의식이 아득해져 무슨 말을 해야 할지 몰라 멍하게 부사장 얼굴만 바라보았다. 나와 같이 황당해지기는 벤도 마찬가지였다. 잠시 후 정신이 좀 들면서 상황 판단이 섰다.

우선 한국에서 이 약속을 위해 일부러 온 사람이 있는데 내 체면을 봐서 무조건 늦은 밤에라도 꼭 만나게 해달라고 애원했다. 그는 마지못해 한참을 망설이다가 긴 통화를 하더니 굳은 얼굴로 오후 3시에 본사 건물 회장실에서 만나기로 했다는 말을 하면서 30분밖에 대화 할 시간이 없다는 것이었다. 그리고 한국에서 오신 분을 위해 인사만 나눌 테니 다른 기대는 하지 말라는 것이었다. 부사장이 식당 안에 설치된 프리젠테이션 준비를 보고 회장에게 오지 말라고 한 것이었다.

사전에 전혀 생각지도 못한 상황이 전개되다 보니 이제는 불편하신 몸을 이끌고 한국에서 일부러 오신 임 회장님에게 최소한의 도리로 인슐라 회장과의 짧은 미팅만으로 만족해야만 했다. 부사장에게 통보받은 오후 3시에 벤을 앞세워 본사 건물 회장실을 방문했다. 비서실을 지나 먼저 도착한 부사장의 안내를 받으며 회장실로 들어서자마자 인슐라 회장은 문 앞에서 우리를 맞으며 약속을 못 지킨 데 대해 정중히 사과했다.

벤이 임 회장님을 소개하니 인슐라 회장은 대뜸 며칠 전 미국 LPGA에서 우승한 한국 프로가 성이 임씨인데 친척이냐고 물었다. 재치가 있으신 임 회장님은 그 애가 조카딸이라고 웃으며 대답하셨다. 첫 대면의 어색한 분위기가 한순간에 화기애애해졌다. 벤은 자리에 앉자마자 간략하게 우리를 소개했고 사전에 입을 맞춘 대로 본인과 친한 사이라는 점을 애써 강조했다.

벤의 말이 끝나자마자 부사장은 내가 보낸 3가지 조건을 의뢰한 공문을 회장에게 보이며 나지막한 목소리로 설명을 하는 듯했다. 난 심장이 멈추는 듯 긴장된 상태에서 온 신경이 회장의 표정 읽기에 쏠렸다. 생각에 깊이 빠진 듯 침묵의 시간이 잠시 흐른 뒤 회장은 초조하게 무엇인가 답변을 기다리는 애타는 심정을 모른 체하듯이 엉뚱한 말을 꺼냈다.

자신이 과거에 사업을 어떻게 시작했으며 미국 회사와 경쟁을 벌이면서 담판을 벌였던 무용담과 본인 회사가 필리핀의 5대 보험회사 중 유일한 필리핀 회사인 점을 자랑스럽게 설명했다. 난 속으로 그러면 그렇지 밀린 임대료를 다 내고 페널티에 이자까지 지불한다고 해도 봐줄까 말까 한데 엄청나게 무리한 요구를 들어

달라고 하는 것이 큰 실례라는 생각이 문득 들어 더욱 위축됐다.

회장 입장에서는 어떻게 임대료가 10억원까지 밀리도록 조치를 안 취했는지 부사장을 문책할 일인 것이다. 여러 입주자 얼굴이 떠올라 곤혹스러운 표정이 회장에게 읽혔는지 회장은 갑자기 의자에서 일어나더니 부사장에게 내가 보낸 공문을 받아 쥐고는 "1항 밀린 임대료 약 10억에서 5억으로 탕감 OK, 2항 월 임대료 120만 페소(약 3600만원)에서 60만 페소 OK, 3항 10년 남은 계약 기간을 5년 더 연장 OK" 그러시더니 나를 보고는 "Mr. 안, 내가 이렇게 해주면 당신이 이 회사를 살릴 수 있느냐"고 묻는 것이었다.

나는 "Yes sir"이라는 대답이 반사적으로 나왔다. 나는 자리를 박차고 일어나 이렇게만 해주시면 어떻게 하겠다는 준비한 계획을 결의에 찬 말투로 자신감 있게 설명했다. 갑자기 돌변한 상황에 놀란 사람은 우리만이 아니었다. 부사장은 얼굴이 뻘겋게 바뀔 정도로 당황한 표정이 역력했다.

내 말이 끝나자마자 인슐라 회장은 부사장에게 지시를 내렸다. 임 회장님께서 한국으로 돌아가시기 전에 내가 제시한 요구 사항을 모두 수락하는 공문을 만들어서 전해드리라는 말을 마치고 힘주어 내 손을 잡아주고 헤어졌다.

기적 같은 일이 벌어진 것이다. 돌아오는 길에 임 회장님께서는 믿기지 않으신지 이런 일이 있을 수 있냐고 몇 번을 반문하셨다. 나도 아무리 회장이지만 인슐라가 대기업이고 실무를 담당하는 사장과 임원들이 있는데 가능할 수 있는지 불안한 마음이 들었다. 그 다음 날 임 회장님께서 부사장에게 확인을 해보라고 하셨지만 하지 않았다. 내일 안 된다 하다라도 오늘 하루만은 된다는 가정에서 새 삶을 찾은 희망의 기쁨을 만끽하고 싶었다. 날듯이 기쁨으로 가득 찬 하루는 너무 짧았다.

다음 날 아침 극도로 긴장한 상태에서 부사장에게 전화를 했더니 공항 가는 길에 공문을 찾아가라는 것이었다. 생시인지 꿈인지 분간이 안 되는 순간이었다. 이제 난 산 거야. 나도 남들처럼 오늘부터 깊은 잠을 잘 수 있다는 생각에 너무 행복했다.

임 회장님이 서울로 돌아가시고 바로 이틀 후에 한화 5억원 상당의 달러가 회사 통장으로 입금되어서 반으로 탕감받은 밀린 임대료부터 지불했다. 그야말로 극적으로 회사가 살아난 것이다. 운영 자금도 수혈되어 거의 7개월 밀린 내 급료도 집에 가져갈 수 있어 숨통이 트였다. 그동안 아무리 어려워도 필리핀 직원 급료는 하루도 밀린 적이 없었다.

무엇보다 회사가 정상화될 때까지 보류했던 시설 마무리 작업과 마카티 골프 클럽의 전체적인 리모델링을 하게 되어 기뻤다. 그동안 스파를 반쪽 오픈해 회원 부인이나 여성 회원에게 약속 이행을 못해 마음이 늘 찜찜했다. 그런 가운데도 300여 명 되는 회원들이 월 회비를 꼬박꼬박 제 날짜에 입금해줘 버티는 데 큰 도움이 되었다.

한국 같으면 어림도 없을뿐더러 난리가 났을 것이다. 지불한 회원비를 돌려달라거나 핑계 삼아 월 회비를 안 낼 것이다. 남의 실수를 너그럽게 이해해주고 기회를 주는 필리핀 사람의 성숙한 배려 문화 덕분이었다. 최고의 위기 상황에서 도움을 주신 임 회장님께 보답하기 위해서라도 클럽 활성화 방안을 만들어야만 했다.

지난 8년 동안 항상 위기의식 속에 어떻게 하면 성공시킬 수 있는지 고민해 온 만큼 해답을 내는 데 오랜 시간이 걸리지 않았다. 이미 난 정답을 가지고 있었다. 그것은 찜질방이었다. 한국에서는 찜질방이 없어서는 안 될 꼭 필요한 생활공간으로 자리를 잡았다. 목욕을 워낙 좋아하는 나도 한국만 가면 으레 찜질방을 찾곤 했다. 그리고 항상 생각한 것이 마닐라에도 이런 찜질방이 있으면 성공할 텐데 하는 생각을 했고 다른 교민들도 마찬가지였다.

몇 년 사이에 한국 교민이 급격히 늘어났고 새로 이주해온 교민들은 한국에서의 생활 습관을 그대로 간직하고 있어 더욱 찜질방을 그리워했다. 특히 경제적 여유가 조금 있고 시간 많고 달리 갈 때가 많지 않은 기러기 가족들은 더욱 그러했다. 결국 내 예측은 정확히 맞아떨어졌다. 필리핀에서 한국보다 규모는 다소 작지만 거의 동일한 수준의 시설을 갖춘 찜질방이 생긴 것이다.

개업 첫날부터 밀어닥친 손님들로 한적하던 마카티 골프 클럽이 처음으로 내방객들로 북적거렸다. 임 회장님께 더더욱 감사를 드렸다. 나를 위기에서 구해주셨고 소원을 풀어주셨기 때문이다. 8년 동안 죽도록 고생했고 이제 고생한 보람을 찾을 뿐만 아니라 나를 믿고 아낌없이 투자해 주신 결단에 대한 좋은 결과를 보여 줘서 큰 다행이라고 생각했다.

난 이제부터 시작이라는 생각을 했다. 원래 마카티 골프 클럽 자체는 수익을 크게 낼 수 있는 사업이 되지 못했고 이를 기반으로 제2, 제3의 사업을 일으킬 계획을 가지고 있었다. 첫째는 무역이었다. 몇 년 전부터 필리핀 항공 국내선 기내식으로 크라운 제과의 초코파이 따위 제과류를 공급하고 있었다. 필리핀 항공의 오너 집안사람을 소개받아 여러 크라운 제품의 제과류를 샘플로 제시했고 첫 시도를 해본 것이 현지인에게 크게 어필되어 지속적인 공급으로 이어졌다.

필리핀 사람 중에 입맛 까다롭기로 소문난 안텔 그룹의 회장님이 한국을 방문할 때마다 제과류를 꼭 챙기는 걸 보고 착안해 시도한 것이었다. 매달 한 컨테이너 분량이 공급되었고 수입 관세가 없어 통관이 수월했다. 승객들이 한국 제과류를 처음 접해보고 맛에 반해 빈 봉지를 챙겨서 나중에 슈퍼마켓으로 찾아다닌다는 말을 필리핀 항공사 직원을 통해 들었다. 내가 거의 20여년 쌓아온 여러 사업 경험과 현지인 네트워크를 활용하면 별도의 투자나 리스크가 거의 없이 수익을 창출해 낼 사업들이 있었다.

둘째는 한국인 골프 관광객을 대상으로 한 골프 투어 사업이었다. 오래 전부터 태국으로 다니던 골프 관광객들이 필리핀으로 발길을 돌리기 시작했다. 그것은 태국이 필리핀보다 비행시간이 길고 언어 소통이 잘 안 되며 기온이 필리핀보다 높고 습해 쉽게 지치기 때문이었다.

난 한국 사람으로 유일하게 골프장 오너들과 교제를 하고 있었고 많은 한국 골프 투어객을 유치한 실적까지 있어 한국 사람이 들어가는 골프장과의 독점 계약은 식은 죽 먹기였다. 골프장마다 성수기에 밀려드는 한국 골프 관광객 때문에 티타임(Tee Time)잡는 전쟁이 벌어지곤 했으니 당연히 골프장 계약만 하면 돈이 되었다. 그래서 한국 사람과의 골프장 계약이 치열했다. 이런 현상은 지금도 마찬가지다.

실제로 그 당시에 난 한국 사람이 즐겨 가는 필리핀에 대표적인 8개 골프장을 동시에 독점 계약을 했다. 거의 모두 입찰 경쟁이었다. 1년 그린피를 가장 높이 제시하는 사람이 계약자가 되는 방식이다. 그러나 내가 제시한 입찰가가 다른 사람보다 낮아도 면접에서 무조건 뒤집었다. 그 이유는 나보다 일찍 이 사업을 했던 여러 한국 사람이 판을 어질러 놓았기 때문이다.

그러다 보니 보수적인 골프장 오너들이 다른 한국 사람을 쉽게 믿을 수도 없고 검증할 수 있는 방법도 없지만 난 이미 마카티 골프 클럽 덕에 필리핀 골프계에서 알려졌다. 비록 회사는 어려웠지만 필리핀 골프업계에서 신용은 절대 잃지 않았다. 이런 배경으로 난 이제 필리핀에서 한국의 대기업 빼고 가장 현지인에게 인정받는 한국인 기업을 만들 수 있다는 부푼 꿈에 하루하루 정신없이 보내도 힘든 줄 몰랐다.

그런데 내 계획과는 달리 엉뚱하게 일이 전개되고 있었다. 임 회장님의 한국 본사 임원들과 알력이 생기기 시작한 것이다. 그 전에 윤 회장님 때와는 달리 본사 임원들이 번갈아 출장을 수시로 나오더니 하나 둘 상주를 하게 되었다. 그리고 그 전과 달리 모든 사소한 일까지 한국에서 결재를 받게 되었다. 그러다 보니 한국에서 파견 나온 직원은 오전 내내 모든 영수증을 스캔해서 보내느라 바빴다.

업무 파악 하느라고 그러는 줄 알고 이해했지만 너무 사소한 일들까지 본사 결재를 받다 보니 중요한 업무까지 결정이 늦어지는 폐단이 생겨났다. 그러더니 내가 어느날 꼭두각시 사장이 되고 말았다. 이 사업에 대한 경험과 지식, 필리핀의 지역적 특수성을 전혀 모르고 해외 사업 경험도 전혀 없는데다 현지 상황을 무시하고 기본적인 영어도 구사하지 못하는 임원들이 한국에서 모든 일을 계획하고 결정했다.

내가 하는 일은 결재 서류의 대표이사 난에 사인만 하면 되는 것이다. 수표 발행도 한국에서 결정된 지출 결의서에 따라 하면 되는 것이었다. 별일도 아닌 일로 한국에서 직원들이 수시로 출장을 나오고 상주했다. 나를 전적으로 믿고 필리핀 직원을 시키면 훨씬 효율적이고 비용을 크게 줄일 수 있었다.

난 사실 한국에서 호텔을 운영하는 노하우가 있으면 나보다 관리적인 면에서 나을 수 있다는 판단에 일단 옆에서 배우자는 생각을 했다. 그리고 임 회장님께서 10년 이상 키운 임원들과 가급적 부딪치지 않으려 최선을 다했다. 일흔 가까이 되신임 회장님에 대한 인간적인 도리라는 내 나름의 배려였는데 내가 크게 잘못 생각한 것을 나중에 알았지만 때는 늦었다.

필리핀 사람을 무시하듯 나도 그렇게 생각하고 한국 사람이 처음 필리핀에 진출해 겪는 시행착오를 똑같이 한 것이었다. 중요한 회사 일을 결정하는 데 내 의견을 묻지도 않고 진행하는 과감함이 존경스러울 정도였다.

찜질방이 밤에는 발 디딜 데가 없을 정도로 내방객이 많았고 매점 팥빙수 하루 매출이 웬만한 한식당보다 많았다. 그러니 덩달아 골프 연습장까지 매출이 두 배로 늘었다. 많은 골퍼들이 연습 후 목욕을 즐기기 위해 다니던 연습장을 옮긴 것이다. 입주 업체 모두 매출이 오른 것은 당연했고 그동안 날 믿고 같이 고생했던 입주자들에게 보상할 수 있어 여간 다행스럽지 않았다. 오후만 되면 주차장이 차로 꽉 찬 모습만 봐도 뿌듯해 세상 살맛이 났다. 그런데 매출이 기대 이상으로 오르자 생각지도 못한 일이 발생했다. 파견 나온 본사 임원들이 이제 가격을 올리자는 것이었다.

난 절대 반대했다. 교민들의 소비 능력과 심리를 잘 알기 때문이었다. 교민들은 한국에 있는 사람들보다 지출에 관해 아주 예민하다. 그만큼 필리핀 한인들이 안정된 기반을 잡고 있는 사람이 많지 않기 때문이다. 아무리 시설이 좋아도 스파를 즐기고자 하는 지출 예산의 선이 있기 때문에 가격 인상을 하면 다른 곳으로 옮기고 비난하는 여론이 쉽게 조성된다. 이것이 교민 사회의 특성이다.

가격을 올리면 "너나 잘 먹고 잘 살아라 난 이제 안 간다" 그러고는 없는 사실까지 만들어 비방을 하는 경향이 있다. 교민 사회는 좋은 소식은 늦게 퍼져도 나쁜 소식은 한 사람씩 옮길 때마다 하나씩 더 과장되어서 엄청난 속도로 퍼진다.

또 다른 문제는 내가 5년 이상 교육해 놓은 현지인 직원들을 못 마땅해 하며 이유도 없이 해고하는 일이었다. 한국사람 기준에서 보면 필리핀 사람 어느 누구도 만족할 수 없다. 월급이 열 배 차이 나는 걸 생각하지 못한다. 필리핀 사람은 유순하지만 자존심이 아주 강한 편이다. 우리가 사랑으로 대하면 지극 정성을 다하지만 큰소리로 야단치면 절대 복종하지 않는다. 다만 앞에서만 하는 척을 하고 마음에 상처를 입고 결정적일 때 등을 돌린다. 한국 회사에서 일어나는 노사 문제의 근본이 이런 점이고 한국사람이 필리핀에서 제일 돈 많이 쓰고 대접 못 받는 이유가 이런 것 때문이다.

아무튼 8년간 공들여온 조직이 뿌리부터 흔들리기 시작했고 곧 한국 손님께 그 영향이 미쳤다. 서비스가 나빠지기 시작한 것이다. 난 직원들에게 항상 내가 너희들을 보살피고 책임을 질 테니까 너희들은 우리 손님을 절대적으로 보살피라는 말을 해왔다. 그리고 직원들을 가급적 개인적으로는 수평적으로 대하면서도 사무적으로는 철저히 권위도 지켰다.

권위를 지키는 방법은 직원들과의 사소한 약속도 지키며 내가 할 업무에 충실하고 경영을 투명하게 하며 잘못한 일에 대해서는 엄중히 책임을 묻고 잘한 일은 칭찬을 아끼지 않는 것이었다. 그래서 한국 사람인 보스(Boss)를 어렵게 생각하고 한국인 손님들이 귀한 대접을 받을 수 있는 것이다.

나중에는 임 회장님께서 미국에서 성장한 딸이 한국에서 적응이 잘 안 되어서 필리핀에 이주시킨다고 했고, 본사 임원들의 견제와 공작 등으로 도저히 적응이 안 돼 깨끗이 정리했다. 정리라는 표현을 썼지만 난 실제로는 바보스럽게 모든 걸 포기했다. 나를 아껴주는 주위 분들이 너무 쉽게 포기했다고 하지만 난 그동안 한 번도 해보지 못한 밥그릇 싸움에 어렵게 쌓아온 인격마저 내던지고 싶지 않았다. 무엇보다 이전투구를 하고 싶지 않았던 것이다. 그리고 내 자식 같은 회사에 문제가 일어나는 걸 원하지 않았고 임 회장님께서 인수 당시 내 조건을 물으셨을 때 난 순진하게 임 회장님 처사에 맡긴다는 말을 했고 그 약속을 지키고 싶었다.

난 지금도 전혀 후회가 없고 안 그랬으면 정신병에 걸렸든지 무기력한 사람으로 전락했을 것이다. 내가 떠난 후 도저히 운영하지 못해 모두 임대를 주고 사업 명맥만 유지하고 있으니 불신이 낳은 결과다. 정말 어렵게 만든 사업체가 좋은 기회를 놓치고 현지인에게 또 비웃음받을 한국인 업체로 전락한 안타까운 일이 생긴 것이다. 난 이제는 정말 죽어도 혼자서 사업을 해야겠다는 결심을 하고 꼭 해보고 싶었던 사업을 무리하게 벌였다.

Chapter 8

위기는 곧 기회다

사실 필리핀 골프장은
한국사람이 없었으면 거의 모든
골프장이 재정 문제로 상당히
어려움을 겪었을 것이다.
다행히 일본 관광객에 이어
한국 골프 투어객들이
약 8년 전부터 본격적으로
들어오기 시작해 웬만한 골프장
내방객 중 50% 이상이
한국사람이다.

Sun Valley 골프텔 건립 및 은퇴촌

2007년 아마도 9월 중순쯤에 오래전부터 알고 지내던 화교인 윌슨 추아(Mr. Wilson Chua) 소개로 포레스트 힐(Forest Hills) 골프장에서 매주 토요일 7시에 모이는 골프 모임에 들어가게 되었다. 윌슨은 포레스트 골프장 사장과 친분이 깊은 관계로 내가 특별히 여행사로부터 골프 부킹이 들어오면 언제든지 회원 없이 관광객끼리 라운드를 나갈 수 있게 도움을 주었다. 그런 연유로 거의 4년간을 철저히 회원제로 운영하는 포레스트 골프장에서 짭짤하게 장사를 할 수 있었다.

그런데 어느 날 골프장 사업을 전혀 모르는 한국 사람이 무턱대고 거금(?)을 들이대고 독점 계약을 하는 바람에 더 이상 윌슨과의 파트너십은 끝났다. 그러나 서로가 정확한 거래 관계를 유지해 돈독한 우의를 쌓을 수 있었다.

이 골프 모임은 회원이 25명 정도로 모두 화교이고 건설업부터 대리석 공장, 유통업, 전자제품 제조업 등 대부분 사업가들로 구성되어 있다. 난 준 회원 자격으로 가끔 참여했다. 이 모임은 항상 내기를 하는데 골프장에서 매달 발표하는 개인 핸디캡을 기준으로 핸디캡보다 잘 치면 벌점이 없지만 못 치면 1타점당 50페소를 벌점으로 총무에게 내고 1년간 모은 기금으로 연말에 태국이나 홍콩 또는 싱가포르에서 토너먼트를 가진다.

이 모임에 참가할 때마다 중국인 특유의 인화와 검약 습관, 그리고 친선 모임이지만 사소한 것들이라도 서로가 정한 규정을 정확하게 지키고 집행하는 일사불란한 모습을 보며 우리 한국 사람들의 비슷한 모임과 습관적으로 비교하곤 한다. 우리 습성을 잘 아는 일본 사람에게 이런 말을 들은 적이 있다. 마닐라 어느 상가에 일본 사람이 옷가게를 하는데 어느 날 한국 사람이 새로 옷가게를 내면 경계심이 든다고 한다. 그런데 한국 사람이 하는 옷가게가 하나 더 생기면 걱정을 안 한다고 한다. 왜냐하면 한국 사람들은 가만히 두면 서로 싸우다가 망해서 문을 닫고 떠나기 때문이라고 한다.

그날 골프 모임을 마칠 쯤 윌슨은 나보고 새로 공사 중인 골프장에 가보자는 제안을 했다. 본인이 골프장 공사에 장비를 대여하고 있어 일도 볼 겸 나한테 새로 개장할 골프장을 보여주고 싶었던 것이다. 당연히 골프장이면 관심을 가지고 있던 터라 두말 않고 따라 나섰다. 포레스트 힐스 골프장 바로 옆에 위치하고 있어 거의 10분도 안 걸렸다. 단지 내 경비실을 지나 넓게 포장된 길을 따라 들어가니 단아하게 지어진 주택들이 시야에 들어왔다.

도로 옆에 잘 정돈 된 조경수들과 여기저기 지저귀는 새소리와 잘 어우러져 고요와 평온함으로 마음이 편해지는 느낌이 왔다. 푸른 잔디 위 작은 꽃나무에 '썬 벨리 빌리지(Sun Valley Village)'라고 글자를 새겨 넣은 푯말 옆에 단지 클럽 하우스가 있고 수영장이 보일 듯 말 듯 숨겨져 있었다. 조그만 언덕을 넘자마자 저 너머 산언저리에 공사 중인 골프장 전경이 한눈에 들어왔다. 시뻘건 흙이 곱게 깔려진 위로 잔디를 덮는 공사가 한창 진행 중이었다.

골프장 안으로 진입하는 평평한 자리에 골조가 마감되고 지붕 공사가 한창인 건축물이 보였는데 골프장 메인 클럽 하우스(Main Clubhouse)가 분명했다. 클럽 하우스 자리에서 바라본 두루뭉술한 산자락이 영락없는 한국의 산 모습이었다. 우리나라 시골 마을의 정겨운 뒷동산에 온 듯한 착각이 들 정도였다. 내가 너무 한국을 오래 떠나 있어 한국 산에 대한 향수가 있어서인지 너무나 인상적이었다. 무심코 친구 권유로 찾은 이곳에서 난 새로운 꿈을 갖게 되었다. 공기 좋고 물 좋고 사람 좋은 한인촌을 만들고 싶은 꿈을 꾸게 됐다.

마닐라 시내보다 기온이 섭씨 3~5도가 낮아 에어컨이 필요 없을 정도로, 한국사람이 선호할 수 있는 기후 조건을 갖췄다. 또한 새로 개장되는 골프장이 있어 무엇보다 좋은 환경을 갖춘 셈이다. 바로 옆에는 포레스트 힐스 골프장도 있지 않은가. 나는 10여 년간 한 달에 두 번 이상 포레스트 힐 골프장을 다닌 덕에 이곳을 너무 잘 알고 있었고 정도 많이 들었다. 신도시에서 그리 멀리 떨어져 있지 않은 것도 큰 장점이었다. 필리핀 최고 수준의 병원과 5성급 호텔들 그리고 고급 백화점과 일반 상가 및 맥도날드 등 세계적인 푸드 프랜차이즈 점뿐만 아니라 중국, 일본, 태국, 베트남, 멕시코. 중동, 스페인, 프랑스 등 세계 각국의 음식 전문점들이 즐비하고 마음만 먹으면 차로 약 20~40분이면 닿을 수 있다. 더구나 한국에서는 적지 않은 비용의 마사지 서비스를 여기서는 저렴한 가격에 마음껏 즐길 수 있다.

사실 난 오래전부터 한국 사람을 대상으로 한 아파트 개발 사업을 꿈꿔 왔다. 실제로 4년 이상 현지인 아파트 개발 회사의 오너를 통해 실무적인 경험도 쌓았다. 한국의 대기업 건설 회사와 현지인 부동산 개발 회사와의 아파트 공동 투자 사업을 성사시키는 과정에서 어깨너머로 많이 배웠다. 그리고 토지 매입부터 허가 및 건축까지 실제 경험이 있기 때문에 언젠가는 기회가 올 것이란 확신이 있었다. 한국 같으면 아무나 할 수 있는 일이지만 필리핀에서는 정말 쉽지 않은 일이다. 프로젝트가 작든 크든 간에 한국 사람이 돈만 있다고 쉽게 덤빌 수 있는 사업이 아니다.

드디어 한국 내 해외 부동산 붐이 불기 시작했다. 이에 맞추어 필리핀 교민 신문에도 부동산 광고가 도배를 하고 있었다. 마닐라 공항에 사업 목적으로 오는 한국 사람 90% 이상은 부동산 관련 사업으로 온다는 소문도 들렸다. 필리핀 내수 시장도 움직이기 시작했다. 거의 10년 동안의 오랜 침체기를 벗어나 부동산 시장이 기지개를 켜는 듯하더니 곧바로 붐이 일었다. 물론 약 15년 전인 1990년대 초만은 못했지만 부동산 가격이 하루가 다르게 오르기 시작한 것이다. 거의 마닐라 도심 이곳저곳에 타워 크레인이 보이면서 대형 건물들이 오를 차비를 하고 있었다.

내 마음도 왠지 분주해졌다. 뭔가를 해야만 하겠다는 조바심이 일었다. 약 15년 전 얼떨결에 구입한 부동산을 통해 적지 않은 이득을 본 적이 있었기 때문이다. 이제는 골프 투어 사업 기반도 가지고 있어 골프와 부동산을 묶으면 되겠다는 확신이 들었다. 사업 용지 물색부터 시작했다. 한국 사람들이 진행하고 있는 부동산 개발 사업부터 면밀히 조사할 필요성이 느껴졌다.

대형 프로젝트가 진행 중인 곳은 주로 수빅(Subic)과 클라크(Clark)였다. 수빅은 한진중공업에서 조선소를 건립하며 한국에 크게 알려졌다. 하지만 수빅이나 클라크 지역의 부지는 정부 소유이기 때문에 임대해도 사업성이 없다. 그 이유는 임대 계약서라는 것이 한국과 같이 절대 권리를 주장할 수 없어서이다. 정권이 바뀌어 부당한 계약으로 판명이 나면 사업권이 자연 소멸된다.

지금 국제 재판소에서 계류 중인 마닐라 국제공항 3청사가 대표적인 사례이다. 전 정부에서 부당한 계약을 했다며 계약 무효 판정을 받고 일방적으로 공권력을 행사해 유럽 국가 기업들이 컨소시엄을 구성해 투자한 공항 3청사가 하루아침에 정부로 넘어갔다. 나중에 어떻게 하든 해결되겠지만 투자한 다국적 기업들은 엄청난 손해를 감수해야만 했다.

실제로는 필리핀이 더 큰 피해를 볼 수밖에 없다. 필리핀 정부에 대한 신용도가 크게 떨어졌기 때문에 해외 투자가로부터 외면 받을 수밖에 없다. 따라서 정부와 사업부지 임대 계약서만 믿고 투자했다가는 나중에 큰 낭패를 볼 수 있다.

수빅은 미국의 해군기지가 반납되고 대만 기업들의 투자가 가장 활발했다. 수빅 지역에 유일하게 있는 골프장 역시 대만 기업이 수빅청으로 부터 임대받아 운영했다. 몇 년 전에 이 골프장의 대만인 사장을 만난 적이 있으나 약정한 사항들을 일방적으로 번복하는 안 좋은 경험을 하고 나서 한국 관광객 유치 계획을 포기한 적이 있다.

또한 수빅과 클라크 지역은 나름대로 유리한 장점들이 있지만 마닐라와 같은 다양한 문화생활을 즐기는데 한계가 있다. 공항이 가깝고 골프장이나 위락시설들이 집중적으로 모여 있고 이동 거리가 짧고 교통체증 없어 며칠 관광하기는 좋으나 주거 목적으로는 마닐라만한 인프라를 가지고 있지 못하다.

그 다음으로 한국 사람들에게 투자 대상지로 각광을 받은 지역은 필리핀의 대표적인 휴양지인 따가이따이(Tagaytay) 지역이다. 이 지역은 해발 700m로 서늘한 기후조건에 골프장, 고급 레스토랑, 5성급 호텔과 리조트 등 위락시설들이 있으며 마닐라 부호들의 별장이 모여 있다. 이 지역은 관광지이기도 하지만 주변 여건

Sun Valley 골프장 18홀에서 클럽 하우스를 바라보며

이나 위락 시설들이 주로 현지인 위주로 되어 있어 한국 사람들이 만만하게 이용할 수 있는 분위기가 조성되어 있지 않다.

 예를 들어 이 지역의 대표적인 위락 시설인 하이랜드(Highland)와 미들랜드(Midland) 골프장이 한국 사람을 회원으로 받지 않고 있다. 수빅이나 클라크보다 마닐라에서 가깝지만 마음 내키는 대로 갔다 올 수 있는 거리는 아니다. 한국 업체가 이 지역 인근에 아파트(Condominium)를 개발한다며 진입도로도 나 있지 않은 부지를 매입해 사업을 벌였다가 망했다.

 들리는 소문에 따르면 현지 군 장성의 도움을 받았으며 개발된 지역보다 땅값이 저렴한 이점만을 생각했다고 한다. 실제로 개발 사업을 해보면 포장 도로 공사나 하수도 시설, 전기 시설 따위 인프라 시설에 들어가는 비용이 만만치 않을뿐더러 허가받는 데 많은 시간이 소요된다. 특히 군 장성이나 정부 고위직을 사업에 연관시키면 비용이 높아지고 생각지도 못한 어려움을 당할 수 있다.

필리핀의 중부 휴양지인 세부도 생각해 봤다. 하지만 이 지역은 물 부족으로 골프장 건립이 어려워 수준 높은 골프장을 짓기 어렵고 그린피도 높다. 필리핀에서 부동산 개발 프로젝트로는 가장 규모가 큰 임페리얼도 분양 계약 조건에 골프장 회원권을 포함시켰으나 골프장 건립을 못해 애를 먹고 있다. 많은 한국 업체들이 현지 사정에 밝지 못하고 충분한 사전 조사를 하지 않고 일을 저지르며 돈으로 적당히 해결하면 되겠지 하고 막연하게 생각하다 거의 모든 프로젝트들이 실패하고 말았다.

그래서 난 썬벨리 골프장(Sun Valley Golf Club)으로 사업부지 매입을 결정했다. 그 이유는 이렇다. 첫째, 마닐라에서 18km 거리에 있어 아주 가까운 편이다. 단지 내에서 답답하다는 생각이 들면 언제든지 마닐라 시내에 20~40분이면 갈 수 있다. 둘째, 해발 450m로 쾌적한 기후 조건을 갖추고 있다. 셋째, 썬벨리 개발 회사의 재정 상태가 탄탄하다. 넷째, 단지 내 전기, 도로, 상하수도, 인허가 등 모든 시설이나 아파트 건립 여건이 이미 갖추어져 개발 비용을 훨씬 줄일 수 있다. 다섯째, 골프장 페어웨이 안에 있어 걸어서 티박스로 이동할 수 있고 집안에서 페어웨이와 그린을 볼 수 있다. 골퍼로서는 가장 이상적인 거주지이다. 여섯째, 골프장 안까지 경비실을 3곳을 거쳐야 하기 때문에 한국 사람이 가장 염려하는 치안 문제가 전혀 없다.

일곱째, 포레스트 힐스 골프장 회원으로서 거의 10여 년 이곳을 자주 다녀 이 지역을 잘 안다. 여덟째, 썬벨리 단지의 개발 회사는 주인이 한 명으로 여러 사람을 상대할 필요가 없고 대표가 하루아침에 바뀌어 계약 조건들이 변할 위험성이 전혀 없다. 실제로 난 이 점이 가장 큰 장점으로 생각한다. 주식회사의 경우 개인 회사만큼의 100% 주인 의식을 갖기 어렵고 주요 사한의 결정이 이사회를 거쳐야 하는 절차 때문에 늦을 수밖에 없고 대표가 바뀔 때마다 정책 변화로 위험부담이 따른다. 아홉째, 썬벨리 골프장은 현지인 회원이 없어 한국 사람 위주로 운영될 수밖에 없어 한국 사람이 그만큼 제대로 대접받을 수 있다. 열 번째, 썬벨리 골프장이나 포레스트 힐스 골프장이 한국 골프장과 같은 지형으로 아기자기한 라운드의 묘미가 있다. 매일같이 라운드를 해도 골프공이 떨어지는 위치에 따라 그린을 공략하는 형태가 바뀌기 때문에 늘 새로운 골프장에 온 느낌을 받을 수 있다.

골프장 오너의 재정이 튼튼하기 때문에 철저한 그린관리와 시설로 내방객의 만족도도 최대한 높일 수 있다. 더구나 썬벨리 골프장은 현재 18홀에서 27홀로 확장 공사 중이며 포레스트 힐스도 현재 27홀에서 36홀로 공사 중이므로 1, 2년 안에 63홀이나 72홀 규모의 골프장을 편하게 이용할 수 있다.

첫 아파트 개발 사업인 만큼 반드시 성공해야만 했고 그러기 위해서는 분양이 잘 되고 피분양자의 만족도를 높이도록 가능한 한 많은 특혜를 줄 수 있도록 했다. 첫째, 국제 수준 골프장 2곳의 정회원이 된다. 둘째, 체류 안 할 때는 골프텔 운영 사에 위탁해 수익을 낼 수 있다. 셋째, 대규모 단지의 종합적인 부대시설에 비할 바는 못 되지만 필리핀의 나름대로 유리한 점을 살려 저렴한 비용으로 고급 마사지, 가정식 위주의 한식 요리와 와인을 곁들인 바베큐 파티, 보컬밴드의 라이브 쇼 등 휴양 프로그램을 갖춘다. 넷째, 현지 지인을 통해 개인 별장이나 유명 리조트 및 여러 마닐라 근교의 골프장을 특별 할인 요금으로 이용할 수 있도록 한다. 다섯째, 단지 시설 이용 시 현금 지불 대신 영수증에 사인해서 한국 내 통장에서 자동 이체하도록 한다.

이 정도면 승산이 있다는 판단이 들면서 난 돌아갈 수 없는 외줄 타기의 첫발을 내딛고 말았다. 앞으로 남은 인생 모두를 건 모험을 감행한 것이다. 즉 안되면 내 인생이 끝장나는 판을 벌인 것이다. 필리핀에서 사업한 지 어언 20여 년이 됐고 나이도 50세를 바라보고 있었다. 그동안 여러 사업을 추진하며 시행착오를 통해 쌓은 경험과 몸으로 체득한 현지화 노하우 그리고 신용을 바탕으로 이뤄놓은 인맥을 총동원할 생각으로 과감하게 사업에 착수했다.

사업 부지 확보를 위해 썬벨리 골프장 오너와 밀고 당기는, 어렵고도 가장 중요한 과정에 6개월가량이 소모됐다. 내가 원하는 조건을 관철하기까지 이 골프장 오너를 소개해준 윌슨의 도움이 절대적이었다. 미팅 때마다 동석해주며 지원을 아끼지 않아 결국 계약서에 사인을 했다.

Sun Valley 골프텔

　상당히 보수적인 골프장 오너로는 받아들이기 어려운 부지를 선정해서 접점을 찾기 쉽지 않았다. 내가 선정한 곳은 골프장의 가장 핵심적인 위치로 사업이 잘못 운영되면 골프장에 치명적인 타격을 줄 수 있었기 때문에 골프장 오너는 신중할 수밖에 없었다. 사업 부지는 골프장 1번 홀에서 18홀 사이 정중앙에 위치하고 있다. 나는 골프장 내 차량 이동을 없애기 위해서 필사적으로 고집을 세웠다.

　집안에서 페어웨이와 그린을 볼 수 있고 내 집 앞마당이 페어웨이고 그린인 이상적인 주거 환경을 만들고 싶었다. 일단 도시 생활에 싫증을 느끼고 겨울이나 휴가철이나 연휴 기간에 복잡한 한국을 벗어나고 싶어 하는 골퍼들을 분양 대상으로 삼았다. 해외여행의 매력 중에 하나는 치열한 경쟁 사회에서 살아남기 위해 받는 온갖 스트레스로부터 해방되는 것이다. 일단 비행기를 타면 휴대전화 전원을 꺼야 한다. 이 순간 숨 막히게 돌아가는 쳇바퀴에서 탈출이다.

Sun Valley 골프텔 객실 베란다에서 클럽 하우스를 바라보며

해외에도 편리함과 평안함을 줄 수 있는 내 집이 하나 더 있다는 의식만으로도 1분 1초도 쪼개며 살아가야 하는 일상의 삶에서 큰 위로를 받을 수 있다. 그리고 일단 여행을 쉽게 떠날 수 있다. 비행기 표만 마련하면 된다. 내 집이 있고 골프 회원권만 있으면 그다지 지출해야 할 비용이 많지 않다. 필리핀에서는 골프장 회원은 그린피가 없고 월회비만 내면 된다.

필리핀은 누가 뭐라고 해도 소비국이다. 해외 근로자들이 벌어들이는 외화가 국가 주 수입원이라고 해도 과언이 아니다. 남이 벌어다 준 돈을 쓰다 보니 헤프고 자연히 외식 문화 등 서구식 소비문화가 제법 발달했다. 한국에서 관광을 오면 여행 가이드에 의한 제한된 공간에서만 다닐 수 있어 필리핀 실상을 정확하게 알 수 없다. 특히 상류층들이 즐기는 공간에 접근하기 어렵다. 여행사는 부족한 투어피를 채우고 수익을 내기 위해 백화점 등 가격이 노출되어 있는 곳을 피한다.

그래서 필리핀은 자유 여행자가 늘어가고 있는 편이다. 난 내가 20여 년간 필리핀에 살면서 알고 있는 필리핀 상류층의 문화와 생활공간을 한국 사람에게 제대로 소개하고 싶었다. 필리핀의 부정적인 면만 보려는 우리의 시각을 바꿔보고 싶었다.

썬벨리 골프장 오너와 내가 제시한 조건 중에 두 번째로 어려웠던 것이 입주자에게 골프 회원권을 무료로 주는 것이었다. 사업 부지가 5120㎡이고 ㎡당 5천 페소(평당 약 45만 원 정도)로 총부지 매입비가 약 6억 5천만 원 정도였다. 난 화교의 거래 습성을 알기 때문에 부지 매입비에 대해서는 일절 가격 협상을 하지 않았다. 단, 내가 원하는 부지 선정과 입주자 전원에게 회원권을 주는 조건을 요구했다.

실제로 회원권의 가치를 따져보면, 골프장 총 개발비가 땅값 포함 한화로 180억 원 정도이다. 그리고 필리핀 법으로 규정하는 총 분양 회원권 수는 18홀 기준으로 1500계좌이므로 1계좌 원가가 1200만 원 정도 된다. 따라서 내가 회원권을 받은 90계좌(총 90세대 분양)를 환산하면 10억원이 넘는 금액이다. 내가 부지 매입으로 지불하는 6억5천만 원보다 더 높은 금액이다. 두 가지 조건이 6개월에 걸쳐 최종 관철되자마자 계약과 동시에 본격적으로 사업이 진행되었다.

한국에서는 15년 거래하면서 알게 된 대림요업의 대표를 지낸 이학갑 사장님께서 서울 광화문에 분양 사무실을 내주셨다. 대기업에서 근무하시다 은퇴한 지인들을 일단 대상으로 알음알음 판다는 분양 계획을 잡았다. 나중에 깨달았지만 내가 너무나 한국 실정을 모르고 무모하게 사업을 벌인 것이다. 나는 골프 투어 사업을 하며 한국 골프 관광객을 최대한 만족시킬 만한 조건만 갖추면 분양은 된다고 단순한 판단을 한 것이었다.

하지만 한국 내 해외 부동산 붐의 실체는 실제와 많은 차이가 있었다. 그동안 한국 업체들이 해외에서 진행한 프로젝트들이 많은 시행착오를 겪을 때 수분양자도 피해를 안 볼 수가 없었다. 따라서 한국 내에서 이미 해외 부동산에 대한 불신이 극에 달해 있었다. 분양이 되어야 공사를 진행할 수 있다는 내 사정을 잘 알고 있는 지인들도 쉽게 계약금을 내놓지 않았다. 불안해하는 구매 심리를 충분히 이

Sun Valley 골프장 3번 홀

해할 수 있었다. 사업지가 한국도 아니고 해외다 보니 어느 누구도 선뜻 계약하려는 사람이 없었다.

　더구나 해외 부동산 취득으로 이득을 본 사람보다 프로젝트가 제대로 진행이 안돼 돈을 날린 사람이 의외로 많았다. 사업성 조사를 할 때는 긍정적인 반응을 보였던 사람들도 막상 분양 계약서를 내밀면 어느 정도 공사 진행 상태를 확인하고 결정하겠다고 했다. 그렇다고 분양이 전혀 안 된 상태를 과대 포장할 수도 없고 수입 없이 매달 지불되는 부지 매입비와 여러 비용을 충당해야만 했다.

　사전 분양 가능성은 점점 희박해졌고 초조함과 불안감이 밀려들기 시작했다. 사실 사업을 본격적으로 진행하기 전에 지인 판매만 의존하기에는 불안한 마음이 들었다. 국내에서 부동산 개발업을 하는 지인을 통해 금융 전문가이자 부동산 개발 사업 경험이 있는 신뢰할 만한 사람을 만나 비로소 자신감을 얻게 되었다. 그래서 지인 판매를 기본으로 광고와 분양 전문가를 통한 방안을 세우고 있

Sun Valley 골프텔 로비

었다.

  믿을 만한 부동산 개발 전문가까지 합류되어 더욱 자신 있게 사업을 추진됐다. 강남에 소재한 부동산 광고 회사와 분양 계약을 해서 내 예상 수익의 상당부분을 떼어 주더라도 안정적인 사업구조의 틀을 짰다. 홍보 자료도 전문가답게 최상급 카탈로그 및 동영상과 홍보관도 만들어 분양을 시작했으나 결과는 예상 밖으로 한 건도 올리지 못하는 참담한 결과가 나왔다. 분양회사는 이런저런 핑계를 대며 분양 못한 책임을 나에게 전가하고 광고비 받아 낼 궁리만 하고 있었다.

  한국에서 분양을 위해 그동안 알고 지내던 지인들을 찾아다녀 봤지만 결과가 신통치 않았다. 더구나 철석같이 믿었던 광화문 사무실에서 더 이상 분양에 자신이 없다는 최후통첩을 받고 나니 눈앞이 캄캄했다.

  이런 암담한 상황에서 생각지도 못한 구세주가 나타났다. 라세마 찜질방을 운영할 당시 손님으로 여러 번 방문했던 사람인데 마침 내가 알던 사람이 소개해 만나게 되었다. 한국에서 골프 연습장을 운영하며 필리핀을 여러 번 여행하다 필리핀이 좋아져 노후에 필리핀 정착까지 고려하고 계신 분이었다. 그러다 보니 내가 진행하는 사업에 관심을 가지고 있다가 곤경에 빠진 나를 도와줄 작정을 하신 것이다.

아무튼 더 이상 한국에 체류할 수 없어 마닐라로 돌아오는 길에 이분과 우연히 아시아나항공에 동승하게 되었다. 깊은 수심에 빠진 나를 어떻게 알아보셨는지 일단 나를 돕는 차원에서 9세대를 분양받겠다는 것이었다. 그러면 다른 사람들도 자극이 돼서 분양에 탄력을 받을 수 있다는 말씀에 큰 용기를 얻고 살아날 수 있는 희망을 갖게 되었다. 그뿐 아니라 골프 연습장에서 내방객을 상대로 마음껏 프로모션을 하라는 것이었다.

현수막을 제작하고 세일즈 도우미도 채용해서 행사를 했지만 역시 분양이 쉽질 않았다. 하지만 무엇보다 9세대를 분양하고 나니 일단 자신감이 생겼다. 마닐라 현지에서도 지인들의 소개로 3세대 정도 추가 분양 약정서를 받아냈다. 분양 책임을 맡은 광화문 사무소와 강남 사무소에서 조금만 실적이 뒷받침된다면 성공할 것 같았다. 그러나 여기까지였다.

이학갑 사장님의 지인들이 방문한 가운데 기공식 행사를 한 상태에서 실질적인 공사는 분양 상황에 맞춰 진행할 생각으로 미루었다. 드디어 처음으로 분양받을 의사가 있는 사람들의 사업지 방문 일정이 잡혔다. 이제 공사를 미룰 수가 없어 터파기 공사부터 시작하게 됐다. 하지만 최선을 다해 안내하고 설명했지만 분양에는 별 관심이 없고 저렴한 비용으로 단순히 여행을 즐기려는 의도가 읽혔다. 소개한 사람 처지를 고려해 성심성의를 다했으나 허탈한 마음을 숨길 수는 없었다.

이제 공사는 시작됐고 자금 압박은 더욱 가중되었다. 분양에 총력을 기울이고자 광화문 사무실에 베이스캠프를 차렸다. 사무실이 오피스텔이라 그곳에서 먹고 자며 한 푼이라도 아끼고자 했다. 지인들이 소개한 사람들 중 일단 전화로 말꼬를 트고 조금이라도 관심이 있는 사람이 있으면 카탈로그를 챙겨 강북과 강남을 열심히 뛰어 다녔다.

그러던 중 생각지도 못한 엄청난 일이 터지고 말았다. 미국발 서브프라임 모기지 사태가 터진 것이다. 하루가 다르게 달러 가치가 올라가고 여러 경제지수가 내리막을 타며 제2의 외환위기를 맞이하는 듯했다. 난 10여 년 전에도 직격탄을 맞은 경험이 있어 그 충격은 이루 말할 수가 없었다. 매일 아침 눈을 뜨면 라디오에서 수시로 흘러나오는 경제 악화 소식에 모든 의욕을 상실한 채 무너져 내리는 내 모습만 안타깝게 지켜봐야 했다.

무엇을 먹어도 맛을 모르겠고 책을 붙잡아도 생각은 딴 곳에 가기 일쑤였다. 오랜 친구와의 만남도 정겹지 않았고 몇 차례 술잔을 비워야 마음의 고통과 근심이 마비되어 안도감이 생겨 잠을 쉽게 이룰 수가 있었다. 유일한 낙은 사람 만나는 일정이 없는 주말을 틈타 서울 근교의 산을 찾는 일이었다.

밤에 주로 잠을 이루지 못해 낮에는 일보러 다니면서도 항상 몽롱했으나 토막잠이라도 청해보면 자금 조달 고민과 사업 실패에 대한 강박관념으로 쉽게 잠들지 못했다. 파김치가 된 몸을 간신히 지탱하며 하루 일정을 마치고 아무도 반겨주지 않는 종로 르메이르 빌딩 오피스텔 대신에 찜질방으로 발길이 돌아서는 경우가 많았다.

아무도 없는 방안에 혼자 있으면 창문을 열고 9층에서 뛰어내리고 싶은 충동이 들 정도로 고독감이 두려워서였다. 공사는 이미 시작했고 허가비용부터 한국인 직원들의 임금 등 매달 고정 비용이 눈덩이처럼 불어났다. 외환위기로 누구에게도 분양이나 차용에 대한 말을 꺼낼 수가 없었다. 수입이 생길 여건이 전혀 안 되다 보니 자금 계획을 세울 수가 없었다. 아무런 실적과 대책도 마련하지 못하고 밤비행기에 몸을 싣고 마닐라로 돌아왔다.

다음 날 아침 자금 집행을 해야 할 업체를 찾아다니며 지불 날짜를 연기하는 일부터 처리했다. 다행히 외환위기 탓으로 이해해주는 사람들이 많았으나 지불 날짜를 무한정 연기하는 데 동의하는 사람은 없었다. 10여 년간 돈을 빌려보지 않아 마땅히 찾아갈 사람이 없었다. 그래도 20여 년간 유일하게 돈 거래를 해 왔던 신 사장님이 결정적인 도움을 주었다. 그동안 1억, 2억 원 정도는 전화 통화로 융통

할 수 있을 정도의 신용을 가지고 있었다.

그러나 사업 감각이 뛰어나며 과감한 베팅을 잘 하는 신 사장님이지만 사업 규모나 좋은 않은 시기를 고려해 신중할 수밖에 없었다. 그러나 어려운 결정을 내려주었다. 그동안 한 번도 실수를 안 했고 내가 잘되기를 바라는 마음에서 적지 않은 자금 지원을 해준 것이다. 하지만 근본적인 문제는 해결될 수 없었고 어떻게 하든 분양을 해야 하기에 분양 대상을 교민과 현지인으로 전환했다.

그래서 현지인에게 잘 알려져 있고 무엇보다 신도시로서 최고의 상권인 올티가스 센터 내 사무실 빌딩에 입주해 분양 사무실을 꾸몄다. 특히 이곳은 썬벨리 골프장과는 약 18km 거리에 있고 한국에서 이주 목적으로 온 한국사람들이 가장 선호하는 지역이기도 하다. 교민 신문 광고를 내고 지인 소개로 신뢰할 수 있는 현지인 분양 업체들과 미팅을 하고 기존에 만든 홍보 자료를 보완해 마케팅에 전력을 다했다.

과거에 마카티 골프 클럽을 운영하던 당시 현지인 상대로 회원권을 분양했던 경험이 큰 도움이 되었다. 그러나 필리핀에서도 부동산 분양 시장은 한국처럼 꽁꽁 얼어붙어 있었다. 전 세계적으로 급격히 불어 닥친 경제 위기로 필리핀도 어쩔 수가 없었다. 모든 노력을 기울였지만 비용 부담만 안은 채 참담한 결과에 견디기 어려운 위기 상황으로 치닫고 있었다.

경제 문제로 인한 어떠한 압박감이나 고통은 참을 수 있으나 살아날 수 있는 희망이 없어 엄습해 오는 실패에 대한 공포와 두려움이 참기 힘들었다. 사업에 실패한 경험이 여러 번 있기 때문에 앞으로 겪어야 할 후유증을 잘 알고 있었다.

그러나 그보다 더 힘든 것은 나를 도와준 사람들과 가족에게 실망과 정신적, 물질적 피해를 줄 수밖에 없어 중압감이 말도 못할 정도로 나를 무너뜨렸다. 남에게 피해를 주는 것이 죽기보다 싫었다. 남을 도와주고 존경받는 보람된 삶을 살아도 짧을 인생에 오점을 남기고 싶지 않았다.

그리고 앞으로의 하고 싶고 반드시 이룰 수 있는 사업 기회를 잃을 수도 있는 것이다. 그동안 약 20년간 기반을 잡으려 쏟아 부은 온갖 노력이 한순간에 무너

Sun Valley 골프텔 입구에서(왼쪽 건물이 한식당)

질 수 있는 극한 상황에 처해 있었다. 이런 상황이 한 달만 지속되면 난 사기꾼으로 전락해야만 했다. 말도 많은 교민 사회에 조롱거리가 되는 것이다.

이제 내가 할 수 있는 최종 수단은 기도밖에 없었다. 하나님께 모든 걸 맡길 수밖에 없었다. 새벽마다 아내를 따라 집 근처 교회에 찾아가 눈을 감고 회개하고 살려만 달라고 하나님께 매달렸다. 수요 예배나 금요 예배나 부흥 예배 등 저녁 시간은 교회 예배를 우선했다. 그 이유는 기도를 하고 나면 그날 밤은 왠지 모르게 편안한 잠을 이룰 수 있다는 사실을 체험했기 때문이다.

솔직히 무엇보다 잠을 편히 잘 수 있기 때문에 기도했다. 목사님이 말씀하시는 기도 응답은 나에게는 해당될 것 같지 않은 생각만 들었다. 그래도 기도하고 말씀 들으면 마음이 평안해지고 힘이 생겨났다. 우연한 기회에 큰 교회로 옮겼고 체계적인 성경 공부도 시작했다. 어느 날 부터인가 악화된 상황은 변함이 없는데 막연히 희망이 생겼고 재활 의욕이 살아났다.

그러더니 우연히 한국인 투자가를 만나게 되었고 경영권은 내주었지만 기사회

건국대학교 부동산 대학원 최고 경영자 과정 총동문회장이신 이효성 회장님과 함께 Sun Valley 골프텔에서

생의 기회를 잡을 듯 했다. 하지만 한국에서 분양 전문가를 구성해 일간 신문에 대대적으로 전면 광고까지 내며 분양을 시도했지만 실패하며 또 난관에 빠졌다. 그런 가운데 생각지도 못한 사람에게서 실낱같은 희망을 잡았다. 그 사람은 바로 처음에 썬벨리 회장님을 소개해준 윌슨이었다.

 어느 날 비가 많이 내리던 토요일 오후에 윌슨에게서 전화가 와서 만나게 되었다. 내가 이리 뛰고 저리 뛰고 안간힘을 쓰는 모습이 안쓰러웠는지 내게 해결 방안을 제시했다. 썬벨리 골프장 회장님을 설득해서 투자를 받아 안정적 사업 구조를 갖추어야 한다는 제안이었다.

 나도 그전에 생각을 안 해본 것은 아니지만 엄두를 내지 못했다. 골프장 회장님이 워낙 보수적인 기질에다가 모르는 사업은 절대 손을 안 대는 성격임을 내가 잘 알고 있었기 때문이었다. 더구나 이 사업은 한국인을 대상으로 해야 하기 때문에 더욱 안 되는 일이었다.

윌슨은 부정적인 의견부터 토로하는 나를 제지부터 했다. 이 사업이 잘못되면 2차로 피해 보는 사람이 골프장 회장님이고 밑져야 본전이니까 해보자는 것이었다. 그는 골프장과 약속 이행을 못해 주눅이 들어 위축된 나에게 용기를 주었다. 내가 나설 수가 없고 자기가 나서겠다는 것이었다. 얼마나 고마운 일인지 일이 되든 안 되든 간에 무엇인가 해볼 수 있는 희망이 생겨 일단 살 것 같았다.

결국 윌슨은 자기 일처럼 발 벗고 나서서 골프장 회장님과 20여 차례의 협상 미팅 끝에 투자를 이끌어냈다. 경영권은 내주었지만 한국인을 유치하는 독점 마케팅 사업권과 골프텔 운영권을 받았다. 원래 내 목적은 골프 투어객을 유치하는 골프텔이 목적이었기 때문에 원래 목표를 달성한 셈이다. 이제 필리핀에서 한국인 골프 투어객의 만족을 최우선으로 두고 꼭 하고 싶었던 사업을 진행하는 꿈이 이루어졌다.

이 시기에 필리핀과 한국을 오가며 물심양면으로 광고 홍보용 상업사진을 묵묵히 찍어주신 튜브스튜디오 홍진기 대표를 통해 건국대학교 부동산대학원 최고경영자과정 총동문회 이효성 회장님을 만났다. 이 회장님을 통해 금융, 분양, 마케팅과 관련된 한국의 부동산 현황을 소상히 이해할 수 있는 기회를 얻게 된 것도 나에게는 또 다른 희망을 꿈꿀 수 있는 계기가 되었다.

무엇보다도 주변의 신망이 두텁고 좋은 인맥을 두루 갖고 있는 이 회장님과 필리핀 사업의 한국을 대표하는 성공파트너로서 의기투합하게 된것도 커다란 행운이 아닐 수 없다. 나의 좌충우돌 역정으로 마닐라 자이언트(Manila Giant)라는 애칭을 붙여준 분도 바로 이효성 회장님이다.

앞으로 서로 함께 필리핀 부동산의 역사를 함께 쓸 기대에 28년 경험을 모두 쏟아 부을 생각이다.

썬벨리골프텔은 필리핀 골프장에서 처음으로 독립된 한식당 및 티박스에서 30m 떨어진 새로 지은 4성급 골프텔과 연습장, 수영장, 마사지 실, 노래방의 부대시설을 제대로 갖춘 곳으로 드디어 탄생한 것이다. 필리핀 골프 투어는 거의 10여 년간 과거에 해오던 답보적인 형태에서 많은 한국인 골프 관광객을 실망시켰다. 이런 모습이 한국인에게 필리핀에 대한 인식을 나쁘게 한 원인이 되기도 했다. 이제 경제 발전으로 인해 수준이 나날이 높아지는 한국 관광객을 위해 업그레이드된 하드웨어와 소프트웨어를 갖춰야 했다. 현지 사정에 익숙지 않은 관광객에게 바가지 씌우는 형태의 투어 비즈니스는 바꿔야 한다.

이제 곧 썬벨리골프텔은 48명 회원제의 수익형 부동산상품으로 분양할 예정이다. 좋은 사람들과 편안한 공간에서 골프를 즐기고 색다른 문화체험을 할 수 있도록 할 것이다. 각계각층에서 인정받는 전문직과 사업가들에게 분양함으로써 수준높은 커뮤니티를 형성할 예정이다. 17평형과 22평형으로 구성된 썬벨리골프텔을 분양받으면 18홀 썬벨리골프장 평생 회원권과 27홀 포레스트힐즈 골프장 평생회원권을 동시에 소유하고 자식들에게도 상속이 가능한 상품이며 재테크에도 유용할 것이다. 회원이 사용하지 않을 때에는 호텔로 운영하며 운영수익을 되돌려줄 생각이다. 아울러 365일내내 회원들에게 돌려줄 다양한 특권들과 이벤트를 끊임없이 구상하고 있다.

어렵게 마련한 썬벨리 골프장의 한국인 관광객을 위한 소규모 단지는 이제 한국인 전용 주거 단지를 위한 은퇴촌으로 성장할 있는 기본 여건을 갖추었다. 본래 목적에 맞춰 골프텔 주위의 택지에 타운 하우스 및 일반 주택을 지을 수 있도록 택지 정지 작업을 마쳤다. 내 앞마당과 뒤뜰이 골프장인 것이다.

목가적인 분위기와 자연 그대로의 멋을 살린 골프장 내에 한국인 거주자의 생활에 필요한 기본적인 서비스가 마련되고 시내로 오가는 셔틀 차량이 운행될 것이다. 그러면 필리핀의 아열대 기후에다 인건비나 생활비가 저렴한 여러 이점을 살리면서 한국에서와 같은 편리성과 외로움을 극복할 수 있는 한국인 주거 전용 단지가 탄생하는 것이다.

한국에서 받는 연금으로 높은 수준의 생활을 누릴 수 있게 된다. 더구나 저가 항공 편수가 늘어나고, 인터넷 발전으로 통신비나 한국 방송 프로그램을 볼 수 있는 케이블 방송 요금이 나날이 떨어져 한국과 필리핀은 더 가까워지고 있다. 이제 필리핀 내 작은 한국이 생기고 한국과 일일 생활권이 될 날이 머지않았다.

Chapter 9

필리핀에서 사업에 성공하려면

이제 우리가 벤치마킹할 성공 모델은 아시아에서 일본만이 아니고 싱가포르나 중국 화교로 눈을 돌려야 한다. 우리가 세계적인 대기업을 가지고 있는 자부심과 자신감이 있다지만 중국인을 통해 화합과 겸손과 실리를 체질화해야 중국인처럼 세계 중심에 설 수 있다.

중국 화교들은 이렇게 성공했다

필리핀에서 사업을 하면서 중국 화교를 겪어 본 교민들은 일반적으로 중국 사람을 이렇게 말한다. 처음 거래를 트기는 상당히 어려우나 한 번 거래 관계가 맺어지면 틀림없다는 것이다. 한국 교민들이 중국 화교와의 경험을 토대로 한 평들이다. 어떻게 했기에 중국 화교들은 남의 칭찬에 인색한 우리 한국사람 누구한테서나 똑같은 평을 받을 수 있는 것일까? 한 번 관계를 맺으면 틀림없다는 평가가 중국 화교들이 세계 시장에서 인정받는 바탕인 셈이다.

대림산업과 부동산 개발을 추진했던 안텔 그룹의 회장님도 그러했다. 내가 이 분을 만난 지 약 4년 6개월 정도 되던 어느 날 뜬금없이 물어보는 것이 "나와 만나지 얼마나 되었느냐?"는 질문이었다. 무슨 의도인지 궁금해 하며 말씀을 드렸더니 이제 우리가 사업을 같이 할 때가 됐다는 것이었다. 지금 골프장 사업을 같이 하는 썬벨리 골프장의 회장님도 이런 점에서는 유사하다.

또 하나 중국 화교를 상징하는 단어는 단결이다. 몇 년 전에 필리핀에서 화교들을 납치하여 돈을 뜯어내는 범죄가 유행처럼 번진 적이 있었다. 화교들은 이 사건을 화교 전체의 문제로 공론화하여 권력층에 압력을 가해 범인 색출했고 그 범인은 엄벌에 처해졌다. 그 이후로는 이런 사건을 신문지상에서 접하질 못했다. 그래서 필리핀 현지인들이 화교를 두려워한다.

엄청난 단결력을 바탕으로 자본이 뒷받침이 되니 누구라도 쉽게 대적을 할 수 없다. 화교들끼리 비즈니스 상의 결속력은 한국사람 시각에서 보면 이해가 안 갈 정도다. 화교들이 모여 있는 차이나타운에 유사 상품을 취급하는 상점들이 몰려있곤 한다. 그런데 우리 같으면 같은 제품이라 하더라도 가격이 다를 수 있는데 이 사람들은 절대 그런 법이 없다. 신상품이 나오면 돌아가면서 판매를 해서라도 동일 가격을 유지한다.

중국 화교들은 임대를 내놨는데 임차인이 값을 깎으려고 들면 절대 깎아주지 않는다. 집이 안 나간다고 가격을 절대 내리지 않고 정상 금액을 받을 때까지 몇 년이고 비워둔다. 세계 어디를 가나 이것은 중국 화교들이 만든 불문율이다.

이 때문에 필리핀에서의 비즈니스는 안정성이 있다. 한국 같으면 정상적인 제품을 터무니없는 가격에도 파는 상인들이 많지만 필리핀에는 거의 없다. 이는 화교들이 만든 풍토 때문이다. 필리핀에서 가장 큰 백화점이 SM이다. 내가 이 백화점에 중국 화교 친구와 약 15년간 한국의 대림요업 제품을 수입하여 공급했었다. 이 백화점이 매년 3개 정도의 분점을 내는데 공사 업체들이 모두 화교이고 약 15년간 변함없이 좋은 관계가 유지되고 있다.

골조 공사, 전기, 배관, 에어컨, 엘리베이터 등등 시공 업체 오너들이 정기적으로 사교 미팅을 가지는데 15년간 바뀐 사람이 없다. SM 백화점의 구매 담당자를 접대할 때도 모두 모여서 십시일반 비용을 각출해서 식사도 하고 술집에도 같이 간다. 이 때문에 화교들은 새로운 사업에 대한 위험부담을 줄이면서 모든 사업에서 유리한 고지를 선점한다.

한 예로 부동산 개발 사업을 하는 화교가 새로 아파트 개발사업을 추진하면 주위 화교들이 선 분양을 해준다. 그러니 쉽게 성공 할 수밖에 없다. 개발회사는 선분양으로 은행에서 대출금부담이 줄어들어 보다 저렴한 가격에 공급을 해주고 완공에 가까워지면 분양가가 오르고 피분양자들은 그만큼 수익이 많아져 서로 윈윈 관계가 된다. 우리 교민 사회는 반대다. 누가 무슨 사업을 시작하면 무슨 영문인지 근거도 없이 나쁜 말부터 돈다. 시기 질투하는 우리의 근성 때문이다.

화교들처럼 도와주지 못할망정 훼방을 하지 말아야 하는데 그렇지가 않다. 내가 처음 현대자동차 딜러 사업을 할 때도 그랬고 시내 한복판에 땅을 사서 건물을 올릴 때도 그랬다. 나를 전혀 모르는 사람이 이 건물이 완공되면 손에 장을 지지겠다는 등 얘기를 하고 다녔다.

　되돌아보면 내가 어려울 때 도움을 주는 사람은 물론 한국 사람들도 있었지만 현지인들이 더욱 많았다. 화교들은 한번 도와준다고 약속하면 정말 도와주는 걸 여러 번 경험했다. 우리는 도와준다고 하면서 이용하는 경우도 많지만 화교들은 자기가 한 말은 꼭 지킨다. 그러나 화교들과 신용을 잃어 금이 생기면 절대 원상복귀가 안 된다.
　중국 화교들이 상거래를 할 때 우리와 확연하게 다른 점들이 많지만 가장 크게 구별되는 점이 있다. 중국 화교들은 거래상 누구를 소개하면 반드시 소개한 사람을 배제하지 않는다. 또한 거래가 성사되면 반드시 소개한 사람을 챙겨주려고 애쓴다. 그러나 우리는 가급적 소개한 사람을 제쳐놓고 이득이 될 만한 사람과 직접

만나려고 노력한다.

중국 화교들은 왜 그럴까? 두 가지 이유가 있다. 한 가지는 세상에는 공짜가 없다는 사실을 잘 알고, 말로 때우는 것이 아니고 항상 셈을 치르는 습성이다. 그래야 소개한 사람은 나를 위해 또 다른 사람을 소개시켜 줄 것을 잘 알기 때문이다. 둘째는 처음 만난 사람과 직거래를 꺼린다. 왜냐하면 안 겪어 봤기 때문이다. 우리는 처음 본 사람하고도 과감하게 일을 저지른다. 그리고 문제가 생기면 소개한 사람을 원망한다.

그래서 중국 화교들은 소개한 사람에게 이득을 주고 소개해 준 사람이 실수하지 않도록 관리한다. 일종에 보험을 드는 것과도 같다. 우리는 이런 방식에서 아주 약하다. 위험 부담이 있어도 직거래를 원칙으로 한다. 그래서 작은 돈을 아끼려다 큰돈을 날리는 경우가 많다.

중국 화교들은 주위 사람들에게 평소에 작은 돈을 잘 쓴다. 그리고 잘 맺은 인적 네트워크로 큰돈을 버는 경제 원칙이 몸에 배어 있다. 가족이 항상 우선이고 친척과 이웃부터 철저히 챙긴다. 돈을 버는 습성도 그렇지만 돈을 쓰는 것도 마찬가지로 철저히 경제 원칙에 따른다. 허튼 돈은 절대로 아무리 작은 돈이라도 안 쓰는 습관이 어려서부터 배어있다.

이제 우리가 벤치마킹할 성공 모델은 아시아에서 일본만이 아니고 싱가포르나 중국 화교로 눈을 돌려야 한다. 한 때 우리나라가 중화권의 나라들과 같은 등급으로 아시아의 4용으로 인정받은 적이 있었다. 그러나 그 중화권의 나라들은 이제 우리보다 한 수 위로 나아갔다. 우리가 세계적인 대기업을 가지고 있는 자부심과 자신감이 있다지만 중국인을 통해 화합과 겸손과 실리를 체질화해야 중국인처럼 세계 중심에 설 수 있다.

이런 **한국인들이** 성공했다

내가 필리핀에 처음 배낭여행을 왔던 1984년에 한국 교민은 모두 500여명 안팎이었다. 그러나 현재 한국 교민은 15만 명으로 공식 집계되고 있다. 동남아 국가 중에 한국 교민 수가 최고다.

어떤 이유에서 필리핀 교민들이 양적으로 성장할 수 있었나? 1980년 한국 경제가 크게 발돋움하며 인건비가 오르기 시작하자 제조업 이탈이 시작됐다. 1986년 한국 대기업으론 처음으로 삼성이 TV 브라운관 공장을 필리핀에 세웠다. 그 뒤를 이어 노동 집약성 제조업들이 잇달아 들어와서 필리핀의 수출 공단에 80여 업체가 입주를 했다.

물론 수출 공단 외에 중소 봉제 공장 및 목재나 수산물 가공업 등 여러 다양한 제조업들이 필리핀 전역에 퍼져 나갔다. 이후 1990년대 라모스 대통령이 집권하며 경제가 급성장 했고, 건설업 및 중장비나 중고 자동차 그리고 기아, 대우, 현대 자동차와 삼성 가전과 LG 전자가 내수 시장 개척을 본격화 했다. 이로 인해 교민이 급격히 늘어났다.

이렇게 필리핀으로 한국인이 몰리는 이유는 주변국의 상황을 살펴보면 답이 나온다. 동남아 국가 중에 한국 내 인건비가 크게 오르면서 한국 기업들이 몰린 지역은 인도네시아였다. 우선 인건비도 저렴하지만 원유를 비롯하여 무궁무진한 자원이 가장 큰 메리트였다. 필리핀은 마르코스 집권 당시 불안한 정치 상황이 한국 기업을 인도네시아로 건너뛰게 했다.

그러나 인도네시아의 장기 집권자인 수하르토 전 대통령이 몰락하면서 국가 분열로 인한 경제 위기로 급속히 한국 교민의 이탈 현상이 벌어졌다. 말레이시아는 인구가 적은 관계로 내수 시장 규모가 작아 한국 기업이나 개인이 진출할 큰 메리트가 없다. 태국은 역사적으로 외침을 받은 적이 없어서 그런지 아무튼 외국인에게 배타적이다.

이런 연유로 관광업 종사자 이외에는 정착이 아주 어렵다. 공산권 치하에 있다가 경제 개혁의지에 따라 시장을 개방한 베트남은 한국 사람이 진출하기에 여러 가지로 매력 있는 나라임에 틀림없었다. 인건비도 저렴했지만 노동력 질이 좋고 무엇보다 우리나라가 베트남전에 참전했던 지역적인 노하우가 일본보다 앞섰다.

인구도 1억에 가까워 내수 시장의 성장 잠재력도 상당히 높다. 특히 프랑스의 식민지와 미국과 오랜 전쟁으로 서방 기업에 대한 반감이 높은 반면 우리에겐 우호적이다. 다른 동남아 국가와는 달리 세계적인 다국적 기업과 동일한 선상에서 출발한 우리 기업들이 발 빠르게 베트남을 공략해서 기반을 잡아가고 있다.

내가 수차례 베트남을 방문해서 필리핀과 비교해보면 필리핀은 소비국이고 베트남은 생산국이다. 필리핀은 오랜 부정부패로 인해 정부가 무능한 반면 베트남은 공산국답게 강력한 중앙 정부의 힘으로 나라 전체가 박진감 있게 돌아가는 걸 느낄 수 있었다. 앞으로 한국 교민이 줄지 않거나 늘어날 수 있는 나라는 동남아 국가 중에 필리핀과 베트남일 것이다.

베트남은 생산 기반이 갖춰져 경제 성장률이 가장 높아 그럴 수 있다면 필리핀은 왜 그럴 수 있을까? 답은 이렇다. 첫째, 이미 한국인끼리 자급자족할 수 있는 경제권이 형성됐고 이 기반으로 급속히 내수 시장에 파고 들어가고 있다. 둘째, 동남아 국가 중에 지역적으로 가장 가깝고 영어 생활권이다.

셋째, 개발도상국이지만 소비문화가 잘 발달되어 있다. 넷째, 동남아 국가 중에 가장 기후가 좋다. 다섯째, 현지인들이 순진하고 외국 사람에 대한 차별이 없으며 우호적이다. 여섯째, 우리나라와는 오래된 우방이다. 이런 좋은 여건을 가지고 있지만 과연 필리핀에 진출한 한국 기업이나 개인이 얼마나 성공을 했으며 경제 기반을 잡고 있는가? 그 답은 부정적이다.

그동안 대기업, 중소기업, 개인 등 모두가 많은 시행착오를 겪었고 지금도 경제 기반이 아주 약하다. 왜 그럴까? 첫째, 필리핀은 개발도상국이지만 경제 구조나 시스템이 미국의 영향으로 우리에게 익숙지 않은 서구식이다. 예를 들어 대기업이나 중소기업이 필리핀에 진출코자 한다면 일단 현지 업체를 총괄하여 이끌고 나갈 인적자원이 만만치 않다.

일단 국제 비즈니스에 능해야 하며 업종의 전문가여야 하며 정직하고 성실하며 책임감이 무엇보다 높아야 한다. 이런 최고의 인력을 필리핀에 파견하기에는 필리핀 시장이 작다. 즉, 미국이나 유럽, 일본, 중국의 지사에 근무하는 최고 수준의 경영자를 파견하기 쉽지 않다. 이런 최고 수준의 경영자가 필리핀에 와도 지역적 특성 때문에 생각지 못한 시행착오를 겪을 수밖에 없다.

둘째, 필리핀 시장은 이미 오래 전에 개방화되어 세계적인 다국적 기업들이 기반을 잡고 있다. 더구나 중국 화교들이 경제권을 장악하고 있고 자기들끼리 똘똘 뭉쳐있어 방어망을 뚫기 쉽지 않다. 셋째, 필리핀 현지인들이 우리와 다른 형태의 교육을 받아 서구적 사고방식과 문화의 차이로 서로를 이해하며 원만한 관계 유지가 어렵다.

넷째, 우리는 겸손한 자세보다는 노골적으로 현지인을 무시하는 경향이 있다. 현지인의 의견을 존중하고 일단 현지인을 이해하려는 노력이 필요하나 우리식만을 고집하고 현지인을 우리에게 맞추라고 강요를 하여 현지인과 동화가 안 된다. 다섯째, 우리는 중국 화교들과는 아주 상반되게 인화 단결이 잘 안 된다. 서로 헐뜯고 비방하고 시기하는 습성이 강해 성공한 사람을 만들 토양이 비옥하지 못하다.

여섯째, 필리핀을 진출한 많은 사람들이 필리핀을 여행하다가 사업을 해볼까 하는 식으로 투철한 목표 의식이 부족하다. 또한 전문가로부터 컨설팅 받는 비용을 아깝게 생각하다보니 사전에 충분한 조사보다는 일부 지인의 의견을 물어보는 정도에서 판단하고 일부터 저지른다.

일곱째, 교민 사회가 새로 이주한 사람을 도와주기 보다는 현지 물정을 모르는 약점을 이용하여 이득을 챙기는 잘못된 전통이 계승되고 있다. 그리고 경제 기반을 확고히 잡고 있는 교민층이 너무 얇아 새로 이주한 사람이 기댈 언덕이 없다. 이런 악순환이 교민 사회의 활성화를 막고 있다.

그 와중에도 성공한 한국 사람들이 있다. 어떤 기업과 사람이 필리핀에서 성공을 했나? 대기업으로는 건설업종의 한진(주)가 대표적이다. 도로, 항만, 공항, 교량 등의 정부 공사를 많이 했다. 가족과 같이 체류하지 못한 회사 규정 때문에 많은 직원들이 가정생활을 포기하며 성공을 만들었다. 이제 마카티 시의 신개발지에 본사 사옥도 세웠다. 무수히 많은 필리핀에 진출한 한국 건설업체 중에 거의 유일하게 정부 수주의 대형 공사를 진행하며 명맥을 유지하기에 더욱 돋보인다.

여기에 시설이 낡고 기술력이 부족하여 전력 생산이 중단된 발전소를 인수하여 정상 가동시키고, 몇 십 년간 전기 판매계약을 해서 적지 않은 수익을 올리는 한국 전력 공사도 있다. 삼성 전자와 LG전자의 가전제품, 컴퓨터 및 휴대폰 등의 판매가 급속히 증가하며 그동안 독점적으로 시장을 점거한 일본 제품을 크게 위협하고 있다. 자동차의 경우도 마찬가지다.

현대 자동차의 스타렉스가 필리핀 시장에서 크게 히트를 친 뒷심으로 이제 거의 모든 차종에서 일본차 시장을 무섭게 파고들고 있다. 삼성은 마닐라 남부지역인 라구나 지역에 공단을 조성하여 반도체 공장이 풀가동 중이다. 미 공군기지였던 클락 지역은 풍산금속등 여러 제조업체들이 공단 입주를 하면서 한국 사람들이 늘어나더니 이제는 부동산 개발 붐까지 일어나 리틀 코리아가 되고 있다.

미군 해군 기지였던 수빅 지역도 마찬가지다. 미국 해군이 철수하고 대만 기업들이 공단으로 터를 닦아 놓았으나 이제는 한진 중공업에서 조선소를 세우면서 한국 기업들이 골프장과 고급 숙박시설을 갖춘 대형 리조트 개발이 진행 중이다. 그 밖에도 이러한 기간산업의 성공을 바탕으로 요식업 및 자동차 정비업, 식품업 등에서 한국인들이 두각을 나타내고 있다. 한국 교민들의 필리핀 정착과정은 중국인들의 그것을 답습하고 있는 형상이다.

현지에서 성공한 한국인들의 공통점은 무엇일까. 첫째, 기반을 잡기 위해 여러

시행 착오을 거치면서 수업료를 지불하고 실패를 거울삼아 은근과 끈기를 가지고 끝까지 버틴 사람들이다. 둘째, 한국에서 전문 분야에 종사했고 실력을 갖춘 전문가로서 한국 시장에서 성공한 노하우를 가지고 필리핀 시장에 접목한 사람들이다.

셋째, 한국의 대기업이나 중소기업의 지사장으로 필리핀에 파견 왔다가 최소 몇 년간 현지 사정을 익히고 독립한 사람들이다. 넷째, 어떤 연유에서든 기반이 탄탄한 현지 기업인을 만나 정착하는데 큰 도움을 받은 사람들이다. 다섯째, 한국의 대기업이 제조업이나 기타 목적으로 투자하면서 협력 업체로 따라 들어온 사람들이다. 여섯째, 한국에서 장사 경험이 많고 신용 및 자금력이 탄탄하고 같은 업종으로 교민 사회에 진출한 사람들이다. 결론적으로 현지화에 과감하게 시간과 돈을 투자한 사람들이 성공할 확률이 가장 높다.

어떻게 하면 성공할 수 있을까?

필리핀에 살면서 흔히 듣는 말이 필리핀에서 사업 성공하기가 정말 어렵다는 말이다. 살면 살수록 그 말이 정말 맞는 것 같다. 나도 몇 번이나 포기하고 한국으로 돌아갈 생각을 했다. 사업을 한다고 하면서 제 길로 가고 있는지 낭떠러지 길로 가고 있는지 도무지 판단이 안 설 때가 정말 많았다.

그런데 학창시절에 산악부 활동을 한 것이 의외로 큰 도움이 됐다. 해외 원정 준비 훈련 중에 직선 등반을 한 적이 있었는데 길이 없을 때는 목표를 설정하고 똑바로만 가면 반드시 길이 나타났다. 어떤 사업이든 하다보면 생각지도 못한 장애를 만나 어려움에 봉착한다. 그 때마다 정면으로 돌파했다. 등반 중에도 길을 잃어 협곡 속 덩굴 지역에 빠져 한 발자국 옮기는데 많은 체력과 시간이 소모될 때가 있곤 했다. 때론 나무뿌리에 걸리거나 발을 헛디뎌 넘어질 때도 많았고 바람에 나무 가지가 부닥치는 소리를 물소리로 착각하여 내려갔다 죽을힘을 다해 다시 원점으로 돌아 온 적도 있었다. 그렇게 지금까지 살아온 것 같다. 편안보다는 시련이 많았고 실패에 대한 두려움에 한 시도 긴장을 풀 수가 없었다. 언제 또 생각지도 못한 장애가 나타날 줄 모르기 때문이다. 오직 자신감만 믿고 버텨 온 것 같다.

살아나갈 길이 보이지 않아 포기하려고 할 때마다 한 가지 생각 때문에 그러질 못했다. 척박한 이 땅에서 중국 사람은 엄청난 성공을 했는데 나는 왜 못할까? 그 답을 얻기 위해 4년 반이란 귀중한 세월을 재벌 부동산 개발 회사의 오너인 Mr. Antonio Lao라는 중국 화교에게 바쳤다. 한국 음식과 골프 등 가장 좋아하는 것을 과감하게 포기했다.

아마도 4년 반 동안 안 만난 날이 모두 10일 밖에 안 될 정도였다. 그와 함께 다니면서 매일 비즈니스 미팅이었고 국회의원, 대기업 총수, 시장, 도지사, 은행장, 설계사, 변호사 등 필리핀을 움직이는 사람들을 만났다. 단지 중국 화교를 배우기 위해 모든 걸 포기하고 Lao회장님의 그림자 같은 생활을 했다. 필리핀에서의 성공의 답은 의외로 간단하다. 중국 화교들을 벤치마킹하면 된다. 이들은 필리핀에서 어설픈 성공이 아닌 엄청난 성공을 했기 때문이다.

필리핀의 중국인 화교들은 광동성의 기근을 피해 무작정 이주했다. 맨주먹으로 떡 장사로 부터 시작하여 6~7세대 만에 필리핀 경제를 장악 할 수 있었다. 우리가 결국 이 땅에서 성공을 하기 위해서는 반드시 희생을 치러야 한다. 세상에 공짜로 얻어지는 것은 없듯이 대가를 치러야 한다. 한국에서는 중간만 가면 먹고 사는 데는 문제가 없다. 필리핀은 그 게 안 된다. 둘 중에 하나다.

성공해서 인건비 저렴한 현지인을 부리며 귀족처럼 살든지 또는 실패해서 한국으로 돌아가지도 못하고 비참한 생활을 하든지 둘 중에 하나다. 그렇지 않으면 한국에서 새로 이주나 관광 온 사람을 속여 근근이 먹고 사는 것이다. 필리핀에 사업의 성공은 지름길이나 편한 길이 없다. 왜냐하면 필리핀에는 눈먼 돈이 거의 없다. 현지인이 어설프게 보여도 외국인에게 쉽게 돈을 퍼 줄 사람은 거의 없다.

처음에 필리핀에 온 사람들은 필리핀에 돈이 마구 보인다고 한다. 천만에 말씀이다. 겉으로는 그렇게 보이지만 안으로 들어가면 만만하지가 않다. 그러나 불굴의 끈기, 열정 그리고 엄청난 노력과 필리핀 사랑이 있으면 부를 얻을 수 있다. 기반을 잡기 어렵기 때문에 한 번 기반을 잡으면 안정된 사업을 영위할 수 있는 필리핀 나름대로의 장점을 누릴 수 있다. 필리핀에서 살고자 하면 바꿀 것이 많다.

한국을 떠나며 첫 번째 할 일은 한국을 버려야 한다. 우월한 자세를 겸손한 마음으로 바꾸기 위해서다. 한국은 잘 살기 때문에 옳고 필리핀은 못 살기 때문에 틀리다는 생각을 버려야 한다. 한국에서 살아오면서 굳어진 고정관념을 과감히 깨야 한다. 사람이 사는 방식과 가치가 다른 것이지 좋고 나쁨을 따질 문제는 아니다. 상대방을 존중하고 이해해 주면 나도 그만큼 대접을 받을 수 있고 쉽게 동화되어 닫힌 문이 열린다.

　둘째, 헝그리 정신을 가져야 한다. 보통 한국을 떠날 때 돈을 많이 가지고 나오면 적응하는 기간이 길어진다. 가져 온 돈만 의지하고 한국에서와 동일한 생활을 하다보면 현지화 속도가 더디다. 가져온 돈은 잊고 현지에서 수입을 만들어 가져 온 돈이 축나게 하지 말아야 한다. 눈높이를 낮추어 조건이 안 좋다 하더라도 직장 생활부터 시작하는 것도 방법이다. 그리고 소비는 현지인 서민들의 방식으로 따라하면 된다. 처음에 돈을 벌기는 어려우므로 소비를 최대한 줄이는 방법이 최상이다.

　셋째, 절대 서두르면 안 된다. 한국에서 아무리 뛰어난 사람이라도 필리핀에서는 어린아이와 똑 같다. 어느 정도 시간이 흘러야 제대로 보이고 판단을 할 수 있다. 가져 온 돈을 조금씩 축내더라도 안달하지 말고 많은 노력을 하며 때를 기다려야 한다. 넷째, 절대 현지인에게 화를 내면 안 된다. 특히 다른 사람이 있는데서 큰 소리로 야단을 치면 아무리 죽을죄를 진 현지인도 반감을 갖는다. 한국에서는 큰 소리 치는 사람이 이기지만 필리핀에서는 무조건 손해다.

　다섯째, 한국 사람을 주로 만나는 것보다 현지인 친구를 많이 사귀는 것이 자산이 된다. 성공한 한국 사람을 만나 도움을 받는 것도 좋지만 본인이 조그만 시행착오를 스스로 겪어 봐야 자생력이 생긴다. 현지인의 사고방식이나 습성과 문화를 알아야 무엇이든 할 수 있는 길이 열린다. 로타리(Rotary), 라이온스(Lions), 키와니스(Kiwanis) 클럽에 가입하는 것도 현지 정착에 많은 도움이 된다. 참고로 필리핀은 로타리 클럽이 라이온스 클럽보다 훨씬 많다. 그래서 가급적 로터리 클럽에 가입하고 어디를 가든 로터리언이라면 일단 이방인 취급은 안 받는다.

　여섯째, 절대 좋지 않은 남 얘기는 하지 않는다. 필리핀 교민 중에 시간이 많은 사람들이 많다. 그래서 시간 많은 사람끼리 남 얘기를 하는 경우가 많다. 그래서 말 한 마디에 원수 되는 경우가 많으므로 가급적 어떤 사람이든 좋은 말만 하는 습관을 가져야 한다.

　일곱 번째, 필리핀에 온 지 얼마 안돼서 현지인과 사업을 같이 하는 것은 가급적 피해야 한다. 사고방식과 문화의 차이를 아는 지식만으로 극복하기 힘들다. 어웨이 경기를 한다는 점을 반드시 명심해야 한다.

여덟 번째, 컨설팅 비용을 절대 아깝게 생각하면 안 된다. 첫 단추를 잘못 끼면 한국같이 쉽게 풀 수가 없

다. 아홉 번째, 어떠한 경우에도 법적인 대립은 피하는 것이 좋다. 특히 현지인과 거래상 불이익을 당하더라도 조금 손해 보는 범위 내에서 거래를 끊는 방법이 상책이다.

열 번째, 현지인과 상거래에서 성실과 정직이 가장 기본이다. 한국은 경쟁이 너무 치열하여 신사적이면 반드시 피해를 보고 생존할 수 없다. 그러나 필리핀은 다르다. 반드시 신사적이고 정직해야 제대로 된 현지인을 만나 성공할 수 있다. 필리핀에서는 사업가가 가장 존경 받는다. 그 이유는 겸손하고 성실하며 정직하고 상대방을 이해하고 배려할 줄 알아서다.

열한 번째, 합법적인 사업을 하고 반드시 변호사를 사업 시작 전에 선임하여 철저히 자문을 받는다. 합법적인 절차에 따르고 세무 신고 등 모든 법적인 서류를 완벽하게 한다. 나중에 문제가 생기면 돈으로 해결 할 수 있다고 믿는 사람이 많아 불법적인 행위를 쉽게 하는데 절대 그렇지 않다. 필리핀에서 한 번 불법적인 문제가 발생하면 해결하기가 결코 쉽지 않다. 그리고 불법적인 사업을 해서 돈을 번 사람을 거의 보질 못했다.

열두 번째, 법인 설립, 비자 관계, 사업 허가 관계 등 기본적이고 중요한 사항들을 인건비 싸다고 현지인만 돈 주고 시켜서는 안 된다. 본인이 일일이 모든 절차를 직접 해보는 마음가짐을 가지고 실제로 행동으로 옮겨야 한다. 내가 알아야 남

을 시킬 수 있다.

열세 번째, 반드시 주류 사회에 들어가야 한다. 필리핀 경제는 3% 정도 되는 주류층이 경제를 좌지우지한다. 주류층 사회에 들어가야 필리핀 돈의 흐름이 보인다. 열네 번째, 카지노 출입을 삼가야 한다. 평생을 벌어서 하루아침에 거지가 되어 폐인이 되는 경우를 난 너무도 많이 봤다. 도박은 마약의 8배 중독성을 가지고 있다고 한다.

열다섯 번째, 한국 사람끼리 뭉쳐야 한다. 아무리 우리가 현지인과 가까워도 한 치 건너 남이다. 한국 사람이 어쩌니 해도 우리가 어려울 때 따뜻한 온정을 베푸는 사람은 한국 사람이다. 우리는 한민족의 정이 있기 때문이다. 한국에서는 치열하게 서로 물고 뜯고 해도 해외에서는 그럴 필요가 없다. 중국 화교처럼 뭉쳐야 살 수 있다.

마지막으로 필리핀을 사랑하고 필리핀 사람을 긍휼히 여기는 마음을 가져야 한다. 상대방의 단점만 바라보면 부정적인 생각만 가득차서 대화가 안된다. 필리핀은 단점이 많다. 그 중 치명적인 단점도 많다. 그래서 필리핀은 한국처럼 발전을 못했다. 하지만 필리핀 사람의 장점만을 바라보는 습관이 필요하다. 그래야 사랑이 생기고 의욕도 생긴다.

우리는 이 사람들보다 좋은 경제 환경에서 자라 풍요로운 삶을 사는 것 뿐이다. 우리가 근본적으로 잘난 것은 아니다. 우리에게는 전쟁의 폐허에서 잘 살아 보려고 후손에게는 배고픔을 물려주지 않으려는 희생을 한 부모님 세대가 있었다. 필리핀은 상류층은 자신들만 잘 살고자 하는 사회 구조를 만들어 극빈자가 거리에 넘친다.

우리는 상류층으로부터 돈을 벌어 필리핀 극빈자를 위해 무엇인가 하고픈 사명감을 가지면 필리핀을 사랑할 수 있는 마음이 생길 수 있다. 우리가 급속한 경제발전 과정에서 힘들게 얻은 노하우를 십분 활용하여 우리 이웃이며 우방인 필리핀 발전을 위해 조금이나마 기여를 한다면 보람된 삶을 살았다고 할 수 있다.

은퇴 이민,
이렇게 하면 된다

　최근 들어 한국은 노령화가 사회문제로 대두되고 있다. 누구나 언젠가는 나이가 들어 노인이 될 수밖에 없기 때문에 노후 대책에 대해 생각을 안 해 볼 수 없다. 요즘 들어 30대부터 노후 대책 준비를 하는 젊은 층이 늘고 있다고 한다. 난 다행히 필리핀에 살다보니까 자연적으로 노후 대책은 해놓은 셈이다.

　일단 필리핀은 아열대 기후로 겨울이 없어 고령자에게 좋은 기후 조건을 갖췄다. 인건비가 저렴하고 노동력이 풍부해 거동이 불편하면 개인 간병인을 둘 수 있다. 유순한 필리핀 사람의 특성상 간병인으로는 안성맞춤이다. 그리고 간병인이 외국인이다 보니까 몸을 맡겨도 한국 사람보다는 부담이 덜하다. 그래서인지 필리핀 해외 근로자 중 간호사 비중이 높다.

　몇 년 전인가. 한국의 TV에서 은퇴한 대령 출신이 필리핀에 거주하며 귀족생활을 누리는 삶을 조명하여 필리핀 은퇴 붐을 조성한 적이 있었다. 확인된 사실은 아니지만 결국 그 분은 오래 버티지 못하고 한국으로 돌아갔다는 소문을 들었다. 나이 들어 외국에 나가 산다는 것이 쉬운 일이 아니다. 젊은 시절을 외국에서 보낸 사람들에게는 한국보다 외국에서 사는 것이 훨씬 편할 수 있다.

　하지만 한국에서 평생을 보낸 사람은 쉽지 않은 일이다. 가장 큰 어려움이 외로움이고 믿을 만하고 의사소통이 자유로운 의료 시설 부재의 문제가 있다. 하지만 언젠가는 자식에게 부담을 줄 수 밖에 없어 나름대로의 차선책이 동남아 국가로 은퇴 이민을 고려해 봄 직하다. 그 중 필리핀이 가장 적합할 수 있다. 한국과 가까운 지리적인 여건과 아열대기후 그리고 천성적으로 친절한 필리핀 사람 성향이며 영어로 대화가 가능한 장점이 이유일 것이다.

필리핀의 주요 대학에는 간병인 학과가 있으며 외국으로의 진출 기회 때문에 인기가 높다. 그런 연유로 10여 전부터 일본인 은퇴촌이 마닐라 근교 몇 곳에 조성되어 있고 점점 마닐라 시내에 근접해 오더니 이제는 마닐라 시내에 전문 의료 시설을 갖춘 일본인 은퇴자 전용 건물도 세워졌다. 몇 년 후면 백만 명의 일본인 은퇴자가 이주를 할 것으로 예상하고 있다고 한다.

중국 화교 친구인 Mr. Wang이 은퇴촌 개발 사업을 추진 중에 있어 관심을 갖게 되었다. 필리핀 중국 화교들이 광동성에서 이주해 온 경우가 대부분인데 그는 북경 출신이다. 그래서 왕(Wang)이란 성씨를 가지고 있고 광동성 출신들은 옹(Ong)이라고 부른다. 그가 은퇴촌을 추진하게 된 배경이 거동이 불편한 모친을 5년간 하루도 빼 놓지 않고 병수발을 든 현지인 간병인 때문이었다. 자식인 본인도 병든 모친을 위해 그렇게 극진하게 할 수 없다고 강조한다. 필리핀 사람 아니면 불가능하다며 마닐라에서 차로 30분 거리에 7ha(약 2만평)를 은퇴촌으로 개발하게 된 계기가 되었다.

이 분의 본사가 내 사무실과 가깝고 골프장 협회 회장과 막역한 사이라 점심 식사를 같이 하면 꼭 나를 합석시키곤 했다. 그리고 본인이 추진하는 은퇴촌 사업에 동참을 은근히 바랬지만 한국사람을 유치하기에 적합하지 않은 입지 조건 때문에 관망만 할 수 밖에 없었다. 현재 일본 시장을 겨냥하여 일본 기업과 합작으로 사업을 진행 중에 있다. 필리핀에서 은퇴촌으로 가장 적합한 지역은 마닐라 남부의 따가이따이(Tagaytay)지역이다.

해발 700미터 고지로 선선한 기후가 가장 큰 메리트(Merit)이고 필리핀 대표적인 관광지이며 마닐라 부호들의 별장들이 모여 있다. 이 지역은 유명 관광지로 많은 한국사람들이 다녀가면서 널리 알려졌고 이제는 은퇴한 사람들이 땅을 매입하거나 장기 임대하여 집을 짓고 거주하는 이주자들이 크게 늘고 있다. 필리핀하면 섬이 많고 보라카이 등 아름다운 해변을 연상하지만 은퇴한 나이든 사람에게는 거주 목적으로 적합지 않다.

그 이유는 바닷가 옆에 살면 중풍에 걸리기 쉽고 끝없이 펼쳐진 대양을 바라보면 인생무상이 느껴지면서 석양이 질 무렵에는 인생이 저무는 것처럼 서글픔이 밀려들어와 우울증에 빠지기 쉽다. 그래서 나이가 들수록 산으로 가서 푸릇푸릇한 생기 있는 수목 사이를 걸으며 운동도 하고 기를 받아야 건강을 유지하며 오래 살 수 있다. 필리핀이 앞으로 은퇴촌으로 각광 받을 수 있는 조건은 어디가나 사람들이 넘쳐나고 어리고 젊은 사람이 많다는 것이다.

어느 동네를 가나 애기 우는 소리도 나고 뛰어노는 애들도 많다. 잘 살던 못 살던 사람 사는 생기가 넘친다. 그리고 그들은 물질의 욕망으로 가득 찬 우리와 달리 순진한 무공해 사람들이다. 나이가 들면 들수록 젊은 사람과 어울릴 수 있도록 노력해야 한다. 노인들만 만나다 보면 생동감 없이 같이 처질 수 있다.

적은 돈을 가지고 대접을 받을 수 있고 나이에 대한 편견이 없어서 좋다. 사회적 분위기가 대화가 되면 나이 차이를 극복해야 할 별도의 노력없이 친구처럼 지낼 수 있다. 우리는 유교 사상으로 젊은 사람이 나이 든 사람을 만나면 예의를 지키기 위해 말과 행동을 조심해야 하기 때문에 멀어질 수 밖에 없다. 필리핀은 무조건 알고 지내면 친구다. 나도 젊은 때는 나이든 사람에게 친구라고 말하면 어색했는데 이제 나이가 들어가면서는 젊은 친구들이 많아서 좋다.

요즘 들어 필리핀에 거주하면서 부모님을 모시는 한국 사람들이 많아지고 있다. 일단 필리핀은 어느 정도 경제적 여유만 되면 정원을 낀 개인 주택에서 가정부나 운전기사를 두기 때문에 거동이 불편한 부모님 모시기가 적합하다. 가정부가 하루에도 여러 번 목욕을 시켜드리고 방 안을 항상 청결 유지시키고 매일 홈서비스로 마사지도 시켜 드릴 수 있다. 항상 청명한 하늘을 볼 수 있고 따스한 기온을 유지하며 기후 변화가 심하지 않아 좋다. 단지 그동안 친하게 지내던 주위 사람들을 쉽게 만나지 못해 외로움을 겪을 수 있다. 또 다른 단점은 의료 혜택이나 노인 복지 향상을 위한 정부 보조금 지원을 받을 수 없다.

한국에서는 필리핀 치안을 가장 염려한다. 그러나 한국에 알려진 정도는 아니다. 필리핀에 한국 교민이 많다보니 불미스런 일들도 많아 크고 작은 사고가 끊이지 않는다. 그리고 여행자 입장에서 보면 총기 소지가 가능하여 아무데서나 총을 찬 경비원들이 많아서 그런 인상을 준다. 그러나 필리핀 교민들에게 치안 때문에 살기 어렵다는 말을 하는 사람은 많지 않다. 살다보면 필리핀 사람이 얼마나 순박하고 마음이 여린지 알게 되기 때문이다.

은퇴 이민도 현지화를 해야 성공 확률이 높다. 현지화는 다름 아닌 한국 사람만 만나는 것보다 현지인 친구를 많이 사귀면 자동적으로 해결 된다. 로타리 클럽이나 라이온스 클럽 혹은 키와니스 클럽에 가입해서 지역 봉사 활동에도 참여하고 현지인과 교제할 수 있는 기회를 만들면 된다. 필리핀 사람들이 친절할 뿐더러 우호적이라 쉽게 친해질 수 있다. 그러면 현지 적응도 빠르고 현지인으로 부터 여러 생활 정보를 얻기 쉬워 알찬 노후 생활을 즐길 수 있다. 본인이 새로운 문화권에서 하나하나 배우며 적응해 나가는 재미도 짭짤하다.

외국인 은퇴자를 유치하려고 필리핀 정부도 수 년 전부터 부단한 노력을 기울이고 있다. 은퇴청(Philippine Retirement Authority)을 신설하여 외국인 은퇴자를 위한 비자발급과 체류기간 동안 불편함이 없이 여러 혜택을 받을 수 있도록 노력을 하고 있다. 조건도 완화되어 미화 2만 불만 은퇴청에서 지정하는 은행에 예치하고 모든 구비서류를 제출하면 일주일 정도 후에 은퇴 비자(SRRA)를 발급받을 수 있다. (단 만 50세 이상일 때며 35세부터 만 49세는 미화 5만 불을 예치해야 함)

한국 외환은행과 동양은행이 한국계 은행으로 지정되어 있다. 은퇴 비자를 발급받으면 영구히 거주할 있으며 언제든지 자유롭게 출입국 할 수 있다. 그리고 시가 USD 7만 불에 상당하는 개인 물품의 반입에 대한 면세 혜택을 받을 수 있다. 또한 배우자 및 만 21세의 자녀도 동반자 비자를 받을 수 있다. 은퇴 비자를 받기 위한 서류는 아래와 같고 발급 비용은 미화 1,400 불이다.

1. 은퇴청 신청 양식
2. 여권 원본
3. 건강 진단서(외국에서 진단 받았을 경우 영어로 번역 후 필리핀 대사관에서 영사의 공증을 받음)

    4. 신원 조회서 또는 필리핀 국립 수사국에서 발행하는 신원 조회서
    5. 사진 1인치 x 1인치 6매, 2인치 x 2인치 6매

    달러 예치금은 비자 발급된 후 30일이 지나면 콘도미니엄(아파트)의 소유나 주택이나 토지의 20년 이상의 장기 임대, 골프장 회원권 구입, 법인 자본금 용도로 전환할 수 있다. 기타 자세한 사항은 www.pra.gov.ph에서 알아볼 수 있다.

꿈은 이루어지기 때문에 꾼다.

    지금까지는 남에게 내세울만한 삶을 살지는 못했다. 남이 거들떠보지 않는 길을 홀로 나섰기 때문에 험난한 삶 그 자체였다. 이제 쉰 나이에 발자취를 돌이켜보면 젊다는 것 하나만 믿고 너무나 호기를 부린 것 같다는 생각부터 든다. 그리고 지금 내가 숨을 쉬고 사는 것만 해도 여간 감사한 일이 아니라는 안도감도 든다. 20대 초반 혈기 넘친 나이에 고향을 등지고 필리핀 최고 전문가가 되겠다는 꿈을 안고 마닐라 공항에 첫 발을 내딛었다.
    필리핀 국립 대학원에서 유학을 할 때 지금과 같은 삶은 상상도 못했다. 사실 평범하고 소박한 삶을 원했다. 학자가 되기에는 지적 능력이 부족하고 단지 좋아하는 산에 다니기 위해 대학 교수가 되려고 했다. 그러나 어쩌다보니 필리핀이 내가 항상 도전하는 산이 되어 버렸다. 필리핀은 결코 내가 쉽게 넘을 수 있는 작은 산이 아니었다.
    오르기 위해 발을 어디론가 내딛어야 하는데 한 치 앞을 볼 수 없었다. 무작정

발을 내밀다 넘어지면 바동대며 일어나 또 가야만 했다. 물론 방향을 잘 못 잡아 웅덩이 빠져 허우적거리거나 낭떠러지 끝에 매달린 적도 많았다. 살 수 있는 실낱같은 희망이 생기면 용기를 얻어 죽일 힘을 다해 빠져나왔다. 그러면 세상 무엇과 비교할 수 없는 쾌감이 있었고 고생한 만큼의 오기도 생겼다. 그러면서 끝없는 도전이 시작됐다. 이제 새로운 루트를 개척해서 한국을 떠나 온 사람들이 내가 겪은 고통 없이 정착을 하면 보람된 인생을 살았다는 뿌듯함을 느끼며 생을 마감하고 싶다.

필리핀에서 많은 세월을 보내며 이제는 어떻게 살아가야 할지 무엇을 해야 할지 구체적이고 뚜렷한 좌표가 생겼다. 이제 나에게는 다행히 현역으로 뛸 수 있는 약 20년의 세월이 있다. 그래서 우선 현지인에게 존경받는 규모와 상관없는 실속 있고 오래 존속할 수 있는 건실한 기업 하나 일구고 싶다. 그리고 10년 안에 중단한 학업을 재계하여 필리핀학 박사과정을 마쳐 이론과 실제를 겸비한 필리핀 전문가 되고 싶다. 또한 대학 졸업 기념 일본 북 알프스 동계 단독 원정을 했듯이 박사 학위 기념을 항상 꿈꾸던 히말라야 원정 단독 등반으로 하고 싶다. 선친은 함경북도 길주가 원적이셨고 이남으로 홀로 피난 오셔 북에 둔 가족을 항상 그리워 하셨다. 나 역시 필리핀에 훌쩍 홀로 떠나와 항상 고국을 그리워하는 신세가 되었다. 나에게는 아들 하나 달랑 있다.

지금 미국에서 홀로 넘어가 새로운 삶을 개척하고 있다. 아내가 임신하던 해 마닐라가 유난히 정전이 많아 에어컨 시설이 되어 있는 SM 백화점에 있는 영화관을 많이 다녔다. 그래서 그런지 아들의 꿈이 만3세 때부터 영화감독으로 지금까지 변함이 없다. 할리우드로 가기 위해 유치원 때부터 미국학교인 International School을 다니고 영화(Film)과목을 수료하더니 지금은 미국 샌프란시스코에 있는 California College of Arts에서 영화감독 수업을 받으며 꿈을 키우고 있다. 휴머니즘의 영화를 만드는 감독이 됐으면 하는 바램이 있다. 이 글을 마무리하기까지 약 10년의 세월이 흘렀다. 내가 지금까지 필리핀에서 개척의 삶을 살고 지금까지 버텨 온 건 절대적으로 주위 사람의 도움 때문인 것을 잘 안다.

내가 멋모르고 철없이 사업을 시작할 때 돈벌이보다는 사업의 정도를 가르쳐 주신 부산 대하 산업의 정진근 사장님, 새벽부터 밤늦게까지 사업은 죽을힘을 다해야 성공할 수 있다는 이치를 깨우쳐 주신 한국 택시 연합회 회장이셨던 허갑도 회장님, 코리안 비즈니스 센터를 무리하게 건립 당

중국 화교이며 대림 요업 필리핀 에이전트였던 Mr. Samson Go와 현대 엘리베이터 필리핀 에이전트인 Mr. Sergio Yu와 함께

시 도와주셨던 제주도의 정광옥 사장님, 한국 물류 센터를 운영하며 부도 위기에 처할 때 아무런 조건 없이 7,000만 원을 주신 윤정식 사장님(과거에 잘 나가던 사업이 부도나 어려울 때 누군가가 5,000만 원을 주며 나에게 갚지 말고 당신 같이 어려운 사람을 만나면 그에게 갚으라고 하셨다며 날 도와주시고 연락을 끊으셨다. 이런 분 때문에 인생은 열심히 살 가치가 있다는 생각을 항상 했다. 꼭 성공해서 뵙고 싶다), 칫솔 수입 인연으로 알게 되어 약 25년간 친동생 이상으로 아껴주시는 이유신 사장님, 마카티 골프 클럽을 투자하시고 기업 운영을 철저히 지도해 주시고 지금 내가 골프 투어 사업을 할 수 있는 기반을 만들어 주신 쟈뎅의 윤영노 회장님, 마카티 골프 클럽이 위기에 처해 있을 때 전적으로 도와주신 뉴 서울 호텔의 임종빈 회장님, 부동산 개발 사업을 시작하여 큰 곤경에 빠져 있을 때 크나 큰 도움을 주신 일산 플라자 클럽의 백경환 회장님, 골프장 사진 촬영 전문가이며 골프 투어 사업을 헌신적으로 도와주시는 홍진기 사장님 그리고 광고 사업을 하시며 내 사업과 발간을 위해 내 일처럼 도와주시는 이효성 선배님과 기획과 출간에 절대적인 기여를 해 주신 오치우 사장님, 거의 20년간 무리하게 벌린 사업에 자금 문제만 생기면 해결을 해주신 신종철 사장님, 새롭게 연료 사업을 추진 중에 뜻을 같이 한 김진태 사장님, 지난 20년간 친 아들처럼 인생의 길잡이가 되어주신 대림 요업의 대표를 지내셨던 이학갑 회장님

그리고 항상 기도해 주시는 필리핀 임마누엘교회 조현묵 목사님 끝으로 책자 발간에 물심양면으로 관심과 지원을 아끼지 않으신 BMS 그룹의 최종락 회장님과 더불어 현지인으로 대림 요업 필리핀 에이전트로 사업을 같이 하고 친동생처럼 내 뒷바라지를 해주는 Mr. Samson Go와 Mr. Sergio Yu, 홀로 5남매를 키우고 지금은 미국에 거주하고 있지만 한국 사람같이 정이 많아 나를 친아들처럼 보살펴 준 Concepcion Fajardo 할머니, 현지화를 위해 4년 반이란 세월을 하루도 빠짐없이 자식처럼 경영 수업을 해주신 Antel 그룹의 회장이신 Mr. Anthony Lao, 친누이처럼 15년간 내 사업체의 회계를 맡고 헌신적으로 도움을 주는 Ms. Siony Fernando와 필리핀 국립대학에서 선배로 모든 법률 자문을 거의 20년간 맡아주신 Atty. Tolentino, 그리고 골프 투어 사업에 항상 도움을 주는 골프 잡지 편집장인 Mr. Jong Alcano, 최근에 가장 어려울 때 큰 도움을 주신 Sun Valley 골프장 회장이신 Mr. Johnson Ong과 일일이 수기하지 못한 도움을 주신 많은 분들께도 충심으로 감사드린다. 이 분들 모두는 내가 한국인으로 필리핀에서 바로 서기를 진심으로 바라기에 이곳에서 반드시 뜻을 이뤄 은혜에 보답 할 수 있기를 간절히 바란다.

앞으로 가는 길에 하나님이 항상 함께 하시고 하나님이 원하시는 삶을 살 수 있도록 인도하여 주시기를 무릎 꿇어 기도드립니다.

지은이
안 재 영
글을 쓰기 시작한 지 약 10년 만인 2010년 10월 10일 10시 10분(PM)에

제1회 한비 친선 골프대회를 Sun Valley 골프장에서 주관하며

약 10년 전 한국 종합 물류 센터 사업을 벌려 부도 직전까지 갔다. 가지고 있던 모든 것을 팔아가며 버텼다. 사랑하는 가족에게 추한 가장의 모습을 보이고 싶지 않아 한국으로 보냈다. 월세 한화로 15만원하는 슬럼가의 허름한 집 하나를 얻어 들어갔다. 전기세를 아끼지 위해 에어컨을 달지 않고 보기만 했다. 문지방 고리만 보면 목을 매고 싶은 충동이 들었다. 길어야 10분 정도의 고통만 참으면 현실에서 무조건 도망갈 수 있다는 생각 때문이다. 그러나 한편으론 어떠하든 살아야 된다는 생각이 들었다. 무너져 내리는 자신을 보면서 자신감부터 회복해야겠다는 결심을 했다. 그래서 2가지 결심을 해 보았다. 하나는 하루에 2갑 반을 피는 담배를 끊는 것이고 나머지 하나는 필리핀에 와서 나와 같은 시행착오로 고통을 받을 사람을 위해 매일 밤마다 한 장씩 반성문을 쓰기로 한 것이다. 1년 후에 두 가지 약속을 지켜 360페이지 분량의 원고가 내 책상 앞에 놓였고 재떨이가 없어졌다. 그리고 열심히 살았고 그 때 쓴 글과 새로운 10년의 경험을 묶어 이 글을 완성했다. 글을 쓰기 시작한 이후부터 무엇보다 밤마다 써야 한다는 부담감으로 잠을 편하게 잘 수 없었다. 오늘은 아무 생각 없이 깊은 잠을 잘 수 있어 좋다.